SCOTT SHIGEOKA
Sei neugierig!

SCOTT SHIGEOKA

SEI NEUGIERIG!

WIE WIR MEHR ENTDECKUNGSFREUDE, OFFENHEIT UND TOLERANZ IN UNSER LEBEN HOLEN

kailash

Penguin Random House Verlagsgruppe FSC® N001967

Die amerikanische Originalausgabe ist 2023 unter dem Titel
Seek. How curiosity can transform your life and change the world
bei Balance / Hachette Group, New York, erschienen.

1. Auflage
Deutsche Erstausgabe
© 2024 Kailash Verlag, München
in der Penguin Random House Verlagsgruppe GmbH,
Neumarkter Str. 28, 81673 München
© 2023 by Scott Shigeoka
Lektorat: Anne Nordmann
Umschlaggestaltung: ki 36, Daniela Hofner Editorial Design, München
Satz: Satzwerk Huber, Germering
Druck und Bindung: GGP Media GmbH, Pößneck
Printed in Germany
ISBN 978-3-424-63252-1

www.kailash-verlag.de

Inhalt

Einleitung

Als ich meine Arbeit bei einer Designerfirma kündigte, haben mich alle für verrückt erklärt. Dabei hatte ich nicht vor, in einem Nationalpark zu verschwinden, um mich dort im Herzen der Natur »selbst zu finden«. Auch ging es mir nicht um den Lebensstil eines digitalen Nomaden, der am Strand oder vor einer Bergkulisse arbeiten kann. Stattdessen gab ich mein bequemes Leben in San Francisco auf, um zwölf Monate lang unterwegs zu sein, im Auto zu schlafen, in Fitnessstudios zu duschen und auf meiner Reise Menschen zu treffen, denen ich als liberaler Amerikaner asiatischer Herkunft, als spiritueller queerer Dozent und Forscher aus Hawaii (puh, das war ganz schön viel auf einmal) normalerweise nie begegnen würde. Freunde warnten, dass ich mit Gewalt und verbalen Angriffen rechnen müsse, wenn ich meine Pläne in die Tat umsetzen würde – ein Freund sagte wortwörtlich, dass ich wahrscheinlich angeschossen werden würde. Mir ging es darum, dass ich nur wenige Konservative oder Trump-Wähler kannte, dass es abgesehen von Verwandten in meinem Leben nur wenige Menschen gab, die wesentlich älter oder jünger als ich waren, dass ich nie mit Leuten sprach, die in ländlichen Kleinstädten oder Reservaten lebten. Und ich hatte zwar oft in den Nachrichten von Menschen gelesen, die auf dem Land oder in Fabriken arbeiteten, aber noch nie mit jemandem engeren Kontakt gehabt, der sich so seinen Lebensunterhalt verdiente.

Statt ziellos durch die Gegend zu fahren, beschloss ich, mich vorzubereiten und eine Route festzulegen. Ich peilte eine Kleinstadt in Alabama an, ein Indigenenreservat in Minnesota, ein Retreat-zentrum in dem Nonnen und Millennials zusammenlebten, und einige Kleinunternehmen in Arkansas. Ich hatte mir sogar überlegt, dass ich gern in feindliches Gebiet vorstoßen wollte: Ich plante, an einem Treffen von Republikanern sowie einer Trump-Kundgebung teilzunehmen und das Gespräch mit Glaubensgemeinschaften zu suchen, unter anderem mit einem der berühmtesten christlichen Geistlichen des Landes.

Wenn sie von meinen Reiseplänen hörten, warfen Freunde und Verwandte einen Blick auf meine vorläufige Route und starrten mich an. Sie stellten mir alle die gleiche Frage: *Warum willst du dir das antun?* Manche waren weiterhin konkret um meine körperliche Sicherheit besorgt, andere befürchteten eher, dass so ein Besuch bei denen auf »der anderen Seite« solchen Leuten »wie uns« in anderer Weise Schaden zufügen würde. Mit »wie uns« meinten sie junge, fortschrittlich denkende People of Color und ähnliche Gruppen.

»Solche Typen hassen uns einfach«, sagte ein Freund von mir. Er riet mir, zu meinem Schutz auf jeden Fall Pfefferspray und ein Messer mitzunehmen.

Merkwürdigerweise war es gerade all dieser Hass, der mich dazu bewegte, meinen zehn Jahre alten Prius (ja, ja, schon klar, ich bin ein Klischeekalifornier) bis unters Dach vollzupacken und 2019 einen Roadtrip quer durchs Land zu unternehmen. Ich wollte nicht mehr die ganze Zeit so wütend sein und ständig Angst haben. Mein Motto im Leben war immer »Lass dich von Liebe leiten«, und hier hatte ich nun Gelegenheit dazu, mich dem Hass entgegenzustellen, der selbst die Luft zu verpesten schien, die wir einatmeten. Schließlich lebten wir in einer Kultur der Polarisierung und Spaltung, in der es immer »wir gegen sie« hieß, was zu Entfremdung und Einsamkeit führte. Unter alldem Druck begannen Beziehungen, begann das ganze Sozialgefüge um uns herum zu bröckeln.

Leider kommt mir das heute noch immer so vor: Nachbarinnen und Nachbarn geraten bei Versammlungen im Rathaus aneinander, bei öffentlichen Schulkonferenzen kommt es zu Grabenkämpfen unter den Eltern, und junge Leute rufen älteren abschätzig »Okay, Boomer!« zu. In einer Stadt kam es zu einem Tumult, als sich bei einem Gottesdienst eins der Gemeindemitglieder als schwul outete, in einer anderen wurden eine Kirche und eine Moschee von Brandstiftern angesteckt. Auf den Straßen der Städte und selbst auf den Campus von Universitäten nimmt von Jahr zu Jahr die identitätsbasierte Gewalt zu.

Das Ergebnis dieser Entwicklungen sind nicht nur Uneinigkeit und tiefe Traurigkeit auf kollektiver Ebene – sie betrifft uns auch alle ganz persönlich. Giftige Luft kann man eben nicht einatmen, ohne dass Lunge und Herz darunter leiden. Freundschaften und Ehen gehen in die Brüche, auf Familienfesten ist die Stimmung angespannt, und eine Studie neueren Datums ist zu dem Ergebnis gekommen, dass in den USA eine von zehn Personen nicht einen einzigen Menschen als enge Freundin oder engen Freund bezeichnen würde[1]. In diesem Land sind wir nicht dazu bereit, uns gegenseitig die Rücksicht und das Mitgefühl entgegenzubringen, die uns enger zusammenrücken lassen und Fortschritt mit sich bringen. Allerdings betreffen diese Probleme nicht nur die USA – sie sind weltweit anzutreffen.

Ich muss zugeben, dass meine Reise auch durch persönliche Interessen motiviert war. Vor dieser Tour hatte ich in Berkeley am Greater Good Science Center der University of California dazu geforscht, wie man sein Leben zum Positiven hin verändern kann. Dort hatte ich auf Studien basierende Strategien zusammengetragen, durch die trotz aller Differenzen menschliche Beziehungen gestärkt werden können. Dieser Roadtrip war für mich die perfekte Gelegenheit, um meine Forschungsergebnisse in der Praxis zu testen. Ich persönlich hatte nämlich weiterhin Schwierigkeiten damit, Kontakt zu Menschen herzustellen, die ganz anders waren als ich selbst – wodurch ich oft in Debatten geriet, die sich im Kreis drehten, oder Leute mit abweichenden Ansichten in den sozialen Medien blockierte. Ich konnte selbst erkennen, dass ich nicht mehr so ein scharfsinniger, kritischer Denker war wie früher, dass ich mechanisch die immer gleichen Fragen stellte statt interessantere und in die Tiefe gehende.

Zwar erfüllte es mich mit Angst, diese Reise anzutreten, doch da gab es noch ein weitaus stärkeres Gefühl. Es trieb mich nicht nur an, sondern stellte mich auch vor die Herausforderung, die bestmögliche Version meiner selbst zu werden. Es half mir dabei, neue Beziehungen aufzubauen, alte zu stärken und glücklicher und zufriedener zu leben. Mein Dasein war dadurch mit mehr Sinn erfüllt, ich fühlte mich kreativer und sah für meine Zukunft neue Chancen statt der früheren Verzweiflung.

Unterwegs bemerkte ich, dass der besondere Ansatz, der mir bei meiner Reise weiterhalf, auch das Leben der vielen Menschen beeinflusste, denen ich begegnete. Er gab der Kleinunternehmerin Consuelo aus Arkansas die nötigen Erkenntnisse und die finanzielle Sicherheit, um eine von Missbrauch geprägte Beziehung zu beenden. Durch ihn begannen Glenn und Sheila, die in entgegengesetzten politischen Lagern für die Einführung der gleichgeschlechtlichen Ehe gekämpft hatten, sich gemeinsam für ein besseres Verständnis dieses brandheißen Themas einzusetzen. Er brachte eine Gruppe von jungen und älteren spirituellen Suchenden auf dem Pfad der Freundschaft zusammen.

Was all diese neu entstandene Verbundenheit und Nähe und Wandlung ermöglichte, war etwas ganz Besonderes, aber auch zutiefst Menschliches. Etwas, was wir von Geburt an alle in uns tragen. Ich denke, wenn wir lernen können, es zielgerichteter für unsere Bedürfnisse zu nutzen, wird es unser Leben verbessern und womöglich die Welt verändern:

Neugier.

Zu Suchenden werden

Zunächst würde ich gern klarstellen, dass es in diesem Buch nicht um meinem Roadtrip geht, obwohl dieses lebensverändernde Jahr hier des Öfteren auftauchen wird. Aber die Geschichte, die ich hier erzählen will, ist viel größer als meine eigene. Sie handelt von uns allen, die wir uns isoliert fühlen, leiden oder kein Ziel im Leben haben. Wir streiten uns mit unserer Familie über Politik, versuchen, unserem Dasein durch Arbeit Sinn zu verleihen, oder sehnen uns nach Freundschaft und Gemeinschaft. All dies gehört zu einem Phänomen, das ich als »Ära der Neugierlosigkeit« bezeichne. Es handelt sich um ein Zeitalter, in dem die breite Öffentlichkeit es aufgegeben hat, sich mit schwierigen Themen auseinanderzusetzen, auf gegenseitiges Verständnis hinzuarbeiten und den Beziehungen – zu sich selbst und zu anderen – großen Wert beizumessen. Wir hören heutzutage nur noch selten richtig zu. Wir »canceln« Leute lieber und grenzen sie aus, statt sie, wie Loretta Ross es ausdrückt, mit einzubeziehen. Damit meine ich, dass wir Menschen, mit denen wir nicht einer Meinung sind, lieber entmenschlichen, bloßstellen und verurteilen, als auf eine produktive und gesunde Konfliktlösung mit ihnen hinzuarbeiten. Aus diesem Grund brechen bei Familientreffen Konflikte aus, wenn Politik zur Sprache kommt, und Meetings bei der Arbeit sind durch Spannungen und hierarchische Strukturen geprägt statt durch Kompromisse und Lösungen.

Die Ära der Neugierlosigkeit kann uns buchstäblich umbringen. Längsschnittuntersuchungen haben gezeigt, dass sich wenig

Neugier negativ auf unsere Lebenszeit auswirken kann.[2] Sie führt zu Ausgrenzung und Einsamkeit – was der Leiter des öffentlichen Gesundheitsdienstes der USA, Vivek Murthy, mal als »Epidemie« bezeichnet hat, weil es so viele Menschen betrifft. Ein Mangel an Neugier trägt auch zu politischer Polarisierung und sozialer Spaltung bei. Wenn wir nicht neugierig sind, setzen wir unser Leben aufs Spiel, unsere Nähe zu anderen und sogar die zu uns selbst.

Um diese Ära hinter uns zu lassen, müssen wir wieder Zugang zu unserer Neugier finden, sie auf neue Art und Weise nutzen, um den Status quo infrage zu stellen und uns den Weg in die Zukunft weisen zu lassen. Wenn wir Beziehungen stärken wollen, statt sie zu zerstören, müssen wir lernen, effektivere Fragen zu stellen, statt andere zu verurteilen. Wir müssen zu den Menschen werden, die auf der Suche nach Geschichten statt nach eindeutigen Positionen sind und Werte mehr schätzen als Meinungen. Dabei sollten wir nicht nur danach streben, etwas über die Welt um uns herum zu lernen, sondern den Blick auch nach innen richten und Neugier für unsere eigene Vergangenheit und unsere eigenen Gefühle entwickeln.

Bevor wir zusammen in Richtung Neugier segeln, sollten wir vielleicht zunächst klären, wer bei dieser Reise mit an Bord ist.

Darf ich mich vorstellen? Scott Keoni Shigeoka. Meine Mutter hat mir erklärt, dass sie mich so genannt hat, um die drei Ebenen meiner Herkunft zu ehren. *Scott* steht für meine amerikanische Staatsbürgerschaft und *Keoni* für meinen Geburtsort Hawaii, wo ich die ersten achtzehn Jahre meines Lebens verbracht habe. Meine Familie war seinerzeit eingewandert, um hier auf den Zuckerrohrplantagen zu arbeiten. *Shigeoka* ehrt meine Wurzeln in Japan, wo vor mehreren Generationen zwei meiner Vorfahren – ein Bauer und eine Prinzessin – alle Klassenunterschiede ignorierten, um der Liebe über Standesgrenzen hinweg zu folgen. Ausgehend von diesen drei in meinem Namen verewigten Orten und dem, was ich durch meine Eltern und ältere Respektspersonen gelernt habe, habe ich meinen natürlichen Hang zur Neugier und meine Fähigkeiten im Umgang mit ihr immer weiter ausgebaut.

So richtig los ging es mit meiner Reise in die Welt der Neugier in meinen Zwanzigern, als sich mein Leben nicht so entwickelte, wie ich es mir gewünscht hätte. Ich hatte Probleme mit übermäßigem Alkoholkonsum, fühlte mich durch meine Arbeit nicht erfüllt und kam mit meinem Gehalt nur schwer über die Runden. Im Laufe der Zeit hatte ich gelernt, dass ich beim Wunsch nach Veränderung am besten nach Menschen suche, die mir für die erhoffte Zukunft als Vorbild dienen können, und ihnen Fragen stelle. Also habe ich genau das gemacht. Dadurch wurde Neugier für mich zu etwas, was mein ganzes Leben definiert, und zwar auf fast spleenige Art und Weise. Ich meine, wer macht schon Neugier zu seinem Lebensstil?

Ich, so wie es aussieht. Und zehn Jahre später ist Neugier für mich zu einer beruflichen und lebenslangen Mission geworden – ich bringe bewusst jeden Aspekt von ihr in mein Leben ein und helfe anderen dabei, das Gleiche zu tun.

In beruflicher Hinsicht habe ich an der University of Texas in Austin Kurse zum Thema Neugier gegeben und an der UC Berkeley dazu geforscht. Ich habe Neugier in Künstlerresidenzen und von mir organisierten Musikfestivals eingebracht und durch sie die Rahmenbedingungen für schwierige Gespräche in Firmen und Gemeinschaften rund um den Globus geschaffen.

Durch meine Arbeit weiß ich, wie sehr Neugier alle Menschen bereichert. Das ist nicht einfach eine Behauptung, vielmehr habe ich die positiven Auswirkungen von Neugier im Laufe meiner Karriere immer wieder beobachten können. Ich habe mit Menschen aus der Politik zusammengearbeitet, sowohl auf nationaler Ebene als auch auf der von Bundesstaaten, und konnte sehen, wie Neugier nicht nur ihre Arbeitsweise verändert hat, sondern auch, wie sie auf andere wirken. Ich konnte miterleben, wie Personen in leitenden Funktionen ihre Neugier genutzt haben, um an ihren Führungsqualitäten zu feilen, innovativer zu handeln und die Beziehungen zu ihren Mitarbeitenden zu stärken. Oft haben mir diese Menschen Monate später davon berichtet, wie sie Wohlbefinden und Glück steigern konnten, indem sie die neu erworbenen Fähigkeiten auch in ihr persönliches Leben eingebracht haben – ich bekam Rückmeldungen darüber, wie sie ihre Ehe, ihr Familienleben oder die Beziehungen zu den Leuten in ihrer Nachbarschaft positiver gestalten konnten. Ein ums andere Mal konnte ich den Einfluss von Neugier auf die unterschiedlichsten Menschen beobachten: auf Lehrkräfte, Therapeutinnen und Medienvertreter, auf Leute, die sich in Gemeinschaften engagieren, auf Gewerbetreibende, Forschende, Kunstschaffende, Studierende und Eltern.

Bei meiner Arbeit am Greater Good Science Center habe ich während der letzten fünf Jahre eingehend untersucht, wie Neugier uns dabei helfen kann, politische und soziale Spaltungen zu überwinden, und das ist einer der sich durch dieses Buch ziehenden roten Fäden. Ich habe allerdings festgestellt, dass es nicht *die einzige* positive Auswirkung ist, die Neugier auf unser Leben und die Welt hat. Durch die Beschäftigung mit Studien und den Austausch mit Menschen, die dazu forschen oder Forschungsergebnisse in die Praxis umsetzen, hat sich Neugier für mich als wichtiges Werkzeug herauskristallisiert, um

- unsere Annahmen und Vorurteile auf die Probe zu stellen
- Angst und Nervosität zu mindern
- Ungewissheit mutiger anzunehmen
- in einer Zeit der sozialen Isolierung und Ausgrenzung tiefere Beziehungen zu anderen einzugehen
- bewusster und bedachter zu handeln

- unsere Kreativität und die Fähigkeit zur Zusammenarbeit mit anderen zu verbessern
- Gemeinsamkeiten mit Menschen zu finden, die anders als wir sind oder unterschiedliche Ansichten haben
- im Leben in schwierigen Zeiten nach vorne zu schauen
- mehr Selbstgefühl zu entwickeln und freundlicher zu uns selbst zu sein

Wenn wir uns all das zunutze machen wollen, müssen wir gut darüber nachdenken, wie wir uns unserer Neugier bedienen – und dabei viel mehr in die Tiefe gehen, als wir das für gewöhnlich tun. Verständlicherweise wissen viele von uns nicht recht, *wie* sie mehr Neugier in ihr Leben bringen können. Das ging mir am Anfang genauso. So, wie wir fürs Joggen oder Gewichtheben einen Trainingsplan brauchen, sind auch hier eine gewisse Struktur und eine Reihe von praktischen Übungen erforderlich, um das Meiste aus unserer Neugier herauszuholen. Und genau deshalb habe ich dieses Buch geschrieben.

Als Pädagoge wollte ich ein Modell erstellen, an das sich die Menschen erinnern und auf das sie zurückgreifen können, um ihre Neugier zu stärken. Vielleicht sagst du jetzt: »Aber ich bin doch schon *superneugierig*!« Trotzdem würde ich dir gern Denkanstöße für die Frage liefern, was für dich Neugier eigentlich bedeutet – sie kann nämlich viel mehr darstellen als das, was man uns vermittelt hat oder was wir uns darunter vorstellen.

In die Tiefe gehen

Es gibt bereits einige Hilfsmittel und Übungen, die dabei helfen, neugieriger zu werden, und ich möchte in diesem Buch gern die besten davon zusammentragen. Vermutlich ist es eine allgemein bekannte Tatsache, dass Neugier zu mehr Selbstreflektion führen und zu Journaling oder kreativen Hobbys inspirieren kann. Sie hat auch Einfluss darauf, wie wir die Welt um uns herum verstehen – etwa kann sie bei uns die Frage aufwerfen, wodurch genau sich eigentlich ein See von einem Teich unterscheidet oder was für eine Art von Hund wir auf unserem Weg nach Hause gesehen haben. Aber gibt es noch andere, langfristigere und einflussreichere Formen von Neugier, die wir uns zunutze machen können?

Nach unserem üblichen Verständnis ist Neugier lediglich ein Hilfsmittel, durch das wir an Informationen gelangen. Wir halten sie für etwas Eindimensionales, das nur in eine Richtung wirkt – wir konzentrieren uns auf unseren *persönlichen Gewinn* durch Neugier statt darauf, welchen Beitrag sie für uns alle, für unsere Existenz an sich, leisten könnte. Die meisten Menschen sehen Neugier nicht als etwas, was Geist und Herz berührt, sondern als rein intellektuelle Angelegenheit. Durch Neugier können wir uns daran erinnern, welches Lied eben im Radio gespielt wurde. Kindern hilft sie beim Sprechenlernen und beim Entwickeln kommunikativer Fähigkeiten. Und ja, diese Art von Neugier ist wichtig, kratzt aber nur an der Oberfläche. Neugier geht so viel weiter in die Tiefe und hat uns viel mehr zu bieten, weshalb ich ihre übliche Form als »seichte Neugier« bezeichne. Wir bleiben an der Oberfläche.

Wenn Neugier wirklich in die Tiefe geht, kann sie viel mehr, als interessante Anekdoten für einen Cocktailempfang zu liefern. Neugier kann die treibende Kraft für mehr Nähe und Veränderung sein. Sie kann unsere Beziehung zu uns selbst und zu anderen verbessern, lange Ehen neu beleben und uns helfen, konstruktiver mit Konfliktsituationen umzugehen oder Schmerz und Traumata zu heilen. In die Tiefe gehende Neugier fordert uns dazu auf, Fragen zu stellen, die zu überraschenden Antworten und einer differenzierteren Weltsicht führen. Statt »Was kann ich tun, um Geld zu verdienen?« sollten wir uns fragen: »Wodurch fühle ich mich lebendig?«, statt »Wählen Sie die Demokraten oder die Republikaner?« lieber »Welche Werte sind Ihnen wichtig?«, statt »Woher stammen meine Ahnen?« etwas wie »Wie kann ich im Laufe meines Lebens die Verbindung zu meinen Vorfahren aufrechterhalten?«.

Wenn wir die Welt mit neuer Tiefe erkunden, sehen wir nach und nach positive Entwicklungen in unseren Beziehungen – zu unserer Familie, unseren Liebsten, Kindern, Leuten von der Arbeit, aus der Nachbarschaft oder dem Freundeskreis, selbst zu Fremden – und sogar zu uns selbst. Statt ein Leben zu führen, das auf Angst, Traumata und Mangel basiert, öffnen wir uns für ein Gefühl von Sicherheit, Freude, Akzeptanz, Leichtigkeit, Verspieltheit, Ehrfurcht, Mut, Vertrautheit und Freiheit. Deshalb nenne ich diese Version »tiefe Neugier«. Durch sie schauen wir unter die Oberfläche.

Obwohl beide Formen von Neugier wichtig sind, geht es in diesem Buch *nicht* darum, wie man im Leben mehr seichte Neugier zeigen kann. Wer diesbezüglich Inspiration braucht, kann bereits auf umfangreiches Wissen, zig Bücher und andere Quellen zurückgreifen. In meinen Buch geht es darum, die tiefere Form von Neugier zu erkunden. Das ist zwar schwieriger, doch die positiven Auswirkungen sind viel bedeutsamer und können lebensverändernd sein. Wenn wir uns in tiefer Neugier üben – zu »Suchenden« werden, wie ich es nenne –, dann geben wir uns damit selbst die Chance, unser Leben zu verwandeln und die Welt zu verändern.

Das DIVE-Modell für tiefe Neugier

Ich habe für die Übungen und Hilfsmittel, um tiefe Neugier zu praktizieren, einen Rahmen geschaffen, den ich aufgrund der englischen Anfangsbuchstaben seiner vier Elemente als »DIVE-Modell« bezeichne. *Dive* heißt auf Englisch *eintauchen*, was nun wirklich perfekt passt. Während meiner Zeit am Greater Good Science Center habe ich eng mit meinem Kollegen Jason Marsh zusammengearbeitet, um ein kostenloses Online-Tool mit dem Titel *Bridging Differences Playbook* zu erstellen, ein Arbeitsheft mit mehr als einem Dutzend Neugier-Übungen. Ein paar Monate nach der Veröffentlichung war es bereits mehrere hunderttausendmal heruntergeladen worden. Uns wurde klar, dass sich mehr Menschen als erwartet nach dieser Art von Wissen und Orientierung sehnten – Menschen jeden Alters und aus jedem nur erdenklichen Bereich, unter anderem Lehrkräfte, Menschen aus dem Gesundheits- und Therapiewesen, Leute mit beratenden Berufen, Führungskräfte und viele andere. Wir erkannten auch, dass solche Fragen nicht nur für ein amerikanisches Publikum von Interesse waren. Von den Konzepten in unserem Arbeitsbuch haben Menschen auf der ganzen Welt profitiert.

Seit damals habe ich diese Übungen noch weiter verfeinert und neue erarbeitet, wobei ich großen Wert darauf gelegt habe, dass sie immer auf wissenschaftlichen Erkenntnissen und Erfahrungen aus dem wahren Leben beruhen. In diesem Buch wirst du von einer auf Waldbrände spezialisierten Feuerwehrfrau aus Montana erfahren, die gelernt hat, mit dem Feuer *zu sein*, statt es zu fürchten, von einer Gruppe weltlicher Millennials, die auf der Suche nach Gemeinschaft und Spiritualität mit katholischen Nonnen zusammenleben, und einem indigenen Anführer, der einem ganzen Land bei der Auseinandersetzung mit den furchtbaren Aspekten seiner Vergangenheit geholfen hat. In gewisser Weise ist dieses Buch die Krönung meiner Reise mit Neugier im Gepäck – es enthält alle konkreten Übungen, meine ganze Forschung und die vielen Geschichten, über die ich gestolpert bin. Als ich all das zusammengeführt habe, hat sich nach und nach ein Muster mit vier Elementen herauskristallisiert, die für tiefe Neugier entscheidend sind:

- *Detach* – Loslassen: Verabschiede dich von deinem Trio der Voreingenommenheit (von Annahmen, Vorurteilen und Gewissheiten)
- *Intent* – absichtsvoll handeln: Bereite deine Einstellung und dein Umfeld vor
- *Value* – Wertschätzen: Stell die Würde jedes Menschen in den Vordergrund, auch die deine
- *Embrace* – Annehmen: Heiß schwierige Momente im Leben willkommen

Diese Elemente, die das Herzstück meines DIVE-Modells darstellen, sind wie Muskeln, die man jeden Tag trainieren kann. Genau wie mit den Muskeln unterschiedlicher Teile deines Körpers – Rücken, Arme, Beine und Rumpf – müssen wir auch mit den vier DIVE-Elementen jeden Tag unsere Übungen machen, um Platz für tiefe Neugier zu schaffen. Anders gesagt: Lass das Beintraining bitte niemals ausfallen! Zum Glück brauchst du beim DIVE keine unvorteilhaften Sportklamotten zu tragen oder laut vor dich hin zu grunzen (außer natürlich, du hast Lust darauf).

Zwar stehen das DIVE-Modell und die entsprechenden Übungen im Zentrum des Buches, es beginnt aber mit der Wissenschaft der Neugier, damit, wie man tiefere Neugier entwickeln und auf welche Hindernisse man dabei stoßen kann. Am Ende des Buches gehe ich auch auf die Grenzen und Einschränkungen von Neugier ein, indem ich auf provokante Fragen wie diese hier antworte: *Hat jeder unsere Neugier verdient, auch Mitglieder einer Hassgruppe? Können oder sollen wir manchmal besser Nein zur Neugier sagen? Was, wenn wir uns Menschen gegenüber neugierig zeigen, sie dieses Wohlwollen aber nicht erwidern?* Tiefe Neugier ist ein lebenslanges Streben. Uns dem DIVE-Modell zu verpflichten, kann uns aber dabei helfen, Neugier auf aktivere und bewusstere Art und

Weise anzuwenden. Ich hoffe, dass du nach der Lektüre dieses Buches keine Hemmungen mehr haben wirst, beim ersten Date oder innerhalb deiner Ehe tiefe Neugier zu zeigen, dass du vor Wahlen bei Unterhaltungen am Esstisch gelassener sein wirst und dass du auch problemlos ein kniffliges Meeting überstehen wirst, vor dem du Angst hast. Das DIVE-Modell soll dich dabei unterstützen, deinem Leben Sinn zu verleihen, Erfüllung zu finden und Wohlstand zu schaffen. Ich hoffe, tiefe Neugier stärkt deine Beziehung zu dir selbst und anderen, sodass du glücklicher wirst und dich zusätzlich zu der Welt in deinem Inneren auch der Welt um dich herum mehr verbunden fühlst.

Tiefe Neugier ist ein lebensveränderndes Geschenk, deine Gabe an deine Familie, deine Freundinnen und Freunde, dein Team bei der Arbeit, die Nachbarschaft und sogar an Fremde. Sie ist kraftvoll und wirksam, dazu auserkoren, mit anderen geteilt zu werden. Und nicht nur verfügen wir alle über die Kraft der Neugier, wir profitieren auch alle von ihr. Sie ist der einzige Ausweg aus dieser Ära der Angst und Spaltung.

Hier beginnt nun die Reise, und ich möchte dir bei ihrem Antritt ein Zitat mit auf den Weg geben, das dem Dichter Rumi zugeschrieben wird: »Du verfügst bereits über das, was du suchst.« Auf dass dich deine Neugier den Dingen näherbringt, nach denen du im Leben strebst! Denk stets daran, sie ist als ständige Begleiterin immer bei dir.

TEIL 1

**Neugier
ist
eine
Superkraft**

Kapitel 1

Die Rolle von Neugier

Vor Tausenden von Jahren sind unverwüstliche Reisende von Ostasien aus hinaus auf den riesigen Pazifik gesegelt und haben so ein fünfundzwanzig Millionen Quadratkilometer großes Gebiet namens Polynesien erreicht, in dem es mehr als tausend Inseln gibt. Diese Entdecker verfügten nicht über Kompass und Landkarten. Stattdessen nutzten sie ihr Wissen über Sonne, Sterne und Strömungen, um winzige Eilande aufzuspüren, die im größten Ozean des Planeten verstreut lagen. Die Natur war ihnen Lehrerin und Wegweiserin, sie zeigte ihnen die Richtung auf, die sie einschlagen mussten.

Heute leben in Polynesien Millionen Menschen mit ganz unterschiedlichen Kulturen und Geschichten. Wenn man sich die Region mal auf der Karte anschaut, bildet sie ein Dreieck: Aotearoa in Neuseeland markiert die südwestliche Spitze und Rapa Nui auf den Osterinseln die südöstliche. Ganz oben im Norden liegt Hawaii, wo ich geboren und aufgewachsen bin. Mir hat man in der Schule von jenen Reisenden früherer Tage erzählt, und auch von solchen aus der jüngeren Vergangenheit – wie zum Beispiel der Besatzung der Hōkūle'a, eines Zweimast-Auslegerkanus, das auf den Inseln wohlbekannt ist und mit denselben Techniken wie unsere Vorfahren das Meer überquerte.

Die erste Reise der Hōkūle'a startete 1976 unter der Leitung des Mikronesen Mau Piailug. Sein Großvater hatte ihm beigebracht, wie man solche Kanus baute und segelte. Master Mau, wie er unter Seeleuten genannt wird, war einer der wenigen noch verbliebenen traditionellen Seefahrer mit indigenem Wissen darüber, wie man ohne moderne Technik den Pazifik überqueren kann. Er erklärte sich dazu bereit, bei einer Fahrt der Hōkūle'a von Hawaii nach Tahiti das Kommando zu übernehmen, und lernte nach der erfolgreichen Überfahrt Nainoa Thompson an – einen Seefahrer aus dem Volk der hawaiianischen Ureinwohner. Er leitete die Crew bei einer Rundreise, die seit mehr als sechshundert Jahren niemand mehr unternommen hatte.

»Polynesien wurde von diesen außergewöhnlichen Menschen entdeckt«, sagt Thompson in einem Video zur Reise über diese indigenen Seefahrer. »Als die damals größten Entdecker auf Erden entsprachen sie für unsere Vorfahren im Prinzip unseren heutigen Astronauten.«[3]

2017 hatte die Hōkūle'a nach drei Jahren einmal komplett die Erde umrundet und dabei in mehr als hundertfünfzig Häfen in dreiundzwanzig Ländern angelegt. In Hawaii strömten die Menschen herbei, um die Reise zu feiern, die auf Hawaiianisch *Mālama Honua* genannt wurde, »für die Erde sorgen«, da sie eine explizite ökologische Mission gehabt hatte. Weil sich Hawaii aufgrund des Klimawandels mit einem steigendem Meeresspiegel konfrontiert sieht, wollte die Crew Gemeinschaften besuchen, die im Einklang mit der Natur leben. Die Reise hatte den Austausch von Wissen zum Ziel und war ein Akt der Solidarität mit anderen Völkern, die ebenfalls der Frage nachgehen, wie man unseren Planeten besser schützen kann.

»Unsere Vorfahren waren nicht nur großartige Seefahrer, sondern auch fantastisch im Bewirtschaften des Landes«, erklärt Thompson. »Sie haben schnell herausgefunden, wie man auf diesen Inseln gut leben kann, und ich denke, das ist die große Herausforderung für die ganze Menschheit hier auf unserem Planeten. Hōkūle'a führt uns in eine gewisse Richtung und stellt die Frage: Werdet ihr Menschen Verantwortung übernehmen und endlich handeln?«

Natürlicher Überlebensinstinkt

Es ist wohl nicht überraschend, dass unser Entdeckerdrang und die Suche nach für das Überleben der Menschheit entscheidenden Informationen die treibende Kraft für die dreijährige Mālama Honua-Reise der Hōkūle'a waren. Schon zu Zeiten der afrikanischen Hominiden vor zwei Millionen Jahren war Neugier ein für das Überleben entscheidendes Hilfsmittel. Sie hat uns dabei geholfen, unerforschte Gebiete zu erkunden, neue Nahrungsquellen zu finden und die besten Möglichkeiten der Kommunikation zu entwickeln. So wurde Neugier eine für unser Überleben entscheidende Eigenschaft, die von unseren Vorfahren an uns weitergegeben wurde und mittlerweile ein fester Bestandteil unseres Gehirns ist. Heutzutage werden wir bereits neugierig geboren, was die Forschung dadurch zeigen konnte, dass sie den Vorhang beiseitegezogen und untersucht hat, was in unserem Kopf vor sich geht.

In unserem Gehirn gibt es sechsundachtzig Milliarden Nervenzellen, die über hundert verschiedene Neurotransmitter wie Histamin, Oxytocin und Serotonin nutzen. Diese chemischen Botenstoffe lösen in anderen Zellen Aktivität aus. Neurotransmitter ermöglichen unserem Gehirn die Kommunikation und steuern wichtige Funktionen wie Bewegung, Erinnerung und die Regulierung der Herzfrequenz. Mein Lieblingsbotenstoff ist Dopamin. Davon bin ich so ein großer Fan, dass ich durchaus schon einmal auf einer Party auf einem Stuhl gestanden und den Trinkspruch »Auf Dopamin!« ausgebracht habe.

Lasst mich mal ein bisschen den Nerd spielen und hier kurz erklären, warum ich diesen Neurotransmitter so liebe. Viele von uns sind mit Dopamin als Teil des Belohnungssystems unseres Körpers vertraut, das uns dazu animiert, für unser Überleben wichtige Tätigkeiten auszuführen.[4] Wenn du zum Beispiel etwas Leckeres isst, schüttet dein Gehirn Dopamin aus und verstärkt das dadurch entstandene Hochgefühl. Durch diese angenehme Empfindung hat sich Dopamin die Bezeichnung »Glückshormon« verdient. Es wirkt auf dein Unterbewusstsein ein, damit du wieder und wieder etwas isst, weil dich Nahrung mit Energie versorgt. Dopamin wird ebenfalls ausgeschüttet, wenn wir Sex haben, wir uns in der Sonne aalen oder uns andere Menschen Anerkennung entgegenbringen. Diese drei Dinge sind für unser Überleben entscheidend: Durch Sex können wir unsere Gene weitergeben, die Sonne kurbelt die Produktion von Vitamin D an und reguliert unseren Tag-Nacht-Rhythmus, und Lob ist ein Zeichen dafür, dass wir von unserer Gruppe anerkannt werden und dadurch in Sicherheit sind. All das ist doch wirklich cool, und jetzt verstehst du vielleicht besser, warum ich gern auf Dopamin anstoße.

Es hat sich gezeigt, dass Dopamin auch eng mit unserer Neugier verknüpft ist. Die Wissenschaft hat durch fMRT-Scans herausgefunden, dass unser Gehirn Dopamin ausschüttet, wenn wir neugierig sind.[5] Also werden wir auf chemischer Ebene für unseren Entdeckerdrang und die Suche nach Informationen belohnt. Das liegt laut Forschung vermutlich daran, dass Neugier dazu beiträgt, Unsicherheit zu reduzieren.[6] In einer Studie des Neurowissenschaftlers Matthias Gruber hat sich gezeigt, dass es zu einer erhöhten Aktivität im Belohnungszentrum des Gehirns kommt, wenn wir neugierig sind. Dadurch werden ähnlich angenehme Gefühle ausgelöst wie bei einem schmackhaften Essen oder beim Sex.[7] Damit will ich jetzt nicht behaupten, dass Neugier buchstäblich zum Orgasmus führt – sagt mir allerdings gern Bescheid, falls ihr dafür Mittel und Wege findet. Zumindest läuft dadurch in unserem Gehirn eine ähnliche chemische Reaktion ab. Diese motiviert uns dazu, das jeweilige Verhalten in Zukunft zu wiederholen.

Da Dopamin üblicherweise Handlungen verstärkt, die für unser Überleben entscheidend sind, bringen Psychologen wie Jean Piaget seit der Mitte des zwanzigsten Jahrhunderts Argumente dafür vor, dass Neugier ein für unser Überleben entscheidender Motivationsfaktor ähnlich wie Hunger und der Sexualtrieb ist. Sieht man sich Neugier vom Standpunkt der Evolution aus an, dann ergibt diese Schlussfolgerung absolut Sinn. Wenn sich nicht einige unserer Jäger-und-Sammler-Vorfahren von ihrer Neugier hätten leiten lassen, wenn sie lieber träge am selben Ort geblieben wären und sich von den Früchten immer desselben Busches ernährt hätten, dann hätten sie niemals Wasser- und Nahrungsquellen gefunden, die nur einen Erkundungsgang weit von ihnen entfernt waren. Diejenigen von ihnen, die überlebt haben, müssen sich Fragen wie diese gestellt haben: *Was wohl passiert, wenn ich diese Beeren esse? (Probieren wir es mal aus!) Und wo läuft dieser Büffel hin? (Lasst uns ihm doch folgen!) Höre ich da etwa in einiger Entfernung Wasser plätschern? (Und wenn wir nachgucken?)* Ja, einige von ihnen sind durch ihre Neugier ums Leben gekommen, die Gruppe aber hat davon profitiert, dass manche unserer Vorfahren beschlossen haben, ihre Umgebung zu erkunden.

Neugier ist ein von der natürlichen Auslese begünstigtes Verhalten, das ihre enge Verknüpfung mit dem Belohnungssystem des Gehirns zeigt. Da sie sich im Laufe der Zeit als Wettbewerbsvorteil herausgestellt hat, wurde sie an die folgenden Generationen vererbt. Dies wird durch Forschungsergebnisse untermauert. Eine Untersuchung belegt zum Beispiel, dass Neugeborene eine unbekannte Umgebung länger betrachten als eine vertraute.[8] Säuglinge zeigen also Neugier, noch bevor sie die Gelegenheit dazu hatten, sich so ein Verhalten von Menschen in ihrem Umfeld abzugucken. Solche Studien deuten darauf hin, dass Neugier kein im Laufe der Zeit erlerntes Verhalten, sondern vielmehr eine uns angeborene Eigenschaft ist. So wie wir unser Sexleben erfüllender gestalten oder uns um eine bessere Ernährung bemühen können, können wir mit Zeit, Übung und etwas Anleitung auch unsere Neugier verbessern.

Die dopaminergen Nervenbahnen in unserem Gehirn liefern uns interessante Informationen über Neugier, sie sind aber nicht die einzigen, die etwas damit zu tun haben. Es gibt noch so viel darüber herauszufinden, welche Teile unseres Körpers und Hirns beim Thema Neugier eine Rolle spielen. Für mich zeigt dies klar und deutlich, dass Neugier ein komplexer, aber entscheidender Teil dessen ist, was wir sind. Die Prozesse, die uns als Menschen definieren, sind wissenschaftlich noch nicht komplett erschlossen. Deshalb rühre ich auch die Werbetrommel dafür, dass weiter in die Erforschung dieses Themas investiert wird.

Ein besonders interessanter Aspekt ist die Rolle der Neugier beim Lernen. Bei ihr geht es um wesentlich mehr, als nur darum, die konkrete Umgebung auszukundschaften. Um unsere Überlebenschancen zu verbessern, müssen wir mehr tun, als nur nach neuen Nahrungsquellen zu suchen oder übers Meer zu segeln. Wir müssen Formen der Kommunikation entwickeln, Werkzeug herstellen sowie zu Wissen und Weisheit in unterschiedlichen Formen gelangen, um zu leben und uns weiterzuentwickeln. Die Reise der Hōkūle'a war nicht einfach nur ein Wohlfühltrip, bei dem mit einem Kanu die Welt umrundet wurde. Die zum Antritt dieser Reise führenden Neugier ging über die konkreten Aspekte eines Segeltrips hinaus, sie hatte auch eine intellektuelle Ebene. Die Crew suchte nach Möglichkeiten, unsere Lebensräume zu schützen, unserer Jugend eine auf Werten basierende Erziehung zu bieten und in einem entscheidenden Moment der Menschheitsgeschichte mit anderen Völkern und Kulturen zusammenzuarbeiten. Unser Forschungsdrang lässt uns nicht nur körperlich Entfernungen zurücklegen, sondern auch auf kognitiver Ebene streben; er hilft uns dabei, als Menschen zu wachsen und eine bessere Version unser selbst zu werden.

Rein aus Neugier ...
Versuch deine früheste Erinnerung an etwas heraufzubeschwören, was dich neugierig gemacht hat. Was war das? Wie hast du dich in diesem Moment gefühlt?

Antriebsmotor fürs Lernen

Wenn man eine Linie von Island nach Schweden zieht, liegt genau auf der Mitte, am Rand der englischen Stadt Lancaster, das sogenannte Babylab. In diesem Labor werden nicht etwa Babys hergestellt, nein, man untersucht sie vielmehr unter der Leitung von Fachleuten wie Gert Westermann.

Kinder sind kleine Wissenschaftler – dieser Slogan hängt im Labor gut sichtbar an der Wand. Hier wird die Entwicklung von Kindern vor allem während der ersten sechs Lebensjahre untersucht, mit besonderem Fokus darauf, wie Kinder ihre Neugier nutzen, um zum Beispiel Sprechen zu lernen.

Katie Twomey, die mittlerweile an der University of Manchester forscht, hat sich nach ihrem Doktortitel in Psychologie im Babylab ihre Sporen verdient. In einem hellen Raum des Babylab beobachtete Twomey dafür regelmäßig durch einen halbdurchlässigen

Spiegel wie dem bei *Law & Order*, wie Kleinkinder ihre Stimme und Sprache erkunden.

Seitdem hat sie ihre Studien zum Thema Neugier beim Spracherwerb von Kindern weiter fortgesetzt. Sie untersucht, wie sich Sprache vom Brabbeln über einzelne Wörter wie »Mama« und »Papa« bis hin zu Sätzen wie »Komm, wir bauen einen riesigen Turm!« entwickelt.

Durch ihre Beobachtungen und Studien ist Twomey zu dem Ergebnis gekommen, dass Kinder deshalb brabbeln – »Dah! Aah! Wah-wah! Uah!« –, weil sie neugierig auf die Funktionsweise ihres Stimmapparats sind.[9] Deshalb probieren sie unterschiedliche Sachen aus und achten darauf, zu welchen Tönen sie führen. Wenn ein Baby »Wah!« brabbelt und ein Erwachsener darauf mit »Wow!« reagiert, dann nimmt es das natürlich zur Kenntnis. Außerdem bekommt es in so einer Situation Aufmerksamkeit, wird berührt und angelächelt. Diese Anerkennung führt zur Ausschüttung von Dopamin (Ja, das taucht wirklich überall auf!), was das Kind zu weiteren Experimenten mit seinen Stimmbändern motiviert. Nach und nach erschließt sich ihm immer deutlicher, dass die Menschen in seinem Umfeld es abhängig davon behandeln, wie es diesen Teil seines Körpers benutzt.

Kleine Kinder sind ganz erpicht darauf, die Welt um sie herum zu erkunden, und lauschen aufmerksam, wenn jemand mit ihnen spricht oder Menschen sich untereinander unterhalten. Das hilft ihnen dabei, ihr Gebrabbel zu Wörtern und schließlich zu Sätzen weiterzuentwickeln. Deshalb ist es auch so wichtig, viel mit ihnen zu reden: Es hilft ihnen dabei, Sprache zu verarbeiten und ihren Wortschatz zu erweitern.[10] Selbst mitzuerleben, wie Kinder nach und nach zu sprechen beginnen, ist wirklich beeindruckend. Und wenn man dabei gut aufpasst, kann man erkennen, wie sie Neugier als Werkzeug nutzen, um Neues zu lernen und sich weiterzuentwickeln.

Sprechen lernen Säuglinge also aufgrund von Neugier. Sie spielt in der kindlichen Entwicklung aber eine noch viel umfassendere Rolle. Während der entscheidenden ersten Jahren ihres Lebens müssen Kinder auch zu verstehen beginnen, was bedrohlich ist und was nicht, wie man krabbelt und dann läuft, und natürlich müssen sie Sozialverhalten lernen. Dabei stellen sie ständig Fragen, weil Neugier der Schlüssel zu ihrer Entwicklung ist. Wenn du je Zeit mit Fünfjährigen verbracht hast, dann weißt du, dass deren Lieblingswort meistens *Warum* ist. Die Suche nach dem Warum treibt auch ihre Besessenheit von bestimmten Dingen an, wie zum Beispiel von der Serie *Bluey*, Dinos, Meerestieren oder allem, was mit Ägypten zu tun hat.

Wenn wir erst einmal herangewachsen sind und mehr über die Welt wissen, überlassen viele von uns das Thema Neugier lieber Kindern. Diese Einstellung ist allerdings problematisch: Die Wissenschaft zeigt uns nämlich, dass Neugier ganz entscheidend ist, wenn wir nicht nur zu Beginn unseres Lebens, sondern auch in seinem weiteren Verlauf *fortwährend* lernen wollen. Eine Metaanalyse Dutzender Studien mit mehr als einer Million Teilnehmenden zeigt sogar, dass unsere Neugier beim Übergang ins Erwachsenen- und ins mittlere Lebensalter bis hin zum hohen Alter tatsächlich *noch wächst*.[11] Sie reduziert sich nur dann leicht, wenn unsere geistigen Fähigkeiten abnehmen, zum Beispiel kurz vor dem Tod.[12] Daher ist die weit verbreitete Vorstellung, dass Kinder neugieriger seien als Erwachsene – weil sie mehr Fragen stellen als wir –, tatsächlich ein Mythos! Ob wir nun auf Arbeitssuche sind, uns die Geschichten anderer Leute anhören oder nach neuen Möglichkeiten der Problemlösung suchen, es halten ständig neue Gedanken in unserem Kopf Einzug, wir stellen uns dauernd große oder kleine Fragen. Neugier ist eben eine Partnerin, die uns im Leben immer zur Seite steht.

Unsere auf Wissen basierende Arbeitsgesellschaft wird durch Neugier vorangetrieben. Neugier ermutigt uns dazu, auch lange nach unserer Schulzeit noch Bücher zu lesen und Unterricht zu nehmen, und natürlich verlassen sich auch die Wissenschaft und die Forschung bei ihrer Arbeit auf Neugier. Unternehmerinnen und Erfinder brauchen Neugier, um neue Ideen zu entwickeln. Studien zeigen, dass Neugier die Vorbotin von Neuerungen am Arbeitsplatz und unternehmerischen Innovationen ist.[13] Ebenso spielt sie eine wichtige Rolle bei kreativen Prozessen, der Zusammenhang zwischen Neugier und Kreativität ist nachgewiesen.[14] Offene Fragen zu stellen, führt bei kreativen Aufgaben zu besseren Ergebnissen.[15]

Aus all diesen Gründen ist die Überzeugung, dass Neugier nur für Kinder oder beruflich Kreative wichtig sei, irrig. Neugier schlummert in jedem Einzelnen von uns. Studien haben allerdings nachgewiesen, dass die Dopaminausschüttung in unserem Gehirn immer schwächer wird, alle zehn Jahre unseres Lebens nimmt sie um je 6,6 Prozent ab. Das könnte eine Erklärung dafür sein, warum wir mit zunehmendem Alter weniger lernen.[16] Dennoch zeigen uns viele ältere Menschen, dass Neugier lebenslanges Lernen fördern kann – und stellen damit die sich hartnäckig haltende Überzeugung infrage, dass persönliches Wachstum vor allem vor unserem dreißigsten Lebensjahr stattfindet.

Damit meine ich Leute wie Minoru Saitō, der mit siebenundsiebzig allein um die Welt gesegelt ist, Nola Ochs, die in Kansas mit fünfundneunzig ihren Bachelor an der Uni gemacht hat, oder Neil deGrasse Tyson, der mit Mitte sechzig sein Publikum dazu inspiriert, sich für die Sterne und den Kosmos zu begeistern.

Selbst in unserer Nachbarschaft oder Verwandtschaft verschreiben sich Menschen, die vielleicht nicht so bekannt sind, der Idee, dass man auch später im Leben noch neugierig sein kann. Wir hören gar nicht so selten von Menschen über neunzig oder hundert, dass sie deshalb noch so fit sind, weil sie weiterhin am Leben und an der Welt um sie herum Anteil nehmen. Ich persönlich denke auch an meine Mutter, die während der letzten Jahre mit über siebzig per Zoom Bauchtanzen gelernt hat, an der University of Hawai'i in Mānoa als Gasthörerin Veranstaltungen belegt und sich zum ersten Mal in ihrem Leben einem Wanderverein angeschlossen hat.

Rein aus Neugier …
Wann hat zum letzten Mal etwas die Neugier in dir geweckt? Was war das, und wie hast du dich dadurch gefühlt?

Die drei Himmelsrichtungen der Neugier

Normalerweise definieren wir Neugier als ein Interesse, durch das wir über etwas oder jemand anders neue Dinge erfahren wollen. Wir fragen uns, was für eine Art von Baum da im Park steht oder welche neuen Restaurants in den letzten Monaten eröffnet haben. Wenn es um andere Menschen geht, würden wir gern wissen, wofür sie sich interessieren, wo sie leben oder womit sie ihr Geld verdienen. Neugier kann aber viele unterschiedliche Richtungen einschlagen, sie muss nicht unbedingt von innen nach außen gerichtet sein. Sie kann uns auch dabei helfen, uns selbst, unsere Überzeugungen, Wünsche und Bedürfnisse, und das, was dahinter liegt, besser zu verstehen.

Damit wir uns leichter merken können, wie sich Neugier nutzen lässt, habe ich das Konzept der »drei Himmelsrichtungen der Neugier« entwickelt. Dieses praktische Hilfsmittel hilft uns, bewusster zu entscheiden, *worauf* wir unsere Neugier lenken wollen.

- nach innen – hier geht es darum, unser Innenleben zu ergründen (wie zum Beispiel Gefühle, Werte, Überzeugungen oder mögliche Traumata)
- nach außen – diese Art von Neugier interessiert sich für Dinge, die außerhalb von uns liegen (so wie unser Planet, andere Menschen, Kulturen oder Systeme)
- darüber hinaus – Neugier in dieser Form stellt Fragen über Dinge, die über uns hinausgehen (zum Beispiel über unser Bewusstsein, den Sinn des Lebens oder das Göttliche)

Nach innen: Neugier auf das, was in uns liegt

Auf uns selbst gerichtete Neugier, also eine Beschäftigung mit unserem Innenleben, stärkt die Beziehung zu uns selbst. Das geht am Anfang des Lebens mit den ganz grundlegenden körperlichen Bedürfnissen los, wie zum Beispiel: *Hab ich Hunger? Was passiert, wenn ich meinen Arm oder mein Bein auf diese oder jene Art bewege? Was kann man mit diesen Stimmbändern so machen?* Diese Art von Neugier beginnt oft damit, dass wir unseren eigenen Körper erkunden. Als Babys verstehen wir langsam, dass wir nicht unkontrolliert wie eine Kugel Knete durchs Leben rollen, sondern selbst beeinflussen können, wie wir uns bewegen. Wir lernen außerdem, unsere Stimme zu benutzen, um mit anderen zu kommunizieren.

Später ermöglicht uns die auf uns selbst gerichtete Neugier, mit der emotionalen Landschaft unserer inneren Welt Kontakt aufzunehmen. Wenn wir in die Pubertät kommen, erforschen wir zum ersten Mal Anziehungskraft und Lust. Wir träumen von Menschen, für die wir schwärmen, und malen uns aus, wie unsere Kinder einmal aussehen werden. Dann fragen wir uns Dinge wie: *Soll ich mir vielleicht die Haare lila färben? Würde mich ein Nasenring wohl beliebt machen? Und warum versteht mich eigentlich niemand?*

Indem wir nach innen gerichtete Neugier praktizieren, werden wir uns entscheidender Aspekte unseres Lebens bewusster, zum Beispiel dessen, wie wir gern Zeit verbringen, was uns wichtig ist und wie wir uns selbst etwas Gutes tun können. Wir stellen uns Fragen wie: *Wie sieht für mich ein gesunder Lebensstil aus? Wie will ich geliebt werden? Wie möchte ich mich im Rahmen einer Beziehung fühlen? Wodurch fühle ich mich lebendig? Was für eine Art von Leben möchte ich gern führen?*

Wer seine Neugier nach innen richtet, tut das oft durch Besinnung, Achtsamkeit und dadurch, dass sie oder er besonders gut auf die Signale des eigenen Körpers achtet. Wenn unsere Neugier nie uns selbst gilt, verstärken wir womöglich ungesunde Verhaltensmuster wie Selbstaufopferung oder Selbstsabotage. Wir sind anfälliger für Beziehungsdynamiken wie Koabhängigkeit, die es uns schwer machen, uns von unserem Gegenüber abzugrenzen. In diesem Sinne ist es entscheidend, unsere Neugier immer wieder auch auf unsere innere Welt zu richten, um die äußere Welt besser zu verstehen und die Beziehung zu unseren Mitmenschen zu verbessern.

Leider wird in unserer heutigen Zeit im Alltag oft kein Wert auf den Blick nach innen gelegt. Obwohl Selbsthilfebücher, Achtsamkeitsprogramme und Besinnungsübungen beliebt sind, ist aus Sicht vieler Menschen die Zeit einfach zu knapp, um ihr eigenes Leben voller Neugier unter die Lupe zu nehmen. Bei so einigen von uns verstaubt das Journalingheft irgendwann in der Ecke, wir haben zu große Angst vor einer Auseinandersetzung mit unserer Vergangenheit, und die Bemühung um therapeutischen Beistand landet auf der To-do-Liste immer wieder ganz unten. Ohne einen aufmerksamen Blick nach innen wird es allerdings schwierig, unsere Neugier auch in die anderen Richtungen zu wenden, sie auf andere Menschen, auf die Welt da draußen oder auf das, was darüber hinausgeht, zu richten.

Nach außen: Neugier für das aufbringen, was außerhalb von uns liegt

Bei nach außen gerichteter Neugier geht es darum, die Menschen und die Welt um uns herum zu verstehen. In Hinblick auf die Evolution können wir uns vorstellen, dass unsere Vorfahren einst Fragen wie diese gestellt haben: *Bin ich in meiner Gruppe sicher? Was ist das für ein großes Raubtier, das da auf mich zuläuft? Wie funktioniert dieses Werkzeug? Kann ich diese Beeren essen?* Heutzutage richten wir unsere Neugier nach außen, wenn wir uns mit unserem geliebten Menschen oder mit Fremden unterhalten und uns das die Tür öffnet, um uns in diese Personen hineinzuversetzen. Ebenfalls nach außen gerichtet ist Neugier dann, wenn wir Kontakt zur Natur suchen, unsere Beziehung zur Erde oder zu Tieren vertiefen. Diese Richtung hilft auch bei einem besseren Verständnis von Kulturen oder Systemen, denen wir angehören, wenn wir zum Beispiel in ein anderes Land reisen oder etwas über Wirtschaft oder Psychologie lernen.

Nach außen gerichtete Neugier kann allein ausgeübt werden. Vielleicht liest du Zeitung, um immer auf dem neusten Stand über die Ereignisse in deiner Stadt zu sein. Wenn du jemanden triffst, den du attraktiv findest, dann überlegst du insgeheim, wie diese Person gern geliebt werden möchte oder wie ihre früheren Beziehungen aussahen. Nach außen gerichtete Neugier blüht und gedeiht aber auch, wenn sie mit anderen zusammen praktiziert wird. Lass dich auf Unterhaltungen mit Fremden ein, diskutiere gesellschaftsrelevante Themen in der Gruppe, zum Beispiel in einem Buchclub, oder melde dich mit jemandem aus deinem Freundeskreis für eine neue sportliche Aktivität wie zum Beispiel CrossFit an.

Was Technologie angeht, kann uns durchaus manches – wie beispielsweise Achtsamkeitsapps – beim Blick nach innen helfen, meist steht dabei aber die nach außen gerichtete Neugier im Vordergrund. Wir können das Internet nutzen, um über digitale Gemeinschaften wie Reddit zu Menschen in unserer Stadt oder sogar in einem anderen Land Kontakt aufzunehmen. Wenn wir eine Kamera benutzen, erforschen wir die Welt um uns herum, indem wir sie beobachten, dann Momente per Foto festhalten und die Bilder mit anderen teilen. Durch Apps wie Duolingo können wir neue Sprachen lernen, während edX es uns ermöglicht, uns kostenlos akademisch weiterzubilden.

Wenn wir unsere Neugier nie auf unser Umfeld lenken, isolieren wir uns womöglich und konzentrieren uns zu sehr auf uns selbst. Das kann zu narzisstischem oder egoistischem Verhalten führen und unsere Fähigkeit mindern, den Wünschen und Bedürfnissen anderer gegenüber einfühlsam und verständnisvoll zu sein. Wenn wir hingegen Zeit und Energie in nach außen gerichtete Neugier investieren, reduzieren wir die Risiken einer dem Individualismus verhafteten Weltsicht. (Ein Beispiel dafür wäre der in Selbsthilfekreisen so beliebte Spruch, dass vor allem *du dich* als ganzer Mensch einbringen sollst – wobei die Gefühle anderer nicht berücksichtigt werden.) Wenn wir nach außen gerichtete Neugier praktizieren, entwickeln wir eine gemeinschaftlichere und harmonischere Denkweise und erkennen, dass wir alle eng verbunden sind – miteinander und mit unserem Planeten.

Darüber hinaus: Mit der Neugier noch weitergehen

Die Neugier auf das zu richten, was jenseits unserer üblichen Erfahrungswelt liegt, mag für manche einen religiösen Charakter annehmen, da sie Gott und das Göttliche zu verstehen versuchen. Menschen stellen schon seit Urzeiten Fragen wie: *Was passiert, wenn ich sterbe? Gibt es einen Gott? Wie sieht mein Glaube, wie sehen meine spirituellen Überzeugungen aus?* Manche Religionen definieren Gott als etwas, was außerhalb von uns liegt, für manche Glaubensrichtungen befindet er sich in uns. In beiden Fällen richten wir bei unserer Suche unsere Neugier auf das, was über uns und andere Menschen hinausgeht.

Falls du nicht religiös bist – wie es vor allem unter Millennials und Vertretern der Generation Z zur Norm zu werden scheint –, kannst du trotzdem deine Neugier in diese Richtung lenken. Für dich geht es dann vielleicht eher um die Suche nach dem Sinn des Lebens, um Fragen wie: *Was bedeutet es eigentlich, Mensch zu sein? Was ist Bewusstsein? Was werde ich als Vermächtnis hinterlassen, wenn ich sterbe?* Unsere Neugier auf das zu richten, was über das konkret Greifbare hinausgeht, kann auch bedeuten, sich mit denen zu beschäftigen, die nicht mehr unter uns sind, wie zum Beispiel mit den Generationen vor uns (wie unsere Ahnen) oder denen, die nach uns kommen werden (wie unsere noch nicht geborenen Nachfahren). Der Blick ins Jenseitige wird durch unsere Seele und unsere Vorstellungskraft ermöglicht. Dabei stellen wir uns Fragen wie: *Wie können wir Dingen Sinn verleihen? Was für eine Welt werden die Kinder von heute in dreißig Jahren von uns erben? Was bedeutet es, »beseelt« zu leben?*

Wenn wir unsere Neugier in diese Richtung lenken, besteht unser Ziel darin, uns mit etwas zu verbinden, das größer ist als wir selbst. Ob du nun an Gott und an ein Leben im Jenseits glaubst oder nicht – diese Ebene von Neugier ermöglicht viele Arten von Erweckungserlebnissen, die dir *jetzt* im Leben von Nutzen sein können. Wenn du zum Beispiel Nordlichter oder eine endlose Wüstenlandschaft bewunderst, dann entsteht dadurch eine Verbundenheit mit etwas, das größer ist als du. Die jenseitige Ebene auszuloten, kann dir dabei helfen, dich im Hier und Jetzt besser verankert zu fühlen. Es verstärkt auch die Nähe zu dir selbst und zu den Menschen und der Welt um dich herum auf eine Art und Weise, wie es die nach innen und außen gerichtete Neugier allein nicht kann.

Wo sich die drei Himmelsrichtungen treffen

Die drei Arten von Neugier – nach innen, nach außen und darüber hinaus – überschneiden sich. Wenn du dich zum Beispiel gerade von jemandem getrennt hast, fragst du vielleicht eine enge Freundin, wie *sie* mit ihrer Trennung umgegangen ist. Durch diese Unterhaltung lernst du mehr über diese Freundin (nach außen), du kannst aber auch Erkenntnisse gewinnen, die dir neue Perspektiven auf deine eigene Beziehung ermöglichen (nach innen). Wenn du darüber nachdenkst, wie du als Kind von deinen Eltern erzogen wurdest (nach innen), führt das vielleicht zu Einsichten darüber, wie du deinen eigenen Nachwuchs erziehen willst (nach außen) oder deine noch gar nicht existierenden, zukünftigen Kinder (darüber hinaus). Wenn du Neugier auf Gott oder das Bewusstsein entwickelst (darüber hinaus), dann verändert das vielleicht deine Beziehung zu den Menschen in deinem Umfeld (nach außen). Es gibt also unendlich viele Möglichkeiten, wie sich die drei Richtungen überschneiden können.

Sie sind alle drei gleich bedeutsam, weil wir durch sie einen kritischen Blick auf unsere Beziehungen, unsere Arbeit und unser Leben an sich werfen. Deshalb finde ich es auch wichtig, dass du darüber nachdenkst, welche der drei Richtungen du am liebsten einschlägst und welcher du nur ungern Zeit widmest. Vielleicht bist du ein eher introspektiver Mensch und hast einen Hang zu nach innen gerichteter Neugier. Du findest jeden Abend Zeit für Journaling, freust dich auf deine Therapiesitzungen und denkst viel über deine eigenen Wünsche und Bedürfnisse nach. Leider scheust du dich aber vor dem Kontakt zu anderen und vor der Frage, was sie denn brauchen und sich wünschen. Oder vielleicht ist das Gegenteil der Fall: Du interessierst dich eigentlich immer nur für andere und die Welt um dich herum, willst dich aber nicht mit dem auseinandersetzen, was in dir selbst vor sich geht.

Menschen, die ihre Neugier bewusst auf alle drei Ebenen richten, die auf sich selbst ebenso neugierig sind wie auf die Welt um sie herum und auf das, was darüber hinausgeht, bezeichne ich als wahre Suchende. Sie sind diejenigen, die am meisten von Neugier profitieren, weil sie das Leben aus mehreren Perspektiven betrachten können. Eins trifft jedoch unabhängig von der eingeschlagenen Richtung zu: Bestmöglich nutzen kannst du deine Neugier nur durch die Bereitschaft, so lange weiter in die Tiefe zu gehen, bis ein Prozess der Wandlung in Gang gesetzt wird.

Rein aus Neugier ...
Welche der drei Ebenen lotest du im Leben am häufigsten aus? Und welche am seltensten? Kennst du jemanden, der sich regelmäßig auf alle drei Richtungen einlässt – und den du deshalb als wahren Suchenden erachtest?

In die Tiefe gehen

Uns allen wohnt der »Zauber« der Neugier inne, der uns dabei hilft, zu überleben, zu lernen und letztlich zu wachsen. Wie ich dir hier dargelegt habe, kannst du mithilfe dieser wirksamen Eigenschaft dich selbst besser kennenlernen, die Welt um dich herum und das, was darüber hinausgeht. Aber selbst dann, wenn wir sie in allen drei Richtungen nutzen, führt Neugier nicht immer zu der Art von

Wandlung, wie wir sie uns für unser Leben wünschen würden. Dass wir durch nach innen gerichtete Neugier ein Faible für romantische Songs entdeckt haben, bedeutet nicht automatisch, dass wir dadurch Liebe finden oder unsere Ehe retten können. Jemandem Fragen wie »Und, wie verdienst du so deine Brötchen?« zu stellen, führt nicht unbedingt zu einer engen Beziehung mit dieser Person oder hilft gegen das Gefühl von Einsamkeit – möglicherweise hast du danach aber mehr Ahnung von Buchhaltung. Vielleicht wolltest du die Ebene dessen, was über das Unmittelbare hinausgeht, mit einem DNA-Test erforschen, fühlst dich deinen Vorfahren danach aber immer noch nicht verbundener.

Bei jedem dieser Beispiele verschenken wir so viel Potenzial, weil wir uns auf seichte Neugier beschränken. Obwohl uns auch diese Erfahrungen etwas lehren, ist der Gewinn doch recht begrenzt. Um die Art von Verbundenheit und Wandlung zu erreichen, nach der wir uns alle sehnen, müssen wir bei unserer Suche unter die Oberfläche abtauchen. Wir müssen uns tiefer Neugier verschreiben.

Doch wie gelingt nun der Übergang von seichter zu tiefer Neugier? Sind dafür nicht mehr Anstrengung und Risiko vonnöten? Warum sollten wir dann dieses furchteinflößende, unbekannte Terrain betreten?

Die Dichterin und Aktivistin Maya Angelou soll einmal gesagt haben: »Meine Mission im Leben besteht nicht nur darin, zu überleben, sondern darin, aufzublühen.« Mit anderen Worten: Während uns seichte Neugier beim Überleben hilft, können wir durch tiefe Neugier wahrhaftiger leben.

Kapitel 2

Tiefe Neugier

Ich war von einem Meer aus Rot umgeben.

Auf dem überfüllten Parkplatz in Minneapolis trugen in einem abgesperrten Bereich Zehntausende von Menschen um mich herum Hüte mit der Aufschrift *Make America Great Again*. Es waren so viele Trump-Unterstützer gekommen, dass sich die Schlange durch Parkhäuser und über Parkplätze wand, bevor sie endlich die Target Center Arena erreichte, das Heimstadion der Minnesota Timberwolves. Mittlerweile war ich seit drei Monaten auf meinem Roadtrip quer durchs Land unterwegs, bei dem ich an Orten wie Trump-Kundgebungen und in Kirchen Menschen kennenlernen wollte, die ganz anders waren als ich. Ich wollte gern herausfinden, wie wir in unserem Land Differenzen überbrücken und wieder besser miteinander klarkommen könnten.

Dafür stand ich nun schon seit Stunden unter drei Meter hohen Bildschirmen, auf denen Kommentatoren Trump in höchsten Tönen lobten. Alle paar Minuten brandete Applaus auf, wenn Bilder vom Präsidenten oder seiner Familie gezeigt wurden. Mit den Foodtrucks und den überall aufgestellten Tischen, an denen Leute mit Unternehmergeist gefälschtes Trump-Merchandising verkauften, erinnerte mich das Ganze an einen Jahrmarkt auf dem Land.

Während ich in der Schlange stand, sah ich einen von Kopf bis Fuß in Tarnkleidung gehüllten Mann, der an einem etwa vier Meter langen Mast eine riesige amerikanische Flagge schwenkte. Etwa hundert Menschen weiter hinter mir trug jemand einen Kapuzenpulli mit der Aufschrift *Sozialisten sind Schwuchteln*. Jedes Mal, wenn auf dem Bildschirm jemand von der demokratischen Partei erwähnt wurde – zum Beispiel Joe Biden –, rief die Masse wie aus einem Munde: »Buuuuh!« Es kam mir vor wie eine Sportveranstaltung: Team Rot gegen Team Blau.

Das war meine erste Trump-Kundgebung und ich war allein hingegangen. Obwohl ich selbst nicht Trump gewählt hatte und strikt gegen viele seiner Initiativen war, konnte ich mich der Energie dieser Veranstaltung nicht entziehen. Die Menge hatte sich in einen gemeinsamen Rausch hineingesteigert.

»Wir gewinnen auf jeden Fall!«, rief ein Mann im Publikum. Alle in der Nähe jubelten.

Im Laufe des Nachmittags und Abends wandte ich mich an die Wartenden um mich herum und stellte Fragen: *Woher kommen Sie? Warum wählen Sie Trump? Welche Werte sind für Sie wichtig? Gibt es in Ihrem Leben auch Menschen, die die Demokraten wählen, und können Sie mir über die etwas erzählen?*

Die meisten Leute, mit denen ich sprach, stammten nicht aus Minneapolis, sondern waren von außerhalb angereist, zum Teil sogar aus benachbarten US-Staaten wie Wisconsin und Iowa. Viele hatten für die Veranstaltung drei oder vier Stunden im Auto gesessen. Einige hatten sich bei der Arbeit freigenommen und einen Babysitter organisiert, während andere ihre Kinder einfach mitgebracht hatten. Ich sprach sogar mit einem Superfan, der auf einer richtigen Trump-Tour war und an mehreren Kundgebungen teilnehmen würde, wie ein Groupie von Phish, der seiner Lieblingsband hinterherreiste.

Wenn ich mich diesen Menschen vorstellte, war die Reaktion überraschend. Keine Ahnung, was ich erwartet hatte, aber die meisten waren wirklich nett. Mir rutschte jedes Mal das Herz in die Hose, wenn ich mich dafür wappnete, meine sexuelle Orientierung oder die Motivation für meine Reise zu erwähnen. Aber die Leute waren offen für eine Unterhaltung und neugierig darauf, warum ich hier war. Einer meiner Gesprächspartner war ein schlanker weißer Mann mit Drahtbrille und kurzen blonden Haaren, der sich selbst als »Hardcore-Trump-Unterstützer« bezeichnete. Er äußerte sich sogar positiv darüber, dass ich mich zusammen mit Beauftragen von Glaubensgemeinschaften für die Gleichstellung von Menschen aus der LGBTQ+-Community einsetzte und für die Schließung von »Therapieprogrammen«, die zum Ziel hatten, Menschen von ihrer sexuellen Orientierung zu »heilen«.

»Das klingt wie eine wichtige Aufgabe … es hat doch jeder gleiche Rechte verdient«, sagte er. Ich konnte es kaum fassen.

»Was machen Sie denn so im Leben?«, fragte ich ihn.

»Ich bin Optiker«, antwortete er. Er spendete Brillen an Bedürftige und führte bei Auslandseinsätzen kostenlose Augenuntersuchungen bei Menschen durch, die sie sich sonst nicht hätten leisten können.

Also sprach ich hier mit einem Wohltäter, dem seine Familie und der Dienst am Nächsten wichtig waren – genau wie mir. Dieser Mann war gebildet. Und trotzdem schaute er Fox News und schimpfte auf den Sender CNN. Obwohl er selbst weit gereist war, vertrat er eine harte Haltung, was Einwanderung einging. Sein Optikergeschäft lag im Großraum Minneapolis, aber er pendelte und lebte in einem kleineren Ort an dessen Rand. Wer liberal dachte, war seiner Meinung nach einer Gehirnwäsche unterzogen worden. Ich rief ihm in Erinnerung, dass ich ja auch zu diesen Menschen gehörte.

»Na ja, wenigstens sind Sie hier hergekommen und glauben nicht unbesehen, was Sie in den Fake News über uns hören«, erwiderte er.

Ich muss zugeben, dass nicht alle so zugänglich waren wie er. Ein Mann steigerte sich in eine Schimpftirade hinein, bei der er Demokraten als »dämlich« und »erbärmlich« bezeichnete – all das zur Begrüßung, nachdem ich nicht mehr gesagt hatte als: »Hi! Von woher sind Sie angereist?« Seine Augen glühten und der Zorn in seiner Stimme war unverkennbar. Ihm verriet ich nichts über meine eigenen Ansichten, weil ich mich dafür in dieser Situation nicht sicher genug fühlte. Stattdessen stellte ich eine offene Frage: »Und warum empfinden Sie so?«

Er erzählte mir von seiner Freundin: »Sie wählt die Demokraten.« Irgendwie gelang es ihnen, ihre politischen Differenzen außen vor zu lassen und eine harmonische Beziehung zu führen. Seine Wut entflammte allerdings wieder, als er über die Freunde seiner Partnerin sprach.

»Wenn ich mit denen Zeit verbringe, spüre ich ganz genau, dass sie mich für dumm halten«, erklärte er.

Obwohl er es nicht laut aussprach, merkte man ihm an, dass ihn dieses Urteil verletzte. Ich fragte mich, ob er sich deshalb vielleicht ausgegrenzt fühlte und erst recht Trump unterstützte.

Im Laufe der Stunden, die ich in der Schlange verbrachte, unterhielt ich mich mit fast einem Dutzend anderer Wartender. Eine Frau erklärte, dass sie in einem republikanischen Haushalt aufgewachsen sei und nun der nächsten Generation die gleiche Werte vermittele. Sie war mit Herz und Seele Mutter und unglaublich stolz auf ihre Kinder. Ich fragte, was sie denn von Trumps Bemerkungen über Frauen hielt. Sie antwortete, dass sie damit nicht immer einverstanden sei.

»Aber ganz egal, woran man glaubt oder wen man selbst gewählt hat – er ist der Präsident.«

Während wir allmählich näher an den Eingang des Target Center heranrückten, taten mir nach dem langen Stehen langsam die Beine weh. An der Wand lehnten jetzt Klappstühle, Schirme, Kühlboxen und andere Gegenstände, die zurückgelassen worden waren. Die Sicherheitsvorkehrungen waren streng: Während Securitypersonal unsere Taschen durchsuchte, wurden wir selbst durch Metalldetektoren geschickt, um danach noch abgetastet zu werden. Ich erfuhr, dass manche Leute seit den frühen Morgenstunden ihr Lager vor dem Eingang aufgeschlagen hatten, wie Einkäufer, die beim Black Friday auf das Öffnen eines bestimmten Ladens warteten.

Innerhalb der Arena hallte der Jubel der Massen von den Wänden wider. Hunderte von Secret-Service-Agenten und Polizisten mit Knopf im Ohr standen bereit. Es fühlte sich ein bisschen an wie das entscheidende Spiel der Basketballliga. Lichter blitzten, und die Menschen zog es zur riesigen Bühne unten auf dem Spielfeld. Alle warteten darauf, dass es endlich losging. Doch nicht nur dort unten drängten sich die Leute, auch die Sitzreihen des Stadions waren bis auf den letzten Platz besetzt. Von Zeit zu Zeit wogte Applaus durch die Halle und überall waren Schilder mit Aufschriften wie *Trump und Pence* oder *Arbeit für alle Amerikaner* zu sehen.

Nachdem ein paar Vorredner die Menge eingestimmt hatten, betrat schließlich Trump selbst die Bühne. Seine Ansprache klang wie eine erweiterte Version all der Videoclips, die ich schon zigmal gesehen hatte: Er wetterte gegen diejenigen, die er als seine Feinde wahrnahm, putzte die Presse herunter (womit er die Menge noch weiter aufheizte, die Parolen wie »Fuck you!« in Richtung des Medienzeltes brüllte) und war sich auch für persönliche Attacken auf Joe Biden und andere nicht zu schade.

Nachdem ich mir das etwa eine Stunde lang angehört hatte, machte mein Körper dicht. Er reagierte instinktiv auf das, was ich als hasserfüllte Attacken empfand, und das Ganze wurde mir einfach unerträglich. Ich stand auf, schob mich verlegen an den Knien anderer in meiner Sitzreihe vorbei und ging die Treppe hoch in Richtung Ausgang.

Auf dem Gang stieß ich auf eine mit Trump-Merchandising ausstaffierte Gruppe, die ebenfalls auf dem Weg nach draußen war, was wieder meine Neugier weckte.

»Warum brechen Sie denn schon früher auf?«, fragte ich eine Frau.

»Wir versuchen, dem dichten Verkehr zuvorzukommen!«

»Macht es Ihnen etwas aus, wenn ich ein Stück mit Ihnen gehe?«

Ich betrieb Smalltalk mit einem Paar, das zwei Stunden gefahren war, um Trump zu sehen. Mittlerweile war ich einfach zu müde, um offene Fragen zu ihren Überzeugungen und Werten zu stellen, darüber, was ihnen Angst oder Freude machte. Geistig und körperlich war ich so durch, dass ich nur noch zu meinem Auto und irgendwo etwas zu essen auftreiben wollte. Mein Nacken war ganz verspannt und ich zog müde die Füße nach.

Als wir das Gebäude verließen und auf die Straße traten, erwartete uns ein Meer von Gegendemonstranten, die von der gegenüberliegenden Straßenseite Anti-Trump-Parolen skandierten. Demzufolge, was sie da brüllten, schienen ihre Überzeugungen den meinen ganz ähnlich zu sein. Ein Mann aus der Menge deutete auf uns.

»Ihr Scheißrassisten!«, geiferte er. »Verschwindet aus unserer Stadt!«

Der Mann, mit dem ich zusammen war, rief zurück: »Ich bin kein Rassist!«

Am liebsten hätte ich auch den Mund aufgemacht, um mich zu verteidigen: »Meine Ansichten sind ja eher *wie eure*!« Aber ich war fix und fertig, hatte keine Energie mehr und war auch ziemlich schockiert darüber, persönlich so angegriffen zu werden.

Dieser Gegendemonstrant war davon überzeugt, dass er über alle nötigen Informationen über diese Trump-Wähler und mich verfügte, ohne uns eine einzige Frage gestellt zu haben. Das rief mir Momente aus meiner Vergangenheit in Erinnerung, wenn Wildfremde bei meinem Anblick »Sching schang schong!« gerufen oder mich gefragt hatten, aus welchem Land ich stammte.

Wut brodelte in mir, als ich mich mit meinen Schlüsseln in der Hand auf den Weg zum Auto machte. Irgendwann verwandelten sich diese Emotionen eher in Schmerz, und ein Gefühl der Hoffnungslosigkeit erfüllte mich. Würden wir nie diesen Hass überwinden können, der sich von allen Seiten aufs politische Parkett ergoss? Als ich mich auf den Fahrersitz sinken ließ und den Schlüssel ins Zündschloss schob, war ich den Tränen nahe. Ich dachte: *Sieht es also wirklich so aus mit unserem Land?* Ja, ich bemühte mich hier darum, Neugier walten zu lassen, aber würde das irgendetwas ändern?

Durch die Windschutzscheibe beobachtete ich eine fröhliche Gruppe von Trump-Wählern, die mit ihren roten T-Shirts und Baseballmützen ebenfalls auf dem Weg zu ihren Autos waren. Ein vielleicht elf oder zwölf Jahre alter Junge sprang hoch und versuchte, mit seinen kleinen Händen die Deckenstrahler des Parkhauses zu berühren wie einen Basketballkorb – so wie ich das früher auch gemacht hatte. Ich dachte über sein Leben nach und bemerkte, dass seine Mutter amüsiert lächelte. Einen Moment lang stachen mir nicht länger die roten Klamotten ins Auge, und ich dachte nicht daran, welche Partei sie unterstützten. Jetzt sah ich einfach nur eine Mutter und ihren Sohn – zwei Menschen, die nach einer Veranstaltung auf dem Weg zu ihrem Wagen waren.

Beim Verlassen des Parkhauses fiel mir eine Gegenprotestantin auf, die aus irgendeinem Grund so heftig lachte, dass sie sich vornübergebeugt an ihrer Freundin festhielt. Keine Ahnung, was da so lustig war, aber läuft es für uns alle nicht auf solche Dinge hinaus? Jeder von uns will gern seinen Kindern beim Spielen zusehen und manchmal herzhaft lachen.

Ich ließ noch einmal verschiedene Momente des Tages Revue passieren, wie die Begegnung mit dem Trump-Wähler, der noch nie von der versuchten »Heilung« Homosexueller gehört hatte, oder die mit dem Mann, der sich von den liberalen Freunden seiner Partnerin ausgeschlossen fühlte. Ich sinnierte darüber, wie sich meine Perspektive darauf, was einen Trump-Wähler ausmacht, verändert hatte – sie entsprachen nicht dem Stereotyp unkultivierter, ungebildeter Menschen. Sie waren Wohltäter, sie waren Eltern, sie hatten ähnliche Werte wie ich: Ihnen waren ihre Familie, ein Gefühl von Zugehörigkeit und der Dienst am Nächsten wichtig.

Ich hatte mich so sehr auf den Zustand unserer Welt konzentriert, dass ich ganz vergessen hatte, meinen eigenen Zustand zu prüfen. Nun wurde mir klar, dass ich die Trump-Kundgebung zwar mit dem Ziel besucht hatte, mehr über die Menschen zu erfahren, die Trump wählten. Tatsächlich passiert war aber etwas Unerwartetes: Die Kundgebung hatte *mich* verändert. Ich hatte meinen Horizont erweitert, meine Vorurteile auf die Probe gestellt und entdeckt, dass diese Menschen, die mir zunächst so fremd erschienen waren, einen gemeinsamen Nenner mit mir hatten: Menschlichkeit. Meine politischen Ansichten hatten sich dadurch nicht verändert – und das war auch gar nicht nötig. Verändert hatte sich aber etwas anderes: meine Haltung zu Menschen, die ich zuvor als »anders« definiert hatte.

Eine Brücke schlagen

Neugier ist nicht nur ein Hilfsmittel, durch das wir unser Überleben sichern und neue Dinge *lernen* – Sprache erwerben, passende Hobbys finden, uns mit wissenschaftlichen Konzepten auseinandersetzen oder unser nächstes Reiseziel auswählen. Neben *Über-*

lebensvorteil und *Wissensgewinn* hat Neugier noch eine weitere entscheidende Funktion: Sie verbindet uns.

Der Psychologe Todd Kashdan von der George Mason University forscht dazu, wie selbst andere Spezies durch Neugier mehr Nähe herstellen. Darüber schreibt er: »Neugier hilft Tieren dabei, andere wichtige Ziele zu erreichen, zum Beispiel Verbündete und Partner zu finden sowie Lebensfreude zu empfinden und ihrem Leben einen Sinn zu verleihen.« Im besten Fall ist Neugier etwas, was nicht nur unseren Verstand, sondern auch unser Herz berührt. Sie kann ein Ausgangspunkt dafür sein, bestehende Beziehungen zu stärken – zu uns selbst, zu anderen und zu dem, was über die konkrete Wirklichkeit hinausgeht.

Stell dir zum Beispiel vor, dass eine Freundin an dich herantritt und sagt: »Ich hatte einen echt üblen Tag. Kann ich mich bei dir darüber ausheulen?« Neugier auf rein intellektueller Ebene fragt sich in dieser Situation vielleicht: *Warum war der Tag denn so übel? Was hat alles dazu beigetragen? Was kann ich aus der Erfahrung meiner Freundin lernen?* Eine Neugier, die dem Herzen entspringt und nach mehr Nähe zu deiner Freundin strebt, fragt sich eher: *Wie kann ich ihr am besten dabei helfen, sich in dieser Situation nicht allein zu fühlen? Wie kann ich Unterstützung anbieten, ohne dabei ihre Gefühle zu verleugnen oder ihnen ihre Bedeutung absprechen zu wollen? Steckt hinter den Ereignissen des heutigen Tages vielleicht noch etwas anderes, was zu ihrer Bedrücktheit beigetragen hat?*

Wenn Neugier nicht nur als intellektuelle Bestrebung verstanden wird, sondern als Brücke zu unseren Nächsten, dann geht es nicht so sehr um *Wissen*, sondern eher um *Verständnis*.

Es ist wohl nicht sehr überraschend, dass Neugier Anziehung und Intimität verstärkt. Kashdan, ein führender Experte zum Thema »Psychologie der Neugier«, hat eine Studie durchgeführt, bei der die Teilnehmenden mit ihnen unbekannten Menschen Smalltalk betreiben sollten. Er fand heraus, dass bei den Gesprächen nicht einfach nur Informationen ausgetauscht wurden – gleichzeitig wandelte sich auch die *Beziehung* der Beteiligten zueinander.[17] Und neugierige Menschen fühlten sich nach dieser oberflächlichen Unterhaltung ihrem Gegenüber näher, als es die weniger Neugierigen taten.

Kashdan beschreibt den Grund für diese Zunahme an Vertrautheit als »Spirale von Geben und Nehmen«. Dabei stellt eine Person Fragen, was die andere Person dazu veranlasst, mehr von sich preiszugeben und im Gegenzug dann höflich zu sein und ihrerseits Fragen zu stellen, wodurch die Unterhaltung nach und nach immer mehr in die Tiefe geht.

Es ist bereits viel darüber gesprochen und geschrieben worden, dass Neugier uns Menschen angeboren ist und uns dabei hilft, zu überleben und Dinge zu lernen. Noch spannender finde ich allerdings ihre Fähigkeit, Beziehungen entstehen und andauern zu lassen, gerade in unserer heutigen Zeit, wo es viel Einsamkeit und Gespaltenheit gibt. Neugier bringt uns der Menschlichkeit von Personen in unserem Umfeld näher, hilft uns, andere zu sehen und selbst gesehen zu werden. Jemanden auf tieferer Ebene zu verstehen, bietet uns die Möglichkeit, *uns selbst* zu verändern, so wie sich durch die Trump-Kundgebung meine Perspektive verändert hat. Sie zeigt uns Wege auf, uns auch solchen Menschen verbunden zu fühlen, die anders sind als wir oder deren Meinung wir nicht teilen. So können wir über den Tellerrand schauen und unseren Blick auf die Welt schärfen.

Neugier kann also als *Brücke* zwischen Menschen dienen. Wie mein Mentor und Freund John a. Powell, der Direktor des Othering and Belonging Institute der University of California in Berkeley, oft betont, können solche Brücken allerdings kurz oder lang sein. Von einer langen Brücke können wir beispielsweise sprechen, wenn sich ein gläubiger Mensch zum ersten Mal für die Ansichten von Atheisten interessiert. Hier muss schließlich eine enorme Distanz überwunden werden, damit beide Seiten Verständnis für die völlig entgegengesetzte Weltsicht der anderen aufbringen können. Einer Person aus einer anderen Generation voller Neugier zu begegnen, führt uns hingegen über eine nur kurze Brücke, weil wir zu solchen Begegnungen bereits während der Kindheit in unserer Familie und in der Schule zahlreiche Gelegenheiten hatten. Natürlich wird jeder lange und kurze Brücken anders definieren, was mit persönlichen Erfahrungen und der eigenen Komfortzone zu tun hat.

Wenn wir Neugier dafür nutzen, uns mit anderen zu verbinden und uns dabei selbst verändern, ist ihr Einfluss viel bedeutsamer. Dann führt sie uns aus der seichteren auf eine tiefere Ebene. Deshalb definiere ich *tiefe Neugier* als »Suche nach einem Verständnis, das zu Wandel und mehr Nähe« führt.

Damit Neugier in die Tiefe gehen kann, muss sie im Dienste einer Stärkung unserer Beziehungen stehen und unser Leben auf bedeutsame Art und Weise verändern. Tiefe Neugier zu zeigen, muss aber nicht immer bedeuten, an einer Kundgebung der Gegenpartei teilzunehmen. Tatsächlich kann der Einfluss von tiefer Neugier auch im Alltag in der Beziehung zu Menschen erkennbar werden, zu denen du regelmäßig Kontakt hast, wie deiner Partnerin oder deinem Partner, Menschen an deinem Arbeitsplatz, dem Freundeskreis, der Verwandt- oder Nachbarschaft und selbst Fremden.

Das konnte zum Beispiel Oprah Winfrey im Laufe ihrer Karriere am eigenen Leib erfahren. Sie hat mal verraten, dass die Menschen, die sie interviewt, am Ende des Gesprächs eigentlich immer fragen: »Und, wie war das? War es okay?« Egal, ob sie gerade mit Barack Obama gesprochen hat oder mit einem Mann, der wegen Mordes eine lebenslange Haftstrafe verbüßt – alle wollen wissen, ob das Interview gut gelaufen ist. »Das war selbst bei Beyoncé so«, erzählte Winfrey bei einem Interview mit dem Sender Bloomberg Television.[18] »Sie hat mir beigebracht, wie man twerkt, und dann gefragt: ›War das okay?‹« Nachdem sie fünfundzwanzig Jahren Leute interviewt hat, hat Winfrey längst begriffen, was diese Menschen wirklich wissen wollen, was sich hinter diesen Fragen verbirgt, nämlich: *Hast du mir zugehört? Hat dich das, was ich gesagt habe, irgendwie berührt? Ist meine Geschichte überhaupt von Bedeutung?*

In vielerlei Hinsicht geht es bei tiefer Neugier um genau das: darum, Menschen das Gefühl zu geben, dass man sie wahrnimmt und ihnen zuhört, dass man ihnen Anerkennung entgegenbringt – ihnen in Erinnerung ruft, dass sie wichtig sind. Und nach so etwas sehnen wir uns doch alle.

Das Spektrum von Neugier

Im letzten Kapitel haben wir die drei Himmelsrichtungen von Neugier definiert. Es gibt aber noch einen anderen Rahmen, den wir besprechen müssen: das Spektrum von Neugier. Bisher habe ich hier von seichter und tiefer Neugier gesprochen, so als seien diese beiden Pole die einzigen Möglichkeiten. Tatsächlich bewegt sich Neugier wie die meisten Dinge im Leben entlang eines Spektrums.

Seichte Neugier ist nicht unbedingt oberflächlich oder unwichtig, schließlich hilft sie uns im täglichen Leben. Selbst wenn es nicht zu *tiefgreifenden Veränderungen* führt: Fremde Menschen zu fragen, wie es ihnen geht, oder über den Gartenzaun hinweg über das Wetter zu plaudern, kann zumindest für gute Laune auf beiden Seiten sorgen. Leider haben wir es uns allerdings im flachen Bereich so gemütlich gemacht, dass wir den riesigen noch zu erkundenden

Ozean vergessen, der da draußen auf uns wartet. Das Ziel besteht nicht darin, seichte Neugier ganz aus unserem Leben zu streichen – sondern vielmehr darin, sie durch tiefe Neugier zu ergänzen.

Vielleicht hast du die Angewohnheit, montagmorgens im Büro als Erstes »Und, wie war das Wochenende?« zu fragen. Als Reaktion auf Antworten wie »Oh, es war super, und bei dir?« oder »Es war toll, wir sind wandern gegangen« gehst du aber nicht in die Tiefe. In diesem Fall könntest du tiefe Neugier entwickeln, wenn du Folgefragen stellst, zum Beispiel solche: *Was war daran denn so cool? Gab es bei der Wanderungen einen besonders schönen Moment? Auf welche Weise bereichert Wandern dein Leben? Warum hast du ursprünglich damit angefangen?*

Wer mit seiner Neugier mehr in die Tiefe geht, erhöht seine Chancen auf Veränderung und mehr Nähe, weil er oder sie den Gefühlen der Menschen auf den Grund geht, ihren Geschichten lauscht und damit Zugang zu ihrer menschlichen Essenz bekommt. Wie bereits Oprah Winfrey sagte: Mehr in die Tiefe zu gehen, zeigt den Menschen, dass sie dir wichtig sind.

Seichte Neugier	Tiefere Neugier
Wie heißen Sie?	Welche Geschichte steht hinter Ihrem Namen?
Was machen Sie beruflich?	
Wo wohnen Sie?	Wodurch fühlen Sie sich lebendig?
	Was bedeutet für Sie »zu Hause«?

Es ist nicht hilfreich, seichte und tiefe Neugier gegeneinander auszuspielen, indem wir die eine für besser erachten als die andere. Sie sind einfach verschieden. Genau wie das flachere und tiefere Wasser eines Ozeans, braucht man beide: Seichte Neugier ermöglicht eine sichere Stelle, um hineinzuwaten, sich mit dem Meer vertraut zu machen und schließlich vorsichtig in den tieferen Teil hinauszuschwimmen. Wenn wir nach und nach an Selbstbewusstsein gewinnen, können wir uns mit dem tieferen Wasser vertraut machen, in dem eine ganz neue Welt auf uns wartet – mit skurrilen Fischen, dekorativen Korallen und der friedvollen Stille unterhalb des Punktes, an dem die Wellen brechen. Mit Neugier ist es genauso: Wir können im Flacheren üben, bevor wir weiter in die Tiefe gehen. Sobald wir uns hinauswagen, eröffnet sich uns eine ganze Welt neuer Möglichkeiten.

So wie auch das Meer wogt, hat dieser Prozess eine ganz bestimmte Dynamik, und je mehr wir üben, neugierig zu sein, desto besser können wir uns darauf einstimmen. Wir können nahtlos vom Seichten ins Tiefe übergehen und wieder ins Flachere zurückkehren – selbst in ein- und derselben Unterhaltung oder Beziehung, fast im gleichen Moment. Manchmal führt uns seichte Neugier nämlich ganz unerwartet an einen tieferen Ort. Vielleicht sind wir irgendwann mal durch die Straßen unserer Stadt gelaufen und haben dort ein Café entdeckt, das wir noch nicht kannten (seicht). Dort sind wir dann allerdings der Person begegnet, die wir später geheiratet haben und von der wir viel über Romantik, Intimität und Liebe gelernt haben (tief). Es kann sich oft als nützlich erweisen, eine Unterhaltung im Geiste von seichter Neugier zu beginnen und erst allmählich in die Tiefe zu gehen, um sich selbst oder andere nicht zu überfordern oder zu verschrecken. Auf einer Konferenz im beruflichen Rahmen ist es vielleicht keine so gute Idee, auf einen Fremden zuzugehen und ihn aus dem Stegreif nach den einschneidendsten Traumata seiner Kindheit zu fragen.

Für die meisten von uns fühlt es sich sicherer an, durch die seichten Wasser der Neugier zu waten, weil sie vorhersehbarer sind, während die Untiefen der Neugier unerforscht und damit unbequemer sind oder vielleicht sogar Angst machen. Ich hoffe allerdings, dass wir durch eine bewusste Auseinandersetzung mit Neugier mehr Übung bekommen und dem tiefen Wasser im Laufe der Zeit mit mehr Vorfreude als Angst entgegensehen.

Rein aus Neugier ...
Kannst du ein Beispiel für einen Moment in deinem Leben nennen, in dem du seichte Neugier gezeigt hast? Und was ist mit tiefer Neugier? Gab es auch Augenblicke, in denen sich seichte Neugier nach und nach zu tiefer gewandelt hat?

Die Tür zu tiefer Neugier aufstoßen

Ich benutzte oft das Bild einer Tür, wenn ich über tiefe Neugier spreche. Wenn du überhaupt keine Neugier an den Tag legst, dann tust du so, als würde diese Tür gar nicht existieren, obwohl du sie direkt vor der Nase hast. Hinter dieser Tür liegt ein ganzes Universum, das dir entgeht, wenn du sie ignorierst – neue Erfahrungen, Veränderungen der Perspektive und gestärkte Beziehungen. Indem du auf deiner Seite der Tür bleibst und dich so durchs Leben bewegst, als gäbe es die andere Seite nicht, lässt du niemanden herein. Alles bleibt immer gleich, du selbst mit eingeschlossen.

Bei seichter Neugier räumst du die Existenz der Tür durchaus ein, gehst zur ihr hinüber und versuchst durch den Spion zu erkennen, was sich auf der anderen Seite befindet. Allerdings ist die Perspektive durch das Fischaugenglas des Türspions verzerrt, was ein Sinnbild für Schubladendenken und Vorurteile sein kann, für ein Fehlen der feinen Zwischentöne.

Bei seichter Neugier bleibt die Tür geschlossen, selbst dann, wenn jemand anklopft und dich auffordert, sie doch zu öffnen. Du erlebst nicht selbst, was sich auf der anderen Seite befindet, und nutzt die geschlossene Tür als Schutzschild. Vielleicht siehst oder lernst du etwas Neues, doch dein Leben verändert sich nicht auf irgendeine bedeutsame Weise.

Bei tiefer Neugier geht es hingegen darum, am Knauf zu drehen. Es geht darum, die Tür zu öffnen und zu durchschreiten. Dadurch wagst du dich in die unbekannte Welt auf der anderen Seite und erlebst sie am eigenen Leib, was zugleich aufregend und furchteinflößend sein mag. Du kannst dich nicht mehr hinter einem Schutzschild verstecken, weil du komplett in diese Welt eingetaucht bist. Deshalb führt tiefe Neugier manchmal zu solchem Unbehagen. Man sammelt dabei nicht nur Informationen, sondern muss sich auch mit neuen Erfahrungen und Gefühlen auseinandersetzen.

Fragen lieben und leben

In *Briefe an einen jungen Dichter* schreibt Rainer Maria Rilke seinem Freund:

»[I]ch möchte Sie, so gut ich es kann, bitten, lieber Herr, Geduld zu haben gegen alles Ungelöste in Ihrem Herzen und zu versuchen, *die Fragen selbst* liebzuhaben [...]. Forschen Sie jetzt nicht nach den Antworten [...]. *Leben* Sie jetzt die Fragen.«[19]

Rilkes Weisheit bietet uns eine Möglichkeit dafür, wie wir alle heutzutage tiefe Neugier anwenden können: indem wir Fragen »lieben« und »leben«.

Um Fragen *lieben* zu können, müssen sie von ernst gemeintem Enthusiasmus geprägt sein. Wenn wir etwas wirklich gern tun, bringen wir uns mit ganzem Herzen ein, und diese wahre Begeisterung können andere Menschen spüren – einfach nur vortäuschen kann man so etwas nicht. Liebe ist im Überfluss vorhanden und wir sind alle dazu in der Lage, zu lieben. Um unsere tiefe Neugier zu nähren, müssen wir aus der niemals versiegenden Quelle der Liebe schöpfen.

Liebe wirkt – durch Geben und Nehmen – in alle Richtungen und das Gleiche gilt auch für tiefe Neugier. Wir lieben nicht nur die Fragen, die wir anderen stellen, sondern auch die, die uns gestellt werden. Tiefe Neugier sollte im besten Fall auf Gegenseitigkeit beruhen. Sie kann zwar auch dann zu Wandel und mehr Verbundenheit und Nähe führen, wenn sie nur in eine Richtung ausgeübt wird – wenn du zum Beispiel einem Menschen mit tiefer Neugier begegnest, er dieses Gefühl aber nicht erwidert, viel wirksamer ist sie jedoch, wenn sie auf Gegenseitigkeit beruht. Dann entsteht diese Dynamik, die Todd Kashdan als »Spirale aus Geben und Nehmen« bezeichnet.

Wenn wir Fragen auch *leben* wollen, müssen wir uns voll und ganz auf neue Dinge oder Menschen einlassen, auf die wir neugierig sind. Und da das Bestaunen aus der Ferne dabei nicht genug ist, müssen wir auch den Weg zu ihnen hin antreten. Es reicht nicht, etwas über andere Menschen oder Orte in einem Buch zu lesen, stattdessen müssen wir uns der Erfahrung persönlich stellen. Das Leben erfordert Mut, weil es echte Gefahren birgt, und auf ähnliche Art und Weise erfordert auch tiefe Neugier Mut.

Unsere Existenz ist nicht eindimensional, wir fühlen uns nicht immer fröhlich und positiv. Das Gleiche gilt für unser Streben nach tiefer Neugier. Wenn wir uns darum bemüht haben, sind wir danach manchmal traurig, aufgewühlt oder wütend. Um Fragen wirklich zu leben, müssen wir erkennen, dass tiefe Neugier es uns ermöglicht, uns für ein breiteres Spektrum an Gefühlen zu öffnen.

Nicht überreden, sondern sich einbringen

Vielleicht ist dir so etwas auch schon mal passiert: Jemand stellt dir zig Fragen und scheint neugierig auf dich zu sein. Aber irgendwann kommt die Unterhaltung an einen Punkt, an dem die andere Person triumphiert, weil sie dich aus ihrer Sicht bei etwas ertappt hat. Sie hat die ganze Zeit auf etwas Bestimmtes hingearbeitet und dir deshalb Fangfragen gestellt. Du hattest das Gefühl, dass die Person dir zugehört und die Informationen aufgenommen hat, musst am Ende aber feststellen, dass alles nur Fassade war. Sie wollte dir nur beweisen, dass du unrecht hast, oder dich verändern, statt sich um mehr Verständnis für deinen Background zu bemühen.

Wenn wir den Knauf der Tür zu tiefer Neugier drehen, kann das lebensverändernd sein. Um an so einen Punkt zu kommen, müssen wir uns aber als Menschen einbringen, statt Neugier als ein Werkzeug anwenden zu wollen, um andere zu überreden. Sobald deine Neugier mit Vorurteilen oder einem Plan einhergeht – du zum Beispiel die Ansichten oder das Verhalten eines Menschen ändern willst –, wandelt sie sich zu etwas, was ich als *berechnende Neugier* bezeichne. Das passiert, wenn du am Knauf drehst und die Tür mit Hintergedanken durchschreitest. So handeln zum Beispiel schlechte Polizisten, die aus einem tatsächlich unschuldigen Menschen ein Geständnis herauspressen wollen, oder Eltern, die ihr erwachsenes Kind zum x-ten Mal fragen, wann denn endlich Nachwuchs ansteht, obwohl das Kind unmissverständlich klargemacht hat, dass es seine Promenadenmischung als sein Baby ansieht.

In beiden Situationen könnte man theoretisch von Neugier sprechen, weil hier Personen Fragen gestellt werden, die allerdings aufgrund der dahinterliegenden Absicht einen bitteren Nachgeschmack haben. Anders ausgedrückt: Tiefe Neugier sagt: *Ich möchte dich gern verstehen*, berechnende Neugier sagt: *Ich will dich ändern*.

Sich dieser Unterscheidung bewusst zu sein, ist vor allem bei Begegnungen mit Menschen wichtig, mit denen wir nicht einer Meinung sind. In so einem Fall wollen wir ganz instinktiv dem anderen beweisen, dass wir recht haben und er nicht. Damit wird die Unterhaltung zu einer Debatte, die beide zu gewinnen versuchen, statt zu einem gemeinsamen Streben nach Verständnis. Vielleicht gelingt es uns recht gut, auf tiefe Weise neugierig zu sein, bis im Gespräch ein Thema aufkommt, bei dem wir eine unüberbrückbare Differenz empfinden – beispielsweise die Meinung unseres Gegenübers zum Thema Abtreibung oder Waffen. Und plötzlich gehen wir dazu über, unsere Neugier auf berechnende Art und Weise zu nutzen, um den anderen abzukanzeln oder schlecht dastehen zu lassen. Wenn wir versuchen, unser Gegenüber von etwas zu überzeugen, dann verlieren wir den *Menschen* aus den Augen, den wir vor uns haben, und sehen stattdessen nur noch seine *Haltung* zu bestimmten Dingen. Dadurch geht der andere schnell in die Defensive oder macht komplett dicht. Wenn wir kein echtes Interesse an den Werten, dem familiären Hintergrund oder den persönlichen Erfahrungen zeigen, die unser Gegenüber und seine Überzeugungen beeinflusst haben, dann sind wir auf berechnende Weise neugierig. Es gibt einen durchaus logischen Grund dafür, dass diese Tendenz allgegenwärtig ist: Viele von uns haben im Laufe des Lebens Ungerechtigkeit erlebt und wurden verletzt. Deshalb wollen wir die Menschen in unserem Umfeld unbedingt kontrollieren oder ändern, um das Gleiche nicht noch einmal durchmachen zu müssen.

Aber eins hast du im Leben bestimmt gelernt: Wer das Gefühl hat, sich rechtfertigen zu müssen, ist nur selten offen für neue Ideen. Das wird durch die Forschung der Politikwissenschaftler David Broockman und Joshua Kalla bestätigt. Sie haben herausgefunden, dass man Ansichten zu einem Thema leichter mit Geschichten von menschlichen Schicksalen ändern kann als mit Daten und Fakten.[20] Sie legen auch dar, dass *Zuhören* wirkungsvoller ist als Sprechen.[21] Selbst dann, wenn man die Ansichten der anderen Person als problematisch empfindet oder sich dadurch angegriffen fühlt, kann man durch das Respektieren ihrer Meinung die Tür zu echtem Dialog und Nähe öffnen.

Der Grund für unseren Wunsch, die Meinung anderer zu beeinflussen, könnte unser eigenes Unwissen sein, legen die Forscher David Gal und Derek Rucker in einem Artikel mit dem Titel *When in Doubt, Shout!* dar. Sie haben etwas Interessantes festgestellt, wenn es um kontroverse Themen geht: Je weniger sicher sich Menschen ihrer eigenen Ansichten sind, desto mehr bemühen sie sich, andere davon zu überzeugen.[22] Jemand, der mit seiner Meinung laut alle anderen übertönt – und kein Interesse an ihren Positionen zeigt –, kann es für eine Gruppe sogar schwerer machen, zu einer Verständigung zu kommen oder eine Einigung zu erzielen. Das zeigt eine aktuelle Studie[23] des Neurowissenschaftlers Beau Sievers.

Kann Neugier in der Kombination mit Vertrauen und einer engen Beziehung dazu führen, dass jemand seine Haltung ändert und zu Ansichten gelangt, die einem Gefühl der Zugehörigkeit und Gerechtigkeit verpflichtet sind? Auf jeden Fall! Das ist eines der wunderbaren Geschenke von tiefer Neugier. Brookman und Kalla haben das bei ihrer Forschung festgestellt: Wenn er sich auf menschliche Schicksale konzentriert und wirklich zuhört, kann sich zum Beispiel ein Mensch mit Transphobie ändern und beginnen, die Transgender-Community zu akzeptieren und zu würdigen.

Eins möchte ich hier aber betonen: Die Veränderung des Gegenübers kann zwar eine *Begleiterscheinung* von Neugier sein, sollte aber nie als Ziel dahinterstecken. Wenn wir von Anfang an die Absicht hegen, andere zu beeinflussen, wird das schnell bemerkt und kann zu Misstrauen und Abwehrverhalten führen. Eine hilfreichere

Zielsetzung wäre es, die Neugier nach innen zu richten. Frag dich doch mal, wie Neugier *dich* verändern könnte.

Rein aus Neugier ...
Kannst du dir einen Moment in Erinnerung rufen, in dem jemand dir gegenüber berechnende Neugier benutzt hat? Wie hast du dich dadurch gefühlt? Wie wäre die Situation wohl verlaufen, wenn dein Gegenüber nicht diese Hintergedanken gehabt hätte?

Was erwartet tiefe Neugier von uns?

Ich hätte nicht gedacht, dass eine Mittagspause bei der Arbeit mein ganzes Leben verändern würde.

Während wir gemeinsam unsere Sandwiches verspeisten, vertraute mir mein Kollege Matt an, dass er gläubiger Presbyterianer sei. Normalerweise sprach er im Büro wohl nicht darüber, weil er befürchtete, sonst anders behandelt zu werden. Er erklärte, dass die Reaktion eines Kollegen aus dem Team diese Sorge in ihm ausgelöst habe. Nun hatte er Angst, dass er wegen seines christlichen Glaubens vielleicht nicht befördert werden würde. Um finanzielle Sicherheit zu erlangen und mit seiner Frau entspannt eine Familie gründen zu können, musste er aber zunächst eine höhere Gehaltsklasse erreichen.

»Es fällt mir nicht leicht, mit anderen über diesen Aspekt meines Lebens zu sprechen«, sagte Matt.

Obwohl dieser heterosexuelle weiße Christ und ich kaum unterschiedlicher hätten sein können, kam mir das Gefühl sehr bekannt vor. So wie ich einst meine Sexualität, verbarg auch dieser Mann

einen ganz entscheidenden Teil seiner Persönlichkeit. Was er mir
da anvertraute, verblüffte mich enorm. Ich konnte nicht verstehen,
warum sich jemand, der in vielerlei Hinsicht der Mehrheit ange-
hörte – zum Beispiel den in unserem Land am weitesten verbreiteten Glauben ausübte –, solche Sorgen darüber machte, dass man
im Büro von seiner Religionsangehörigkeit erfahren könnte. Als
ich im Anschluss an unser Gespräch mehr darauf achtete, bemerkte
ich aber schnell, dass das Christentum in unserem Arbeitsumfeld
tatsächlich häufig zur Zielscheibe des Spottes gemacht und strikt
abgelehnt wurde, weil man es als »toxisch« erachtete. Das fand
ich ziemlich ironisch. Schließlich betonte unsere Personalabtei-
lung gern, was für große Fortschritte die Firma jüngst in Hinblick
auf das Ziel gemacht hatte, Menschen aller Art mit offenen Armen willkommen zu heißen – dabei ging es besonders um Aspekte
wie Genderidentität oder ethnischer Hintergrund. Über Religion
sprach allerdings niemand, weder über das Christentum noch über
den Islam oder Hinduismus – obwohl unter den Angestellten der
Firma Anhänger all dieser Glaubensrichtungen zu finden waren.
Eine Ausnahme stellte vielleicht der Buddhismus dar, da sich viele
Unternehmen Praktiken wie Mediation zu eigen gemacht hatten,
unsere Firma eingeschlossen. Aber davon abgesehen wurde über
das Thema Religion allseits Stillschweigen bewahrt.

Ein paar Wochen später aßen Matt und ich in der Mittagspause
wieder zusammen, und ich erzählte ihm, was mir im Büro aufgefallen war. Dadurch fühlte er sich als Mensch wahrgenommen. Dann
wollte ich ihm allerdings gern vermitteln, warum so viele Menschen derartige Ansichten über das Christentum vertraten, und ich
verfiel in berechnende Neugier. Ich legte dar, wie queere Menschen
von Christen verurteilt wurden, und stellte dabei *mein* Bedürfnis in
den Vordergrund, *von ihm* verstanden zu werden.

Er saß da und hörte zu.

Ich sprach darüber, wie führende Kirchenvorstände die LGBTQ+-Community verteufelten, erzählte davon, wie ich selbst als Mensch mit queerer Identität versucht hatte, in christlich geprägten Gemeinschaften meinen Platz zu finden. Dazu kamen Geschichten, die ich von anderen gehört hatte: Wie man Menschen zur Teilnahme an Konversionstherapien gezwungen hatte, was meist auf die Initiative von Kirchgängern zurückzuführen gewesen war.

»Jetzt kannst du vielleicht verstehen, warum ich gegen Religion eingestellt bin – weil sie meiner Community so Furchtbares angetan hat«, kam ich mit meinem Monolog zum Ende. »Und das haben unendlich viele Menschen erleben müssen.«

»Aber wir sind doch nicht alle gleich«, sagte Matt schließlich. »Kein Christ ist wie der andere.«

Er ließ nicht zu, dass ich mich weiter in berechnende Neugier verbohrte, sondern forderte mich stattdessen auf, die Tür zur tiefer Neugier zu öffnen, indem er mich zu einer Veranstaltung seiner Gemeinde einlud.

Ein Teil von mir wollte sofort ablehnen. *Wie kann er es nur wagen?*, dachte ich. *Hat er denn nichts von alldem gehört, was ich ihm gerade erzählt habe? Mich bringen keine zehn Pferde mehr in ein Gotteshaus!* Und doch stand ich ein paar Wochen später auf der Schwelle zu seiner Kirche.

Dass ich einmal hier landen würde, hätte ich nun wirklich nicht erwartet. Ich war auf Hawaii in einem vor allem protestantisch und katholisch geprägten Umfeld aufgewachsen. Zwar war ich dort nicht zur Kirche gegangen, aber ich hatte zusammen mit meiner Großmutter, bei der ich gelebt hatte, regelmäßig in der Bibel gelesen. Als mir nach und nach klar geworden war, dass ich mich als queer identifizierte, hatte ich mich an Gott gewandt und neben meinem Bett jeden Abend auf Knien darum gebetet, dass ich wieder »normal« werden würde. Ich wollte kein Sünder sein oder in der

Hölle landen, so wie ich es von manchen Leuten gehört hatte. Diesen Gedanken konnte mein elfjähriges Herz einfach nicht ertragen.

Aus diesem Grund entschied ich mich dazu, die auf mich wartende Tür zu ignorieren und meiner sexuellen Orientierung keine Neugier entgegenzubringen, womit ich schnell in einem Zyklus aus Selbsthass landete. Viele Menschen, die queer, nichtbinär oder trans sind, haben die gleiche Erfahrung machen müssen, auch wenn in einigen Gegenden der Welt die Akzeptanz heutzutage wächst. Ich habe diesen Teil meiner Persönlichkeit schlicht verdrängt und mich in Videospiele wie *Counter-Strike* geflüchtet. Während sprichwörtliche Kugeln der Scham in meine Richtung gefeuert wurden, konnte ich mich mit dem Töten von gepixelten Feinden auf dem Bildschirm ablenken.

Als ich wegzog, um zu studieren, wandelte sich meine Nichtneugier zu seichter Neugier. Ich warf einen Blick durch den Türspion und spähte hinüber zu dem, was sich auf der anderen Seite befand: meine Sexualität. An diesem Punkt machte ich zum Beispiel Online-Tests wie »Zwanzig Fragen, die dir sagen, ob du schwul bist«. Die mussten wohl von nicht schwulen Menschen verfasst worden sein, weil sie Wissensfragen über Britney Spears und Skinny Jeans enthielten. Trotz dieser Stereotype hatte sich durch solche ersten Vorstöße etwas in mir gelöst und diese Erkundung für mich normaler gemacht, sodass ich mich allmählich in Richtung tiefe Neugier vorarbeitete. Nun begann ich nach Menschen zu suchen, die so waren wie ich – und zwar in einer Zeit lange vor so weit verbreiteten Apps wie Grindr. So fand ich das LGBTQ+-Center auf dem Campus und traf dort Studierende, die ihr wahres Ich lebten. Zunächst beneidete ich sie nur, aber irgendwann wollte ich auch so sein wie sie.

Spulen wir mal bis zu meinem dritten Jahr an der Uni vor. Ich hockte auf dem Bett einer guten Freundin und hörte mit ihr zusammen Countrymusik. Sie sprach über die Baseballmannschaft ihres jüngeren Bruders und darüber, wie toll sie es fände, wenn er bei uns im Team der Washington State University spielen könnte. Mitten in ihrer Geschichte – in der es ja ironischerweise um Bälle und Schläger ging – platzte es plötzlich aus mir heraus: »Ich bin schwul!«

Sie hielt für zwei Sekunden inne, die sich für mich wie eine Ewigkeit anfühlten.

Dann rief sie aus: »Das ist ja cool!«, und stürzte zu mir herüber, um mich auf dem Bett in die Arme zu schließen.

In den nächsten Wochen outete ich mich bei mehr und mehr Menschen, was mein Selbstbewusstsein stärkte – aber nie bei jemandem, der gläubig war. Ich wollte einfach nicht zu diesem Kreislauf aus Scham und Selbsthass zurückkehren, den ich als Kind erlebt hatte. Später lernte ich eine Bezeichnung für das kennen, was mir damals zugefügt worden war: eine *seelische Verletzung*.

Jedes Mal, wenn ich an einer Kirche vorbeikam, lief es mir kalt den Rücken herunter. Ich gebe es ja nur ungern zu, aber einmal habe ich deshalb sogar auf die Stufen einer Kirche gespuckt. Wenn früher jemand erwähnte, dass er oder sie gläubig sei, war meine erste Reaktion darauf aggressiv: »Warum hasst ihr uns nur so sehr?« Ich erwartete darauf eigentlich keine Antwort, weil mein Urteil über diesen Menschen längst gefallen war. Meinen Erfahrungen entsprechend ging ich davon aus, dass alle Gläubigen gefährlich und voller Hass waren. Und ich war nicht länger dazu bereit, ein Opfer von Beschämung, Ausgrenzung und Spott zu werden.

Ich hielt meine Tür vor solchen Menschen fest verschlossen.

Ich denke, das erklärt, warum mir am Eingang der Kirche meines Arbeitskollegen so die Muffe ging. Trotz Matts gegenteiliger Beteuerungen überkam mich plötzlich panische Angst davor, dass mir hier gleich Hass entgegenschlagen würde. In meinem Kopf hallten die harten Worte aus meiner Vergangenheit lauter wider als seine beruhigende Stimme.

Wie durch göttliche Fügung bemerkte ich aber genau in diesem Moment etwas an der Wand neben dem Eingang: eine Regenbogenflagge.

Wie kann das sein?, fragte ich mich. Das konnte mein Verstand einfach nicht verarbeiten. *Hassen denn nicht alle Christen Menschen wie mich?*

Dann musste ich wieder daran denken, was Matt zu mir gesagt hatte, dass nämlich keine zwei Christen gleich seien. Der Anblick dieser Regenbogenflagge gab mir den Mut, den Knauf zu drehen, in diesem Fall sogar wortwörtlich die Tür zu durchschreiten und mit der Aufarbeitung meines schwierigen Verhältnisses zur Religion zu beginnen.

Als ich den Raum betrat, hörte ich lautes Reden und Plappern, Gläubige lächelten einander zu und umarmten sich. Ich fühlte mich fehl am Platz, bis ich Matt im Kreise seiner Familie und Freunde entdeckte, die mir zuwinkten, damit ich mich zu ihnen setzte. Nachdem wir ein paar Belanglosigkeiten ausgetauscht hatten, ertönte über Lautsprecher ein Lied, und ein Geistlicher erschien, der alle willkommen hieß. Im Anschluss traten unter tosendem Applaus auch ein Chor und ein Orchester ein.

Gegen Ende der Veranstaltung wurde mir plötzlich etwas Überraschendes klar: *Hatte ich etwa gerade ... Spaß?* Hier hatte mich niemand wegen meiner Sexualität angegriffen, keiner hatte mich angespuckt. Es war nicht versucht worden, mich auszuschließen. Ja, es hatte Momente des Unbehagens gegeben, und ich hatte all meinen Mut zusammennehmen müssen, um diese Kirche überhaupt zu betreten und mich in eine Situation voller Verletzlichkeit zu begeben. Dadurch hatte ich aber seit Langem zum ersten Mal wieder Kontakt zur Religion aufgenommen, und zwar auf eine Weise, die eine Heilung der Wunden aus meiner Kindheit einleiten konnte.

Nach jenem Tag lud mich Matt öfter zu Veranstaltungen seiner Gemeinde ein, zum Beispiel zu einem Konzert mit Beatlessongs in einem Krankenhaus und einem Gottesdienst im Rahmen der Organisation City Hope. Und dann war da noch der Abend, an dem eine Gruppe von uns Karaoke singen ging, wo Matt in einem Weihnachtsmannkostüm einen Song von Elton John schmetterte – mitten im Juli. Statt zu denken: *Weiß er etwa nicht, dass Elton eine Vollblut-Schwuchtel ist, so wie ich?*, sang ich einfach aus vollem Halse mit: »I'm a rocket maaaaan!«

Diese Erlebnisse besänftigten das verletzte Kind in meinem Inneren, sodass meine seelische Wunde langsam heilen konnte. Indem ich auf tiefere Neugier zurückgriff und mich in ihrem Rahmen mit Religion zu befassen begann, sah ich gläubige Menschen von einem neuen Blickwinkel aus. Ich erfuhr, dass viele Religionsgemeinschaften Menschen jeder Couleur willkommen heißen und der LGBTQ+-Community Wertschätzung entgegenbringen. Manche Gemeinden werden sogar von Personen aus der Community geleitet. Ich begann, religiöse Texte zu lesen und mit offenem Herz statt mit Angst und Anspannung wieder eine Beziehung zu Gott aufzubauen. Nach und nach legte ich meine Vorurteile ab. So konnte ich Freundschaften mit Gläubigen unterschiedlicher Religionen schließen, wodurch ich Erkenntnisse darüber gewann, wie heutzutage die meisten Menschen ihr Dasein hier auf Erden gestalten. Mir fiel auf, dass in meinem eigenen Leben Veränderungen stattfanden, als ich ihm eine spirituellere Ebene hinzufügte.

All das war möglich, weil ich dazu bereit gewesen war, mich mit tiefer Neugier auf die Sache einzulassen. Ebenso nötig war natürlich auch die Einladung von Matt gewesen, der mich durch Freundschaft und Vertrauen dazu ermutigt hatte.

Meine Angst und Anspannung waren echt gewesen, genau wie die Risiken, die ich hatte eingehen müssen.

Aber zu solchen Schritten müssen wir bereit sein – dazu, die Herausforderung anzunehmen, vor die uns tiefe Neugier stellt. Dabei sollten wir uns immer dessen bewusst sein, dass jenseits der Tür Veränderung und mehr Verbundenheit warten.

Es stimmt schon, dass in vielen suchenden Momenten des Lebens keine tiefe Neugier nötig ist, zum Beispiel dann nicht, wenn wir uns die Wettervorhersage ansehen, lernen, wie man tapeziert, oder versuchen, uns an den Namen des tollen Restaurants von neulich zu erinnern. Aber wenn du eine alte Geschichte neu schreiben, dich selbst und andere besser kennenlernen und dich für Erfahrungen wie meine mit Matt öffnen willst, dann geht das nicht ohne tiefe Neugier.

Hätte ich meinem Kollegen gegenüber weiter nur berechnende Neugier walten lassen oder ihm vorgehalten, dass er als Vertreter einer privilegierten Gruppe auf hohem Niveau jammere, dann hätte er mich vielleicht nie in seine Kirche eingeladen. Unsere Beziehung hätte vielleicht sogar unter dieser Unterhaltung gelitten, und mir wäre die Möglichkeit entgangen, meine seelischen Verletzungen zu heilen und meine Ansichten über ihn und seine Religion zu revidieren.

Die Tür zu durchschreiten, hatte mir die Chance geboten, nach tiefem Verständnis zu streben. Es ist für uns alle eine Möglichkeit, mehr Nähe zu uns selbst und anderen herzustellen und Beziehungen zu stärken. Tiefe Neugier ist ein machtvolles Werkzeug, aber nicht dazu gedacht, andere zu verändern. Vielmehr ist sie ein Hilfsmittel für persönliches Wachstum, durch das wir uns zu einer neuen Version unserer selbst weiterentwickeln können.

Rein aus Neugier ...

Welche Tür machst du aus Angst nicht auf, obwohl dahinter etwas liegen könnte, was dein Leben bereichert?

Kapitel 3

Was uns im Weg ist

Jacob Hess hat eine so sanfte und wohltuende Stimme, dass er vermutlich mit ASMR-Videos auf YouTube viel Geld verdienen könnte. Er gehört zu den Menschen, die sich erst einmal ein paar Sekunden Zeit fürs Nachdenken nehmen, wenn ihnen jemand eine Frage stellt. Der Achtsamkeitscoach und auf die Dynamiken von Gruppen und Gemeinschaften spezialisierte Psychologe teilt meine Überzeugungen bezüglich der Bedeutsamkeit von Neugier. Er hat sogar mit einem Kollegen zusammen ein Buch mit dem Titel *You're Not as Crazy as I Thought (But You're Still Wrong),* (dt.: Du bist nicht so verrückt, wie ich dachte (aber du liegst trotzdem falsch)) darüber geschrieben, wie man Sympathie für politische Gegner entwickeln kann. Wir haben also einiges gemeinsam, sind in anderer Hinsicht aber sehr unterschiedlich. Jacob ist konservativ, heterosexuell und gehört der Gemeinschaft der Heiligen der letzten Tage an, während ich progressive Ideen vertrete, ein offizieller Botschafter der LGBTQ+-Community bin und mich als spirituell queere Person verstehe. Er lebt in Utah, ich in Kalifornien.

Die Folge dieser Differenzen könnte sein, dass wir niemals ein Wort miteinander wechseln, geschweige denn eine gute Beziehung zueinander aufbauen. Aber es ist uns trotz unserer Herkunft aus unterschiedlichen Welten gelungen, uns auf einer tiefergehenden Ebene kennenzulernen – und Freunde zu werden.

Jacob suchte bewusst zu ganz verschiedenen Menschen Kontakt, weil er gemerkt hatte, wie sehr diese Unterhaltungen und Beziehungen sein Leben bereichern. Er glaubte, dass solche Erfahrungen auch seinem Umfeld zugutekommen könnten, vor allem in einer Zeit, in der die Stimmung aufgrund der politischen Atmosphäre recht angespannt war. Jacob lebte in einer kleinen Stadt und wusste, dass in seiner Nachbarschaft Menschen mit ganz unterschiedlichem Background und unterschiedlichen Ideologien wohnten. Deshalb heckte er den Plan aus, sie alle bei ihm zu Hause zusammenzubringen. Dort sollten sogenannte »Wohnzimmerunterhaltungen« – nach bestimmten Regeln moderierte Gespräche – dazu dienen, dass die Menschen neben ihren Differenzen auch Gemeinsamkeiten entdeckten.

»Früher war ich mal Missionar, also hatte ich keine Scheu davor, von Tür zu Tür zu gehen, um meine Einladung auszusprechen«, erklärte er. »Das war für mich eine Rückkehr zu meinen Wurzeln.«

Er erreichte die Haustür des ersten Nachbarn und holte tief Luft.

Klopf, klopf!

Die Tür wurde aufgerissen, als der Nachbar ihn erkannte.

»Hey, schön, dich zu sehen, Jacob!«, sagte der Mann mit strahlendem Lächeln.

Nach ein bisschen Geplauder brachte Jacob schließlich sein Anliegen vor. Er lud den Nachbarn zu seinen Wohnzimmerunterhaltungen ein und erklärte, dass das Ziel darin bestand, Menschen über soziale und politische Gräben hinweg miteinander zu verbinden. Es handelte sich hier um die Nachbarn, die von seinen Kindern schon einmal Plätzchen für einen guten Zweck gekauft hatten, daher hatte Jacob eigentlich mit einer Zusage gerechnet. Zu seiner Überraschung lehnte der Mann aber sofort ab.

»Sorry, Jacob«, sagte er. Er hatte Angst, dass die Gespräche unangenehm werden und sich in Grabenkämpfe verwandeln könnten.

Obwohl Jacob diese Befürchtungen zu entkräften versuchte, ließ sich der Nachbar nicht umstimmen.

Unverzagt marschierte Jacob weiter und klopfte in seiner Nachbarschaft noch an etliche weitere Türen, nur um jedes Mal wieder ein Nein zu kassieren. Es war herzzerreißend. Jacob bekam Ablehnungen aus unterschiedlichsten Gründen:

Da würde ich nur das Falsche sagen.

Was soll das bringen?

Sorry, Jacob, aber mit den Kindern und allem hab ich einfach zu viel zu tun.

Im Moment läuft es doch wunderbar, warum sollte man schlafende Hunde wecken?

Am Ende des Tages hatte er nicht eine einzige Zusage. Um Menschen trotz aller Differenzen zu einem gemeinsamen Gespräch zu bewegen, war offenbar mehr nötig, als nur wie ein Missionar Klinken zu putzen.

Als er darüber nachdachte, was schiefgelaufen war, wurde Jacob etwas klar: Er kämpfte hier nicht gegen organisatorische Probleme, Unbeholfenheit in sozialen Situationen, einen Mangel an Interesse oder Charakterfehler an – stattdessen gab es ein viel größeres, fundamentaleres Problem. Hinter all der Ablehnung steckte ein Grundgefühl, das wir alle in uns tragen: Angst.

Durch seine Arbeit als Psychologe erkannte Jacob, dass es Angst war, die die Menschen um ihn herum hemmte. Wenn ein Nachbar sagte: »Ich will nicht mit offenen Augen in einen Konflikt laufen«, dann meinte er in Wirklichkeit: »Ich habe Angst davor, angegriffen oder verletzt zu werden.« Wenn eine Nachbarin fragte: »Und was soll das bringen?«, dann meinte sie tatsächlich: »Ich habe Angst davor, dass sich nie etwas ändern wird.« Der Satz »Warum schlafende Hunde wecken?« brachte noch etwas anderes zum Ausdruck, nämlich: »Ich habe Angst vor Veränderungen.«

Die vier Bremsschwellen der Neugier

Als ich Jacobs Geschichte zum ersten Mal hörte, kam sie mir seltsam bekannt vor. Das Ergebnis seiner Von-Tür-zu-Tür-Kampagne ähnelte Erfahrungen aus meiner eigenen Arbeit. Mir war es ähnlich ergangen, wenn ich versucht hatte, die Kluft zwischen Generationen zu überwinden, für den gemeinsamen Kampf gegen den Klimawandel Republikaner und Demokraten zusammenzubringen oder an Universitäten konstruktive Debatten zu kontroversen Themen anzuregen.

Viele Menschen würden gern Neugier als Werkzeug für Wandel und mehr Nähe benutzen, werden aber durch Angst gelähmt. Vielleicht wünscht sich jemand eine Arbeit, die ihn mehr erfüllt, macht sich aus Angst vorm Scheitern aber nicht auf die Jobsuche. Wer in seiner Ehe mit Problemen zu kämpfen hat, drückt sich vielleicht vor einer Paartherapie, obwohl sie beim Ausloten wichtiger Themen helfen könnte. Dahinter steckt die Angst davor, wie die Therapie die Beziehung verändern könnte.

Tiefe Neugier nährt gegenseitiges Verständnis, lindert Leid, stärkt unsere Beziehungen und lässt uns sogar länger leben.[24] Sie ebnet uns den Weg zu mehr Glück, Erfüllung und Sinn im Leben. Wenn wir all diese positiven Folgen kennen, geht es vielen von uns wie Jacob: Wir wollen an Türen klopfen und sie öffnen … treffen aber auf so einige Probleme, wenn wir diese Idee in die Tat umzusetzen versuchen.

Bevor wir gleich mehr über das DIVE-Modell lernen, mit dem wir die Muskeln unserer Neugier trainieren können, machen wir uns in diesem Kapitel zunächst bewusst, dass uns Neugier vor so einige Herausforderungen stellen und nicht immer alles glattlaufen wird.

Wie wir durch Jacobs Geschichte gesehen haben, ist Angst ein entscheidender Faktor, der oft Probleme macht, aber es ist nicht der einzige. Durch meine Forschung und aktive Praxis im Bereich Neugier habe ich vier »Bremsschwellen der Neugier« identifiziert:

- Angst – das, wovor wir uns fürchten, ob es nun in Wirklichkeit existiert oder nur in unserer Vorstellungskraft
- Trauma – eine anhaltende Reaktion des Nervensystems auf belastende Erfahrungen im Leben
- Zeit – das Gefühl, dass uns in unserem Alltag für tiefe Neugier einfach keine Zeit bleibt
- Entfernung – ein Mangel an Gelegenheiten, Menschen zu treffen, die du als anders wahrnimmst

Ich bezeichne diese Faktoren als »Bremsschwellen«, weil durch sie unsere Reise zu tiefer Neugier vielleicht länger dauert. Wenn du bemerkst, dass du mit einer dieser Schwierigkeiten zu kämpfen hast – oder vielleicht mit einer Kombination aus mehreren –, dann lass dir Zeit und achte gut darauf, was in dir und um dich herum geschieht. Du willst nun wirklich nicht im Höchsttempo über eine dieser Bremsschwellen rasen und dann mit dem Boden des Autos darüberschrammen oder die Kontrolle über das Fahrzeug verlieren. Nutz daher lieber die Gelegenheit, um innezuhalten und dir selbst Fragen wie folgende zu stellen: *Bin ich zurzeit dazu in der Lage, tiefe Neugier zu zeigen? Sollte ich vielleicht besser etwas anderem den Vorrang geben? Und falls ich meine Reise doch fortsetze, wie kann ich dabei achtsam und bewusst handeln?*

So wie es Jacob passiert ist, musst auch du zwangsläufig mit Hindernissen rechnen, die sich deinem Wunsch nach tiefer Neugier in den Weg stellen. Das ist ganz normal – und sogar gesund! Und wenn du schon vorher weißt, dass unweigerlich Bremsschwellen vor dir liegen, dann kannst du den Fuß vom Gas nehmen und bei deiner weiteren Reise Geduld walten lassen.

Bremsschwelle Nr. 1: Angst

Angst hat zwar einen schlechten Ruf, gehört aber zu den grundlegenden menschlichen Emotionen. Sie ist ein Schutzmechanismus, warnt uns vor Gefahren und bereitet uns auf einen besseren Umgang mit ihnen vor. Probleme gibt es dann, wenn sich dieses Warnsignal in Momenten ohne echte Bedrohung zeigt. Manchmal verwechseln wir ein Gefühl von Unbehagen mit Angst und halten beide Empfindungen für ein und dasselbe. Bei anderer Gelegenheit löst vielleicht eine Situation Angst in uns aus, die für unsere Weiterentwicklung als Person ganz entscheidend sein könnte, aber Veränderungen oder Ungewissheit mit sich bringt – dabei sind das zwei Aspekte, die zu tiefer Neugier nun einmal mit dazugehören. Wenn wir es schaffen, unserer Angst aufmerksam zu lauschen und uns mit ihr auseinanderzusetzen, kann sie für uns zu einer treibenden, richtungsweisenden Kraft werden, die uns Möglichkeiten zu Weiterentwicklung aufzeigt.

Obwohl Angst leider nicht so lecker ist wie Eis, gibt es auch sie in vielen verschiedenen Geschmacksrichtungen. Hier ein paar der Klassiker:

- Angst vor Zurückweisung: Statt ein Familienmitglied respektvoll zu fragen, ob es für dich schnell einkaufen gehen kann, beißt du dir aus Angst vor einer ablehnenden Antwort lieber auf die Zunge.
- Angst vor Schmerz: Nach einer traumatischen Trennung hast du Angst davor, dich auf eine neue Beziehung einzulassen, weil du so etwas nicht noch einmal durchmachen willst.

- Angst vor dem Scheitern: Obwohl du Interesse daran hättest, mit Holz zu arbeiten, beginnst du aus Angst vor dem Scheitern oder einer Blamage gar nicht erst damit.
- Angst vor Konflikten: Obwohl du in Bezug auf das neue Projekt ernste Zweifel an der Vorgehensweise deines Teams hast, sprichst du die Sache lieber nicht an, weil du nicht für Spannungen verantwortlich sein willst.
- Angst vor dem Ungewissen: Unser Gehirn ist darauf programmiert, dass wir uns vor Ungewissheit fürchten, und Studien haben gezeigt, dass Ungewissheit Stress und Anspannung verstärken kann.[25] Zum Beispiel hast du vielleicht tief in deinem Inneren einen Kinderwunsch, machst dir aber Sorgen um die Zukunft unseres Planeten oder darüber, wie Nachwuchs dein Leben verändern könnte. Daher behauptest du deinem Partner gegenüber, dass du lieber keine Kinder hättest.
- Angst vor Veränderungen: Du würdest eigentlich gern in eine neue Stadt ziehen, die du spannender findest. Aber die Vorstellung, dich an einem fremden Ort zurechtfinden, neue Freundschaften schließen und nach einer Wohnung suchen zu müssen, macht dir Angst. Also bleibst du lieber am angestammten Platz, auch wenn du dort unglücklich bist.

Manche dieser Ängste entspringen nur unserer Vorstellungskraft – es weist also nichts darauf hin, dass wir es mit einer realistischen Bedrohung zu tun haben. Andere beruhen auf tatsächlichen Fakten oder Erfahrungen. Vielleicht bist du auf eine bestimmte Arbeitsstelle ganz scharf, hast aber Angst davor, dass du es beim Auswahlverfahren nicht in die nächste Runde schaffst. Dabei ist in deiner Karriere der perfekte Zeitpunkt für eine neue Herausforderung gekommen, und du kennst auch die Firma sowie ihre Abläufe gut. In diesem Fall weisen keinerlei Informationen darauf hin, dass du bei einer Bewerbung sofort mit einer Absage rechnen musst – die ganze Sache ist nur deiner Fantasie entsprungen.

Hingegen beruht deine Entscheidung auf Fakten und Erfahrungen, wenn du beispielsweise mit jemandem aus deiner Verwandtschaft nicht über deine sexuelle Orientierung sprechen willst, weil er sich in der Vergangenheit der LGBTQ+-Community gegenüber ablehnend geäußert hat. Indem du dich diesem Menschen gegenüber nicht outest, bist du dir deiner eigenen Bedürfnisse bewusst und setzt um deines Wohlbefindens willens gesunde Grenzen. Hier kommt die positive Seite der Angst zum Einsatz, die dich schützen will und zu einer völlig angemessenen Reaktion führt – welche man sogar als Akt der Selbstliebe bezeichnen könnte. Vielleicht beschließt du aber auch, diese begründete Angst beiseitezuschieben und dich trotzdem zu outen, weil du dich der Welt nun einmal so präsentieren willst, wie du eben bist. Auch das wäre eine legitime Reaktion und ein Akt der Selbstliebe.

Also, noch einmal: Dir dieser Bremsschwellen bewusst zu sein, bedeutet nicht, dich komplett ausbremsen und in deiner Entwicklung stoppen zu lassen. Du solltest aber auch keinen großen Luftsprung machen und darüber hinwegfliegen. Ängste sollten nämlich nicht einfach ignoriert werden, wenn du sie erkennst. Gesteh ihnen stattdessen ihre Daseinsberechtigung zu, und dann atme dreimal tief durch – wobei du gut darauf achten solltest, wie sich deine Lunge mit jedem Atemzug ausdehnt und wieder zusammenzieht.

Dich auf deine Atmung zu konzentrieren, lässt dich einen Gang runterschalten und bringt noch viele andere positive psychophysiologische Effekte mit sich, die in Momenten der Angst hilfreich sind. Die Forschung hat nachgewiesen, dass tiefes Atmen und Zur-Ruhe-Kommen hilft, Anspannung und Angstgefühle zu überwinden und generell für unser Wohlbefinden zuträglich ist.[26] Wenn es dir in von Angst geprägten Situationen gelingt, tief durchzuatmen, wird dich das beruhigen und dazu ermutigen, mit deinen Erkundungen fortzufahren.

Nutz Angst als Hinweis darauf, dass du gut auf deine Intuition achten solltest. Versuch auf dem von seichter zu tiefer Neugier reichenden Spektrum einen Punkt zu finden, an dem du mit einer Geschwindigkeit über die Bremsschwelle fahren kannst, bei der du nicht die Kontrolle über das Fahrzeug verlierst. Ruf dir in Erinnerung, dass Angst ein Signal ist. Sie kann ein guter Hinweis darauf sein, dass du dich hier gerade in einer Situation befindest, die zu persönlichem Wachstum führt. Wenn du Angst erkennst und dennoch weitermachen möchtest, kann ein Mantra dabei helfen, die eigene Mitte zu finden. Zum Beispiel: »Angst ist nichts weiter als atemlose Aufregung« oder »Persönliche Weiterentwicklung ist manchmal eben angsteinflößend und unbehaglich«.

Rein aus Neugier ...
Mit welcher Sorte Angst hast du es im Leben am häufigsten zu tun?
Warum ist das deiner Meinung nach so?

Bremsschwelle Nr. 2: Trauma

Meine gute Freundin Allie* hatte Probleme in ihrer Beziehung mit ihrem Freund, Jay. War er wegen irgendetwas enttäuscht und deshalb ungehalten, machte sie völlig dicht. Manchmal fing sie sogar an zu zittern, selbst wenn es gar nicht um sie ging. Obwohl sie sich nicht von Jay bedroht fühlte – und er noch nie aggressiv geworden war –,

---

* Der Name wurde aus Datenschutzgründen geändert.

hatte sie das Gefühl, dass ihr Leben in Gefahr sei. Als das bereits ein Jahr lang so gegangen war, nahm Allie ihren Mut zusammen, um im Rahmen einer Therapie über diese Dinge zu sprechen. Nach einem entscheidenden Aha-Moment in einer der Sitzungen rief sie mich an.

Sie hatte begriffen, dass sie auf Jay genauso reagierte wie einst in ihrer Kindheit und Jugend auf ihren Vater, wenn er wütend geworden war. Ihr Vater war Alkoholiker, neigte zu heftigen Ausrastern und körperlicher Gewalt. Die Misshandlung durch ihn hatte bei Allie eine tiefe seelische Wunde hinterlassen, die sie auch im Erwachsenenalter noch in sich trug. Ihre körperliche Reaktion auf Jays Frustration hing mit dem zusammen, was sie mit ihrem Vater erlebt hatte. Sie hatten bei ihr ein Trauma ausgelöst, eine lang anhaltende emotionale Antwort auf schmerzliche Erfahrungen im Leben.

Kevin Becker, ein klinischer Psychologe mit dreißig Jahren Berufserfahrung, bezeichnet Trauma als eins der größten Hindernisse, wenn es darum geht, tiefe Neugier zu zeigen. Becker ist ein führender Experte auf diesem Gebiet. Er hat zum Beispiel mit den Ersthelfenden der Attentate des elften September gearbeitet, mit Menschen, die durch den Hurrikan Katrina ihr zu Hause verloren haben, und mit Angehörigen von Opfern des Amoklaufs an der Grundschule von Sandy Hook. Natürlich sind Naturkatastrophen oder terroristische Anschläge die dramatischsten Gründe für die Entstehung eines Traumas. Becker zufolge kommt es viel häufiger vor, dass negative Kindheitserlebnisse Traumata auslösen, wie zum Beispiel die Scheidung der Eltern, das Gefühl, verlassen zu werden, das Aufwachsen in einem gewalttätigen Elternhaus, ein Todesfall oder sexueller Missbrauch.

Anders als körperliche Verletzungen wie ein gebrochener Arm, der im Gips nach und nach verheilen wird, tragen wir die Verletzungen des Nervensystems – unserem internen Barometer für Sicherheit – ein Leben lang mit uns herum.

»Ein Trauma ist nichts, was man einfach ›überwindet‹ oder wovon man sich wieder ›erholt‹«, hat Becker mir erklärt. »Das wird im Körper gespeichert.«

Damit bezieht er sich auf des Konzept des »verkörperten Schreckens« vom Psychiater Bessel van der Kolk, demzufolge sich Ereignisse aus unserer Vergangenheit in unserem Körper manifestieren und sich dann in unterschiedlichen Momenten unseres Lebens wieder bemerkbar machen. So war es für Allie: Obwohl es sich um komplett andere Umstände, eine andere Beziehung und einen anderen Mann handelte, interpretierte ihr Nervensystem die gleiche Art von Bedrohung, die sie als Kind mit ihrem Vater empfunden hatte, und reagierte auf diese wahrgenommene Gefahr.

Es gibt sogar Studien dazu, dass Traumata einen als Hippocampus bezeichneten Teil des Gehirns schrumpfen lassen, der mit Grundfunktionen wie eben Neugier in Verbindung gebracht wird.[27] Durch Traumata, so erklärt Becker, wird der Flucht-Kampf-oder-Erstarren-Modus aktiviert – wir ziehen uns entweder zurück, holen zum Gegenschlag aus oder machen komplett dicht. Durch jahrzehntelange klinische Arbeit hat Becker herausgefunden, dass traumatisierte Menschen nach und nach sich selbst und der Welt um sie herum *immer weniger* Neugier entgegenbringen.

Wenn sich Traumata zu Wort melden, müssen wir wirklich vorsichtig sein. Wir sollten uns nicht leichtsinnig oder unbedacht um tiefe Neugier bemühen. Dieser spezielle Fall erfordert ein äußerst behutsames Vorgehen und oft professionellen Beistand. Die Tür zu tieferer Neugier zu öffnen, kann für Menschen mit einer von Trauma geprägten Vorgeschichte ein langer Prozess sein, bei dem sachkundige Hilfe ganz entscheidend ist.

Dabei sollten eine Therapie oder das Netzwerk von Unterstützenden zunächst gewährleisten, dass sich die entsprechende Person sicher fühlt.

»In einer Therapie muss schon zu Beginn der Reise ein sicheres Umfeld erschaffen werden«, erklärte mir Becker.

Oft bedeutet dies, mit den Patienten zusammen Bewältigungsstrategien zu entwickeln, wie zum Beispiel viel Ruhe oder tiefe Entspannung. Manchmal wird ihnen auch gezeigt, wie sie sich im Hier und Jetzt verankern können, wenn sie aufgrund von einem Trauma zu dissoziativem Verhalten neigen. Therapeuten wie Becker bringen den Betroffenen konkrete Fertigkeiten bei, durch die sie sich in Momenten der Regression oder bei Reaktionen auf ein Trauma sicher fühlen.

Wenn du gern tiefe Neugier zeigen würdest, aber befürchtest, dass in diesem Zusammenhang Traumata aktiviert werden könnten, dann nimm diese Befürchtung ernst. Fahr das Tempo runter oder hör erst einmal ganz auf, vor allem, wenn du keine professionelle Unterstützung hast. Stell zunächst sicher, dass du über Hilfsmittel verfügst, die dir ein Gefühl von Sicherheit vermitteln. Teil dir deine Kräfte gut ein und beginn vielleicht lieber auf weniger riskante Art und Weise, indem du zum Beispiel durch nach innen gerichtete Neugier ergründest, welche Art von therapeutischer Hilfe oder Beratung du gern hättest, bevor du wieder loslegst.

Rein aus Neugier ...
Wenn du feststellst, dass eine Frage, ein Gesprächsthema oder eine Selbstreflektion bei dir eine heftige Reaktion des Nervensystems auslöst, wo oder bei wem könntest du dann Unterstützung finden? Wie könntest du dir selbst die Erlaubnis geben, eine Pause einzulegen oder das Tempo runterzufahren?

Bremsschwelle Nr. 3: Zeit

Ich weiß nicht, wie es dir geht, aber ich habe manchmal Panikattacken, weil ich von all den zu erledigenden Dingen schier überwältigt bin. Der Tag scheint dafür einfach nicht genug Stunden zu haben. Wir alle haben im Leben zahllose Beziehungen zu anderen Menschen, wie unseren Eltern und Kindern, zu Leuten von der Arbeit, zur Verwandtschaft, dem Freundeskreis, der Nachbarschaft und so weiter. Gleichzeitig müssen viele von uns heutzutage mehr arbeiten (oder sich zusätzlich einen Nebenjob suchen), um über die Runden zu kommen, wodurch noch mehr unserer wertvollen Zeit draufgeht.

Zeitmangel und die aktuelle Überstundenkultur kosten uns Energie und tragen dazu bei, dass wir ständig am Rande des Nervenzusammenbruchs stehen. Und dann rauben uns auch noch Internet und Handy die wenige Zeit, die uns *bleibt*. Aber klar: Natürlich ist es nach acht Stunden harter Arbeit viel einfacher, Netflix einzuschalten, als den Nietzsche zu geben und die Welt infrage zu stellen.

All das gehört zu einem von Forschenden als »Zeitarmut« bezeichneten Phänomen. Gemeint ist das allgemeine Gefühl, viel zu tun zu haben, aber nicht über genug Zeit dafür zu verfügen. Das Leben versucht uns in tausend unterschiedliche Richtungen zu ziehen, was ironischerweise oft dazu führt, dass wir Sachen aufschieben oder überhaupt nicht machen. Und damit wird die To-do-Liste nur noch länger.

Denk nicht, dass ich das nicht kenne! Wenn man ständig zwischen verschiedenen Jobs hin und her hetzt, eine Achtzig-Stunden Woche hat oder sich damit aufreibt, für die alten Eltern oder kleine Kinder zu sorgen, dann bleibt am Ende eben wenig Kraft und Energie dafür, neugierig zu sein. Tiefe Neugier erfordert nun einmal Zeit und ist vom kognitiven Standpunkt her aufwendig, weil man dafür längere, in die Tiefe gehende Unterhaltungen führen und Beziehungen ganz allmählich aufbauen muss.

Wenn du in deinem Leben mehr Zeit für Neugier finden oder freischaufeln willst, gibt es dafür unterschiedliche Möglichkeiten. Der Psychologe und Wissenschaftler Jud Brewer hat beinahe zwei Jahrzehnte lang in klinischen und neurologischen Studien erforscht, wie wir schlechte Angewohnheiten, zum Beispiel das Rauchen, aufgeben können. Seine Antwort darauf: indem wir uns in Achtsamkeit üben.

Diese Strategie können wir bei vielen zeitraubenden Lastern anwenden, zum Beispiel, wenn wir den Weg zur Arbeit nutzen, um ziellos durch die sozialen Medien zu zuscrollen oder uns an einem Wochenende als Mittel gegen die Erschöpfung die komplette Staffel einer Realityshow reinzuziehen – die daran beteiligte Technologie wurde extra so entworfen, dass unser dopaminbasiertes Belohnungssystem darauf anspringt. Wer achtsam der Frage nachgeht, wie sich so ein Verhalten eigentlich anfühlt – zum Beispiel körperliche Empfindungen wie verkrampfte Finger oder einen nach zig Stunden auf der Couch schmerzenden Rücken registriert –, kann dadurch möglicherweise mit solchen Gewohnheiten brechen.

Indem wir solchen Dingen mehr Aufmerksamkeit schenken, können wir besser unsere »Gewohnheitsschleifen« erkennen – die Muster von auslösendem Reiz, automatischer Reaktion und Belohnung. Wenn wir zum Beispiel nach der Arbeit für die Fahrt nach Hause in den Bus steigen (Auslösereiz), greifen wir automatisch zum Handy, um durch die sozialen Medien zu scrollen, wodurch Dopamin freigesetzt wird (Belohnung).

Brewer empfiehlt, das nächste Mal, wenn der Auslösereiz auftritt, mit einer neuen Reaktion zu experimentieren – beim Griff nach dem Handy zum Beispiel besser einen Freund oder ein Familienmitglied anzurufen, statt durch den Newsfeed zu scrollen. Man könnte auch eine App für Notizen nutzen und darüber nachdenken, welche drei Dinge man heute gelernt hat. Es geht einfach darum, die Auslöser für gewisse Verhaltensweisen zu identifizieren und sie durch bessere zu ersetzen.

Im Kampf gegen Zeitarmut besteht eine weitere Möglichkeit darin, das System und Institutionen zur Verantwortung zu ziehen. Wir sollten schwierige Fragen wie folgende stellen: *Wie kann man Firmen zur Zahlung gerechter Löhne anhalten, damit Zweitjobs nicht länger nötig sind, um über die Runden zu kommen? Warum sind Immobilien für junge Leute fast unerschwinglich? Weshalb sind manche Menschen dazu gezwungen, zum Arbeitsplatz zu pendeln, obwohl ihre Anwesenheit dort für ihre Aufgabe gar nicht erforderlich ist? Warum gibt es nicht mehr Elternzeit?* Durch eine Fokussierung auf das System, auf Institutionen, erhalten wir nicht länger den Mythos aufrecht, dass wir Individuen selbst als einzige für unsere Zeitarmut verantwortlich sind und damit auch nur wir etwas dagegen tun können.

Dass wir uns in einer Ära der Zeitarmut befinden, hat in vielerlei Hinsicht mit der Art und Weise zu tun, wie Systeme und Institutionen aufgebaut sind. Dies sollten wir uns in Erinnerung rufen, um mit uns selbst nachsichtiger zu sein, wenn es uns wieder einmal nicht gelingt, Zeit für mehr Neugier zu finden. Ich liebe auch die Arbeit von Tricia Hersey, der Gründerin von The Nap Ministry – dem Ministerium für Nickerchen. Ihre Vision vom Widerstand durch Pausemachen und Durchatmen fordert uns dazu auf, einen Schritt weg von einer auf Geld und Materialismus ausgerichteten Kultur zu machen. Konzentrieren sollten wir uns ihrer Meinung nach eher auf Entspannung, einen mit unseren Werten im Einklang stehenden Lebensstil, auf Hobbys, die wir nicht zu Geld zu machen versuchen, und auf die wohltuende Kraft eines Nickerchens. Indem wir unsere Zeit für uns selbst zurückverlangen und uns von einer

Kultur lösen, die von uns ständige Produktivität erwartet, können wir diesen Systemen die Stirn bieten.

Rein aus Neugier ...
Gibt es in deinem Leben eine Gewohnheit, die dir wertvolle Zeit für bedeutungsvollere Bestrebungen und Beziehungen raubt?

Bremsschwelle Nr. 4: Entfernung

Amerikanische Städte und öffentliche Räume sind so gestaltet, dass es schwer möglich ist, Menschen mit anderen Lebenserfahrungen zu begegnen. Aufgrund einer langen Geschichte der gesellschaftlichen Trennung und durch den Rückgang gemeinsam genutzter öffentlicher Räume liegt wortwörtlich eine große Entfernung zwischen uns. Sehen wir uns doch nur einmal an, wie wir aufgrund unseres Alters voneinander getrennt sind. Zum ersten Mal in der Geschichte des Landes leben in den USA heute mehr alte als junge Menschen – was durch Fortschritte in der Medizin auf der ganzen Welt ein zunehmendes Phänomen ist. Gleichzeitig verschwinden aber Bereiche, in denen Personen unterschiedlichen Alters zusammenkommen, wie zum Beispiel Kirchengemeinden und Mehrgenerationenhaushalte. Unsere alternde Bevölkerung wird dadurch isoliert und bleibt an Orten wie Altenheimen und Seniorensiedlungen unter sich. Bei der letzten Einwohnererhebung wurde festgestellt, dass die am schnellsten wachsende Metropolregion in den USA nicht etwa New York City oder Los Angeles war – sondern vielmehr The Villages, eine Wohngegend für wohlhabende Senioren in Florida.

Eine Studie von MetLife und der National Association of Home Builders kam zu dem Ergebnis, dass etwa ein Drittel der über Fünfundfünfzigjährigen in Gegenden wohnen, in denen ausschließlich andere Menschen ab fünfundfünfzig aufwärts leben.[28] Eine andere Studie ergab, dass nur sechs Prozent der Menschen über sechzig »wichtige Angelegenheiten« mit nicht verwandten Personen unter sechsunddreißig besprechen.[29]

Unsere Städte und Metropolen sind so angelegt, dass sie nur wenige Berührungspunkte mit Menschen fördern, die wesentlich jünger oder älter sind als wir selbst. Dieser Mangel an persönlichen Erfahrungen führt dazu, dass Vorurteile entstehen, die wiederum Gleichgültigkeit und Intoleranz verstärken. So entstehen Sprüche wie »Okay, Boomer!« oder Klischees wie die von verwöhnten Millennials und einer unfähigen Generation Z.

Aber natürlich bestehen solche Gräben nicht nur zwischen Generationen. Auch in Bezug auf unsere Ideologien und andere unsere Identität definierende Merkmale finden wir uns zu klar voneinander getrennten Gruppen zusammen. Der Brookings Institution zufolge leben die meisten Amerikaner und Amerikanerinnen noch immer in Gegenden, wo Menschen mit der gleichen Hautfarbe wohnen.[30] Die Organisation US Partnership on Mobility from Poverty fand heraus, dass eine typische weiße amerikanische Person in einem Viertel mit fünfundsiebzig Prozent weißen und nur acht Prozent schwarzen Menschen lebt.[31]

Ähnlich sieht es mit politischen Überzeugungen aus. Während die Demokraten einst die Partei dörflicher Gemeinschaften waren, leben ihre Wähler heutzutage vor allem in Städten. Auf dem Land werden hingegen mit großer Mehrheit die Republikaner unterstützt. Dann gibt es noch den allgemeineren Gegensatz zwischen Stadt und Land, der zum Beispiel Einfluss darauf hat, ob sich jemand Grundbesitz leisten und sich damit selbst versorgen kann oder nicht, wie gut der Zugang zu medizinischer Versorgung ist und wie weit die Arbeitswege sind.

Uns einander näher fühlen könnten wir zum Beispiel durch gezielte Entscheidungen darüber, wo wir wohnen wollen, wo wir gern unseren Platz finden möchten und wie wir uns fortbewegen. Wir können etwa bewusst sicherstellen, dass wir in einer Nachbarschaft oder einem Haushalt mit Personen verschiedenen Alters leben. Wenn wir die Möglichkeit dazu haben, können wir unsere Kinder bei Schulaktivitäten oder in Vereinen anmelden, durch die sie mit ganz unterschiedlichen Arten von Menschen Kontakt haben. Und selbst diejenigen von uns, die sich keine Auslandsreisen leisten können, können in der eigenen Stadt an internationalen Festen teilnehmen, um unterschiedliche Kulturen kennenzulernen. Ich erinnere mich aus meiner Jugend an kostenlose Veranstaltungen wie ein Tanzfestival zu Ehren des Obon-Feiertages oder die Feier des chinesischen Neujahrs.

Um den durch grundlegende Strukturen vorgegebenen Riss zu schließen, müssen wir uns *aktiv* an der Frage beteiligen, wie wir unsere Gesellschaft wieder über alle Identitäten und Ideologien hinweg zusammenführen können. Eine von tiefer Neugier geprägte Gemeinschaft ist weniger gespalten und verfügt über mehr öffentliche Räume, in denen man zusammenkommen und Beziehungen zueinander aufbauen kann. Man muss dafür keine Milliarden investieren und ganze Städte oder gar Länder neu entwerfen. Es gibt bürgernahe Ansätze, wie man diese Kluften überwinden kann, beispielsweise Organisationen, die »dritte Räume« anbieten wollen, damit unterschiedliche Menschen zusammenkommen und trotz ihrer Differenzen Nähe herstellen können. Exemplarisch möchte ich hier die Braver Angels nennen, die sich für ein besseres Verständnis zwischen unterschiedlichen politischen Parteien einsetzen, und die Initiative CoGenerate, die die Kluft zwischen Generationen überbrücken und gemeinsam an unserer Zukunft arbeiten will.

Bei Interfaith America zeigen sich Menschen unterschiedlichen Glaubens miteinander solidarisch, knüpfen enge Beziehungen und stellen gemeinsame Aktionen auf die Beine.

Im deutschsprachigen Raum haben sich die Stiftung Weltethos und das Haus der Religionen in Bern ähnlichen Zielen verschrieben.

Ansonsten könnte man auch einfach auf ein Konzert von Dolly Parton gehen, weil es ein weiteres Paradebeispiel für einen Ort ist, an dem viele von uns sich einander annähern. Dort begegnen sich Menschen des linken und rechten politischen Spektrums, aus dem ländlichen und städtischen Raum. Denn eine tolle Show von Dolly lieben doch einfach alle, oder nicht?

Bereit dafür, einzutauchen?

Wenn du Angst, Traumata, den Zeitfaktor und Fremdheitsgefühle im Hinterkopf behältst, kannst du deine Reise in Richtung tiefe Neugier bewusster und aufmerksamer angehen. Je vertrauter du mit diesen Herausforderungen wirst, desto besser wirst du mit ihnen umgehen können und mögliche Bremsschwellen bereits aus einer gewissen Entfernung erkennen, sodass du von ihnen nicht jedes Mal überrascht wirst.

Und jetzt geht es endlich mit dem coolen Teil los: Mit dem Thema Bremsschwellen im Hinterkopf sind wir nun bereit, tiefe Neugier zu üben. Dadurch können wir unsere Fähigkeit stärken, mehr Nähe zu anderen aufzubauen und uns durch neue Menschen, Orte und Erfahrungen persönlich weiterzuentwickeln. Damit du nicht einfach aufs Geratewohl loszuziehen und auf das Beste zu hoffen brauchst, habe ich für tiefe Neugier ein Rahmenprogramm mit konkreten Übungen entwickelt. So ist das DIVE-Modell entstanden. Wie du dich vielleicht noch erinnerst, steht jeder Buchstabe für eine Hauptmuskelgruppe der Neugier, die du damit trainieren kannst:

- *Detach* – Loslassen: Verabschiede dich von deinem Trio der Voreingenommenheit (von Annahmen, Vorurteilen und Gewissheiten)
- *Intent* – absichtsvoll Handeln: Bereite Umfeld und Einstellung vor
- *Value* – Wertschätzen: Stell die Würde jedes Menschen in den Vordergrund, auch die deine
- *Embrace* – Annehmen: Heiß schwierige Momente im Leben willkommen

Indem wir unsere DIVE-Muskeln trainieren, verschaffen wir uns Zugang zu tiefer Neugier. Dabei müssen wir nicht alle zur gleichen Zeit nutzen. Jede Muskelgruppe kann einzeln in Angriff genommen und durch dafür entwickelte Übungen trainiert werden, genau wie die Muskeln unseres Körpers. Und der Name des Programms ordnet die Buchstaben zwar in einer bestimmten Reihenfolge an, du brauchst aber nicht unbedingt vorne anzufangen. Das Training jedes einzelnen Elementes ist gleich wichtig und du kannst dafür jede beliebige Abfolge wählen.

Vielleicht ist es am sinnvollsten, beim Lesen der Beschreibungen darauf zu achten, mit welcher dieser vier »Muskelgruppen« du dich auf den ersten Blick am wohlsten fühlst. Damit hast du schon einmal einen Anhaltspunkt dafür, wo du anfangen kannst. Vielleicht möchtest du am liebsten mit absichtsvollem Handeln beginnen, weil du aufgrund deiner Persönlichkeit Loslassen im

Moment für eine zu große Herausforderung hältst – und das ist völlig okay. Egal, an welchem der vier Punkte du dich versuchst, du wirst damit auf jeden Fall auf das große Ziel hinarbeiten, mehr tiefe Neugier zu zeigen.

Übrigens musst du nicht jede einzelne Übung aus dem zweiten Teil des Buches machen, um positive Resultate zu erzielen. Du kannst einfach mit ein oder zwei Übungen loslegen, die dich ansprechen, und dann mal sehen, wohin dich das führt. Je mehr du dich in tiefer Neugier übst, desto einfacher wird sie. Behalt bei den ersten Schritten immer die große Belohnung im Auge: Durch tiefe Neugier wirst du Wandel und mehr Verbundenheit und Nähe in dein Leben bringen.

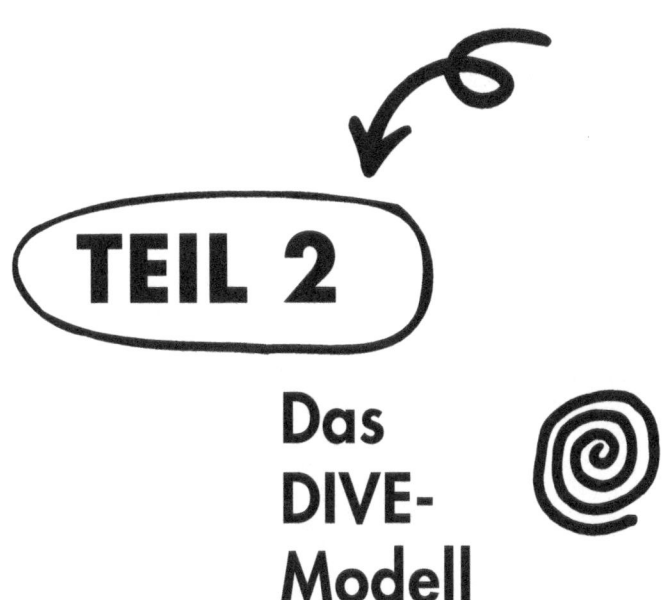

TEIL 2

Das
DIVE-
Modell

Kapitel 4
Loslassen

An Sarah Jane Bradley fiel mir als Erstes auf, dass sie fast an allen Fingern wunderschöne Türkisringe trug. Sie hatte langes braunes Haar, das hin und her schwang, als sie zu einem fröhlichen Lied aus einem Bluetooth-Lautsprecher tanzte. Wenn ich interessanten Menschen begegne, bin für gewöhnlich ich der Erste, der auf sie zugeht. Doch bevor ich dazu auch nur die Gelegenheit hatte, tänzelte Sarah schon auf mich zu und stellte sich vor.

Ich war hier nicht auf einer x-beliebigen Party bei irgendjemandem zu Hause. Stattdessen befand ich mich in Nordkalifornien im Mercy Center, einem Retreatzentrum und Kloster für katholische Nonnen.

Sarah wollte keine Nonne werden, obwohl sie katholisch erzogen war. Vielmehr war sie hier, um wie vier andere Millennials im Rahmen eines sechsmonatigen Programms namens Nuns and Nones mit einer Gruppe katholischer Schwestern zusammenzuleben. Im Englischen bezieht sich der neu geprägte Begriff *None* auf die wachsende Anzahl von Millennials, die im Leben Spiritualität und Sinn suchen, aber keinen Bezug zu Religion in ihrer althergebrachten Form haben.

Manche *Nones* suchen nach dieser Spiritualität lieber außerhalb von existierenden Glaubensrichtungen, während andere, wie Sarah, auf neue oder kreative Arten ihre Wurzeln zu ehren versuchen.

Sie empfindet es als bereichernd, sich nicht in Schubladen stecken zu lassen und sich am Rand des Etablierten, im Grenzgebiet zwischen Traditionen zu bewegen. Sarah meint, dass dort durch Begegnungen zwischen »spirituellen Outsidern« etwas Neues entstehen kann.

»Ich bin eine spirituelle und religiöse Suchende und habe für mich Elemente aus verschieden Strömungen übernommen, wie zum Beispiel aus dem Feminismus, von queeren und mystischen Bewegungen und den Ausrichtungen von Jewish Renewal und Animismus, bei denen die Erde im Mittelpunkt steht«, erzählte sie mir. »Aber daneben bin ich durchaus auch noch katholisch.«

Der Aufenthalt hier war für Sarah und die vier anderen Millennials von Neugier geprägt. Die vier waren übrigens Freunde von mir, die mich ins Mercy Center eingeladen hatten, damit ich mir einen Eindruck von ihren Erfahrungen dort verschaffen konnte. Außerdem wussten sie, dass ich mich mit dem Thema tiefe Neugier beschäftigte, und dachten daher, dass ich vielleicht gern noch mehr darüber erfahren würde – was absolut zutraf. Wie so viele von uns suchten sie nach Möglichkeiten für ein Leben außerhalb der engen Grenzen dessen, was man ihnen von außen vorschreiben wollte. Die Gruppe kam im Kloster in der Zeit der Waldbrände an – an dieses Detail erinnert sich Mitorganisatorin Schwester Judy Carle noch sehr gut. Als sie den sich erwartungsvoll an ihre Reisetaschen klammernden Millennials die Tür aufmachte, stieg hinter ihnen in der Ferne apokalyptischer Rauch auf.

Die Ordensschwestern waren doppelt bis dreimal so alt wie die *Nones*. In den USA liegt das Durchschnittsalter von katholischen Nonnen bei fast achtzig Jahren und weniger als ein Prozent ist jünger als vierzig.[32] Wenn man sie sich so gemeinsam anschaute, dann wirkte es, als würden zwischen den beiden Gruppen Welten liegen. Igelschnitte, Samttops und Tattoos auf der einen Seite, ergrautes

Haar, Blümchenblusen in Lila und faltige Hände auf der anderen. Die Verbindung über Generationen hinweg entsprang einer tiefschürfenden Frage: *Was passiert, wenn wir zusammenkommen, um uns mit den Themen Gemeinschaft, Gerechtigkeit und spirituelle Praxis zu befassen?*

Loslassen: Lös dich vom Trio der Voreingenommenheit

Beim Gedanken an das Nuns and Nones-Programm kommt mir immer eine Parabel in den Sinn, die ich von einer befreundeten Autorin, Liz Tran, gehört habe:

Ein Schüler erscheint hoffnungsfroh bei einem weisen Mann und fragt: »Könnt Ihr mein Lehrmeister werden?«

Der Lehrer bittet ihn herein und fragt: »Hättest du gern eine Tasse Tee?«

Der Schüler nickt, und der Lehrer stellt ihm eine leere Tasse hin, die er langsam zu füllen beginnt. Als der Tee beinahe den Rand erreicht hat und überzulaufen droht, ruft der Schüler: »Genug, das reicht!« Aber der Lehrer gießt weiter, sodass der Tee erst auf den Tisch und dann sogar auf den Fußboden läuft.

Um nichts von der heißen Flüssigkeit abzubekommen, springt der Schüler auf und wirft dadurch den Stuhl um. Dabei entfährt ihm der Ausruf: »Was zum Teufel …?«

»Das bist du«, sagt der Lehrmeister und deutet auf die übervolle Tasse. »Deine Tasse ist zu voll. Wenn ich dich unterrichten soll, musst du zunächst deine Tasse leeren, um Platz für meine Lehren zu schaffen.«

In Bezug auf Neugier ist unsere mentale und emotionale Tasse nicht wegen Tee zu voll – sondern wegen etwas, was ich *das Trio der Voreingenommenheit* nenne: Annahmen, Vorurteile und Gewissheiten. Das sind die Grundsteine unserer gewohnheitsmäßigen Gedanken, und sie beeinflussen stark, wie wir die Welt sehen. Diese gedanklichen Vereinfachungen erfüllen in unserem Leben einen wichtigen Zweck: Sie helfen uns beim Filtern von Informationen, damit uns nicht ständig die aus allen Richtungen auf uns einprasselnden Details lähmen.

Im Laufe der Zeit füllt sich unsere Tasse damit allerdings bis zum Rand – was wir oft gar nicht merken –, sodass nur wenig Platz für neue Erkenntnisse über uns selbst, andere Menschen und die Welt um uns herum bleibt. Das steht tiefer Neugier klar im Weg. Wenn wir zum Beispiel Vermutungen über andere Menschen aufstellen, ohne ihre Geschichte zu kennen, dann nehmen sie aufgrund unserer voreiligen Schlüsse vielleicht eine Abwehrhaltung ein oder ziehen sich zurück. Ein weiteres Beispiel: Wenn wir uns unserer Vorurteile nicht bewusst sind oder sie nicht hinterfragen, behandeln wir bestimmte Gruppen von Personen möglicherweise ungerecht oder begegnen ihnen unbewusst ohne Neugier. Wir werden gegenseitiges Verständnis niemals in seiner vollen Tiefe erleben, wenn wir unsere Annahmen und Vorurteile sowie den Wunsch nach Gewissheit nicht ablegen. Und dafür müssen wir in unserer Teetasse Platz machen.

Zu den Schlüsselmomenten beim Nuns and Nones-Programm gehörten Gesprächskreise, in denen es um die drei von den Ordensschwestern abgelegten Gelübde ging: die Verpflichtung zu Keuschheit, Armut und Gehorsam. Dabei saßen die Teilnehmenden stundenlang zusammen, stellten Fragen und teilten Gedanken und persönliche Erfahrungen zu diesem Thema. Jede und jeder Einzelne war mit dafür verantwortlich, dass die Unterhaltung auf einer Ebene völliger Offenheit stattfand und niemand andere zu verurteilen oder anzugreifen begann. Hier sollte keiner das Gefühl haben, sich verteidigen zu müssen. Kurz gesagt: Sowohl die Nonnen als auch die *Nones* verpflichteten sich jener dem Herzen entspringender Neugier, deren Antriebsmotor Mitgefühl ist.

»Millennials bringen dem Konzept Verpflichtung große Neugier
entgegen, haben oft aber auch Angst davor«, erklärte Schwester
Carle. »Sie mussten in ihrer Familie und im eigenen Leben bereits
viele Brüche miterleben. In unserem heutigen Zeitalter ist alles so
flüchtig, dass man sich etwas für immer Andauerndes nur schwer
vorstellen kann.«

Während eines Gesprächskreises gestand Sarah, dass allein das
Wort *Keuschheit* Ablehnung in ihr hervorrufe. Für sie lag dahinter
eine von so vielen negativen Konnotationen geprägte Geschichte –
das Konzept war so lange benutzt worden, um Macht über Frauen
auszuüben, ihre Körper zu kontrollieren und ihre Sexualität zu
unterdrücken. Die Nonnen nickten, um deutlich zu machen, dass
sie Sarahs Perspektive gut verstehen konnten. Dann teilte eine der
Schwestern mit der Gruppe, dass sie immer noch sexuelles Verlangen habe, diesen Teil ihrer menschlichen Essenz durch das Gelübde also nicht verschwunden sei. Für sie war dieses Verlangen
eine Möglichkeit, sich selbst als Frau zu erkennen und zu ehren.

Während sich einige ihrer Ordensschwestern ebenfalls dazu äu
ßerten, lauschte Sarah ihren Ansichten und Geschichten aufmerksam. Sie lenkte ihre Neugier nach außen, wodurch sie das Leben
der Schwestern besser zu verstehen lernte. Außerdem richtete Sarah sie auch auf das darüber Hinausgehende und schaffte in ihrer
Tasse Platz für neue Erkenntnisse über die Beziehung zwischen
dem Weiblichen und dem Göttlichen.

Im Laufe des Gesprächskreises begann Sarah, ihre vorgefassten Ideen zum Thema Keuschheit zu hinterfragen und zu erfassen,
dass sich für die Ordensfrauen das Keuschheitsgelübde nicht nur
darauf beschränkte, keinen Sex zu haben. Und es ging für sie auch

nicht nur darum, ihre Sexualität aus Gehorsamkeit einer institutionellen Macht gegenüber zu unterdrücken. Stattdessen konnte Sarah ihre Definition nachvollziehen, derzufolge das Keuschheitsgelübde eher eine Verpflichtung war, Liebe zu »entprivatisieren«. Durch ihre Keuschheit konnten diese Frauen ihre Energie und Liebe nicht nur unmittelbaren Angehörigen oder einem einzigen geliebten Menschen widmen, sondern in die Beziehungen zu vielen unterschiedlichen Personen einbringen, vor allem zu denen, denen menschliche Zuneigung fehlte – oder sogar in ihrer Begegnung mit einer Gruppe von Millennials, die hier in einem Subaru vorgefahren waren.

Statt sich an ihre vorgefertigte Meinung zu klammern, hatte Sarah ihren Griff sanft gelockert. Oder, um wieder zu dem anderen Bild zurückzukehren, in ihrer Teetasse Platz geschaffen. Hätte sie das nicht getan, hätte sie nicht die Kapazitäten dafür gehabt, sich mit der Perspektive der Ordensschwestern auseinanderzusetzen, die schließlich zu einem Aha-Moment zum Thema Keuschheit geführt hatte.

Die Geschichte von den Nonnen und *Nones* scheint mir deshalb so interessant und ungewöhnlich, weil dieser bunt zusammengewürfelten Gruppe etwas gelungen ist, was vielen von uns schwerfällt: uns von dem *zu lösen*, was wir zu wissen glauben.

Stellen wir uns doch mal vor, die jungen Leute wären im Kloster eingefallen und hätten getönt: »Okay, Boomer, wir erklären euch jetzt mal, warum es sich bei Keuschheit um ein patriarchalisches Konzept handelt und warum eure Gelübde in unserer sich ständig verändernden Welt völlig überholt sind!« Dann hätten sich die Ordensschwestern vermutlich verurteilt und abgewertet gefühlt. Vielleicht findet ihr das Beispiel an den Haaren herbeigezogen. Aber wer öfter mal an Elternabenden oder Gemeindeversammlungen teilnimmt, hat sicher schon oft miterlebt, wie in ähnlicher Form zwischen unterschiedlichen Gruppen verbal die Fetzen fliegen. Das verhindert nicht nur Wandel und Verbundenheit, es führt auch zu einem Teufelskreis aus Konflikt und Spaltung.

Nach und nach ein bisschen

Wir hängen so an unseren Annahmen, Vorurteilen und Gewissheiten, weil sie damit zu tun haben, wie unser Gehirn funktioniert. Sie sind ganz automatische menschliche Tendenzen, die uns dabei helfen, die Welt zu verstehen – und uns ein Gefühl von Sicherheit vermitteln. Wenn wir loslassen, müssen wir womöglich zugeben, dass wir keine Kontrolle über die Situation haben, dass wir vielleicht falschliegen und manchmal Dinge nicht wissen – uff, das will doch niemand, oder? Mal abgesehen davon, dass Rechthaben und Rechtschaffenheit in unserer heutigen verdrehten Gesellschaft sozialen Status und Macht mit sich bringen.

Wer am heftigsten auf seinem Standpunkt beharrt oder am lautesten schreit, bekommt mehr Applaus und Likes als alle anderen und wird online am häufigsten geteilt. Im Jahr 2020 kam eine Studie zum Ergebnis, dass sich in kleinen Gruppen am ehesten die Person als Führungspersönlichkeit herauskristallisiert, die am meisten redet.[33] In einer Welt, in der Lautsein und dominantes Verhalten belohnt werden und Bescheidenheit abgewertet wird, ist es nicht verwunderlich, dass sich viele von uns bei Nullsummenspielen zwischen verfeindeten Parteien aufreiben. Dabei sind die meisten Beteiligten eher daran interessiert, laut zu sein und recht zu haben, als sich um eine *angemessene Beziehung* zueinander zu bemühen.

Die Gefühle, die du durch eine volle Tasse empfindest, haben mit dem Wunsch zu tun, dich an deine Überzeugungen wie an eine weiche, warme Decke zu klammern. Du gerätst vielleicht in eine Debatte über Politik mit jemandem aus der Verwandtschaft und wirst dabei mit einer Tatsache oder Erfahrung konfrontiert, die deine Überzeugung auf die Probe stellt. Statt dich neugierig zu zeigen und zu differenzierteren Ansichten zu gelangen, indem du diese Informationen verarbeitest, weist du sie von dir, hältst dagegen oder denkst dir angebliche Fakten aus.

Rufen wir uns noch mal eine unserer größten Bremsschwellen in Erinnerung: Angst. In diesem konkreten Fall geht es um Angst vor Veränderung. Sie ist für uns grundsätzlich furchteinflößend, da neue Informationen in Gefahr bringen könnten, wie wir uns selbst sehen oder unseren Platz auf dieser Welt definieren. Wenn du aus einem christlichen Elternhaus stammst und gläubig bist, könnte schon Offenheit den Ansichten deiner atheistischen Nachbarin gegenüber zu einer existenziellen Krise führen, die dich in deinen Grundfesten erschüttert. Und ihr geht es vielleicht genauso!

Es ist also kein Wunder, dass du instinktiv auf das Trio zurückgreifst. Weil deine Tasse voll ist, reckst du die Hände in die Luft und beharrst weiter darauf, dass du recht hast und der andere unrecht, weshalb kein Argument dieser Welt deine Meinung oder deine Gefühle zu diesen Thema ändern kann. Das verstärkt in dir nur die altbekannten Überzeugungen. Die andere Person geht aus der Begegnung frustriert und mit dem Gefühl hervor, nicht gehört worden zu sein, was eure Beziehung zueinander schwächt. Es führt zu einer Situation, die der Philosoph Isaiah Berlin treffend so beschrieben hat: »Wer verzweifelt seine Welt und seine Werte verteidigt, darf nicht einen Zentimeter nachgeben. Da jeder kleine Riss in der Fassade zum Verhängnis werden könnte, wird bis zum bitteren Ende gekämpft.«[34]

Loslassen zu können, ist entscheidend für unsere Neugier und unsere Beziehungen, aber wir müssen dafür mit der Gewohnheit Schluss machen, uns an die Annahmen, Vorurteile und Gewissheiten zu klammern, die unserem Gehirn, unserer Biologie und unserer Kultur zu eigen ist.

Ich will damit nicht sagen, dass du deine Teetasse komplett umdrehen und auf einen Schlag leeren sollst. Das wäre zu viel verlangt, und das kann eigentlich auch niemand leisten, der in unserer modernen Welt weiter funktionieren will.

Statt in Extreme zu verfallen, sollten wir lieber nach Möglichkeiten suchen, hier und da einen kleinen Schluck aus unserer Tasse abzugießen, während wir nach und nach immer weniger vom erwähnten Trio abhängen. Dieser Ansatz setzt Potenzial für tiefe Neugier frei, ohne uns zu radikalen Veränderungen zu zwingen. Du brauchst nicht deinen ganzen Besitz zu verkaufen, tagelang auf der Spitze eines Berges zu meditieren oder viertausend Dollar für eine Woche in einem Retreatzentrum in Costa Rica hinzublättern – wo grüne Säfte im Preis mit inbegriffen sind. Arbeite stattdessen lieber darauf hin, dich von den drei Formen der Voreingenommenheit zu lösen, womit du durch kleine Aufgaben in deinem Alltag beginnen kannst. Wenn wir loslassen wollen, müssen wir uns auf eine lebenslange Reise begeben, bei der wir so vieles *ver*lernen müssen – was uns selbst betrifft, andere und die Welt im weiteren Sinne.

Es kann verführerisch sein, sich wie der Schüler zu verhalten, der lieber seine volle Tasse behalten und keinen Platz für Neues schaffen will. Wenn wir vom Trio der Voreingenommenheit Abschied nehmen, ändern wir die Art und Weise, wie wir die Menschen um uns herum wahrnehmen und mit ihnen umgehen. Dieses Kapitel ist in drei Abschnitte unterteilt, von denen sich jedes auf eine konkrete Form der Voreingenommenheit konzentriert: Annahmen, Vorurteile und Gewissheiten.

In diesen Abschnitten stelle ich vier Übungen vor, die du ausprobieren kannst, um mehr Neugier in dein Leben einzuladen, nämlich *Gib den Checker*, womit wir unsere Annahmen auf die Probe stellen,

Überlass das Gedankenlesen Professor X, wodurch wir erkunden, was andere uns gegenüber wirklich empfinden, und *Der Salatschüsseleffekt*. Diese Übung fordert uns dazu auf, uns auf die Individualität anderer zu konzentrieren, statt aufgrund ihrer Zugehörigkeit zu einer Gruppe nur Stereotype wahrzunehmen. Bei *Gib's doch zu!* geht es am Schluss noch darum, uns auf den Gedanken einzulassen, dass wir manchmal eben unrecht haben oder etwas nicht wissen.

Annahmen müssen auch Druck standhalten

Annahmen sind Dinge, die du für wahr hältst und von denen du überzeugt bist, obwohl du dafür keine Beweise hast. Solche Annahmen hast du in Bezug auf dich selbst und andere, und auch in Bezug auf bevorstehende Situationen. Es gibt aus Sicht der Evolution gute Gründe für diese Annahmen: Wenn du bestimmte Informationen nicht in Kategorien einordnen würdest, dann würde dein Gehirn auf jeden Moment deiner Existenz wie auf etwas komplett Neues reagieren. Annahmen sind mentale Abkürzungen, die dir dabei helfen, Zeit und Energie zu sparen, um dich möglichst effizient durchs Leben zu bewegen.

Leider sind sie nicht immer richtig. Vielleicht gehst du davon aus, dass ein Pilz unbedenklich ist, weil er so ähnlich aussieht wie einer, den du schon mal gegessen hast – wenn es sich aber tatsächlich um einen Knollenblätterpilz gehandelt hat, dann werden gleich deine Organe versagen. Oder du nimmst an, dass dich die Person am Nebentisch nie im Leben attraktiv findet – und dir entgeht dadurch die Chance, sie kennenzulernen, obwohl sie dich total scharf findet und du absolut ihr Typ bist.

Die Folgen von bestimmten Annahmen sind nicht nur in romantischen Komödien zu sehen, sondern können auch im wahren Leben Gift fürs Zwischenmenschliche sein – selbst in Beziehungen zu denen, die uns am vertrautesten sind. Deinen besten Freund oder deine Ehefrau kennst du schon seit Jahren, deshalb gehst du davon aus, dass du alles über sie weißt. Im Umgang mit ihnen den Autopiloten einzuschalten, könnte aber dazu führen, dass sie sich ungeliebt fühlen. Wenn du sie nicht länger nach ihrer Jugend, nach ihren Überzeugungen, Werten oder Erfahrungen fragst, haben sie möglicherweise den Eindruck, dass sie gar nicht mehr richtig wahrgenommen werden, und suchen sich vielleicht jemand anders, der daran Interesse zeigt.

Oder denk an Annahmen aufgrund der wahrgenommenen Genderidentität einer anderen Person, oder wenn du aufgrund eines Gesichtsausdruck glaubst, dass jemand genervt ist. Das alles könnte nicht nur komplett falsch sein, dein Gegenüber könnte sich missverstanden fühlen, gekränkt sein oder Groll entwickeln – vor allem dann, wenn die Annahmen nicht korrigiert werden.

Nehmen wir mal an, du hast dich mit einer Freundin auf ein Bier verabredet. Dann kommt sie zu spät und du bist beleidigt, weil du meinst, dass du und deine Zeit ihr offenbar nicht wichtig sind. Tatsächlich trudelt sie erst etwas später ein, weil sie nach einer besonders anstrengenden, sich ewig hinziehenden Woche bei der Arbeit einen Moment für sich brauchte, um ein bisschen zu verschnaufen. Davon wollte sie jetzt eigentlich erzählen, aber du hast deine Frustration an ihr ausgelassen, sobald sie zur Tür hereingekommen ist. Sie war durch den Stress vorher schon den Tränen nahe und jetzt bringen deine Vorwürfe das Fass zum Überlaufen – weshalb sie dich anschnauzt und aus der Kneipe stürmt. Ihr hättet an diesem Abend die Gelegenheit gehabt, eure Beziehung zueinander zu vertiefen, wenn du dich von deinen Annahmen gelöst hättest und deiner Freundin mit Offenheit begegnet wärst.

Selbst bei Freunden, die berühmt für ihr ständiges Zuspätkommen sind – die das eventuell gern als Charaktereigenschaft hinstellen –, können wir Neugier zeigen, obwohl es vielleicht keine wirkliche »Rechtfertigung« für ihr Benehmen gibt. Möglicherweise hat dieses Verhalten kulturelle Gründe (in manchen Regionen ticken die Uhren einfach anders) oder diese Menschen sehen gar keinen Zusammenhang zwischen Pünktlichkeit und Respekt den Wartenden gegenüber. Du brauchst ja nicht deine eigenen Werte in Bezug auf Pünktlichkeit zu ändern, aber ein wenig Neugier auf die Weltsicht der anderen kann dabei helfen, dass ihr euch besser versteht.

Und es geht auch gar nicht darum, dass man auf keinen Fall von irgendwelchen Annahmen ausgehen sollte. Unser Ziel besteht vielmehr darin, unsere Annahmen selbst zu bemerken und sie kritisch unter die Lupe zu nehmen. Damit verringern wir das Risiko, mit falschen Annahmen ernsthaften Schaden anzurichten, sei es beim Verspeisen von tödlichen Pilzen oder indem wir eine Beziehung kaputtmachen.

So ein Bestreben wird dir gleichzeitig erlauben, dich selbst und andere mit größerer Klarheit wahrzunehmen und Platz für Unerwartetes zu schaffen. Die Übungen *Gib den Checker* und *Überlass das Gedankenlesen Professor X* bieten uns dazu zwei Möglichkeiten.

Rein aus Neugier ...

Wann hat zum letzten Mal jemand etwas über dich angenommen? Wie hast du dich dabei gefühlt? Hat es auch zu körperlichen Empfindungen geführt? Haben diese Annahmen eure Beziehung zueinander beeinflusst?

GIB DEN CHECKER: SIND DEINE ANNAHMEN TATSÄCHLICH WAHR?

Wir alle können wohl nachvollziehen, warum sich bei Sarah und den anderen *Nones* der Millennial-Generation in ihrer Kindheit und Jugend bestimmte Annahmen über Nonnen gebildet haben. Die Popkultur stellt Ordensschwestern weitestgehend als konservative Frauen dar, die in der Vergangenheit verhaftet und in einer Institution der Unterdrückung gefangen sind. Statt diese Annahmen als unumstößliche Wahrheit hinzunehmen, hinterfragten Sarah und die anderen jungen Leute sie lieber. Es gibt allein in den Vereinigten Staaten beinahe fünfzigtausend Ordensschwestern, daher vermuteten die *Nones*, dass sie nicht alle gleich sein würden. Das Programm ermöglichte ihnen, ihre Annahmen in den persönlichen Begegnungen mit den Nonnen auf die Probe zu stellen. Mit jeder Unterhaltung wurde die Bindung zueinander stärker und ihr Verständnis differenzierter.

Die Millennials erfuhren, dass Nonnen vielleicht nach außen hin alle gleich wirken, tatsächlich aber unterschiedlichen Orden und Gruppen angehören. Sie konnten sich selbst davon überzeugen, dass viele von ihnen moderne Ansichten vertreten, bei Protestaktionen an vorderster Front mit dabei sind und aufgrund ihres Einsatzes für die Umwelt oder die Rechte von Frauen manchmal sogar verhaftet werden. Katholische Ordensschwestern arbeiten auch in den Bereichen Bildung, Wohneinrichtungen und Gesundheitspflege, wo viele Mitarbeitende ihrer Leitung unterstehen und sie riesige Budgets verwalten. Nicht alle von ihnen tragen Tracht und orthopädische Schuhe, wie man aufgrund beliebter Filme wie *Sister Act* vielleicht denken könnte – viele von ihnen bevorzugen schicke Hosen und bunte Tops.

Sarah und die *Nones* haben während des Programms und darüber hinaus mit den Ordensfrauen praktiziert, worum sich meine nächste Übung dreht. Der bekannte Song *Back That Ass Up* vom Hip-Hop-Künstler Juvenile hält uns dazu an, zu überprüfen, ob unsere Annahmen über uns selbst oder andere überhaupt stimmen. Dadurch inspiriert nenne ich die Übung *Gib den Checker*.

Da Annahmen Überzeugungen ohne Beweise sind, können wir sie checken, indem wir Fakten sammeln und schauen, ob sie dadurch bekräftigt oder widerlegt werden. Dazu Gelegenheit gibt uns zum Beispiel die Begegnung mit Menschen, die von unseren Annahmen betroffen sind. Wenn wir ihnen Fragen stellen, werden wir oft feststellen, dass ihre Antworten unsere Vorstellungen nicht untermauern.

Diese Übung geht auf die »Kontakthypothese« des Psychologen Gordon Allport zurück, auf die Idee, dass man »Fremdgruppen« kennenlernen muss, weil die Nicht-Zugehörigkeit zu ihnen zu Fehlvorstellungen führen kann.

Allerdings sollte man dabei im Hinterkopf behalten, dass solche Begegnungen immer nur mit Individuen stattfinden. Wenn eine Annahme sich in Bezug auf eine einzelne Person bestätigt, muss sie trotzdem nicht auf die ganze Gruppe zutreffen. Nur weil du mal eine begeisterte Surferin aus Hawaii kennengelernt hast, heißt das nicht automatisch, dass alle Bewohner von Hawaii automatisch gern surfen.

Während meiner Reise, die mich wie bereits erwähnt auch zu Trump-Kundgebungen und anderen Veranstaltungen der Republikaner führte, habe ich diese Übung oft praktiziert. Vor dem Trip hatte ich bestimmte Annahmen über Konservative: dass sie sich nicht um wichtige globale Themen wie den Klimawandel scheren, dass sie ausnahmslos weiß und ungebildet sind und aus einem ländlichen Umfeld stammen. Meine Fahrt quer durchs Land, bei der ich mit Mitgliedern der großen konservativen Wählerschaft der

USA gesprochen und mehr Nähe hergestellt habe, ermöglichte es mir, den Checker zu geben.

Gleich in den ersten Unterhaltungen kam ich mit einem mexikanischen Einwanderer ins Gespräch, mit Menschen, die einen Hochschulabschluss hatten oder in einer großen Stadt lebten. Ich traf auch Republikaner, die den Klimawandel als echtes, großes Problem wahrnahmen und darüber tief besorgt waren – wie zum Beispiel eine Gruppe von Jägern, Anglern und Bauern, die sich im Pazifischen Nordwesten aktiv für Umweltschutz und einen verantwortungsvollen Umgang mit der Natur einsetzten. Mit anderen Worten: Ich konnte meine Annahmen nicht untermauern – meine vorgefassten Meinungen über Konservative stimmten nicht. Das half mir dabei, in meiner Tasse ein wenig Platz zu machen, um etwas Neues zu verstehen.

Wenn du selbst deine Annahmen auf Herz und Nieren prüfen willst, du aber aufgrund von Bremsschwellen wie der Entfernung keine Möglichkeit zu Gesprächen mit den entsprechenden Menschen hast, kannst du *Gib den Checker* als Gedankenspiel auch im Geiste der Neugier durchführen. Stell dir dafür Fragen wie folgende: *Woher stammt diese Annahme eigentlich? Und wieso entspricht sie vielleicht nicht immer der Wirklichkeit? Könnte ich sie ohne persönliche Begegnungen auf den Prüfstand stellen, zum Beispiel, indem ich online nach Geschichten suche, die meinen Ansichten widersprechen?*

Du könntest deine Annahmen ebenfalls dadurch durchleuchten, dass du den gegenteiligen Standpunkt einnimmst. Diese Technik wird oft von Studierenden der Rechtswissenschaften bei simulierten Gerichtsverhandlungen genutzt, in Debattierclubs oder beim Coaching von Führungskräften. Sie soll Menschen dabei helfen, Argumente für beide Seiten entwickeln zu lernen, statt sich nur mit der ihnen nahestehenden auseinanderzusetzen. Vielleicht befürchtest du zum Beispiel, dass du deine Freundschaften vernachlässigt hast, weil du mit Arbeit und Familie so beschäftigt warst. Dann ruf dir doch mal mindestens drei Gelegenheiten in Erinnerung, bei denen du in den letzten Monaten für andere da warst. Du wirst in vielen Fällen feststellen, dass deine Annahmen wenig begründet sind. Wenn deine Tasse nicht mehr ganz so voll ist, findet sich darin vielleicht Platz für eine differenziertere Perspektive auf die reale Situation.

ÜBERLASS DAS GEDANKENLESEN PROFESSOR X

Im Jahr 1997 konnte ein Team rund um den Psychologen Robin Dunbar diese außergewöhnliche Tatsache bestätigen: Niemand denkt so oft an dich oder spricht so oft über dich, *wie du glaubst*. Ihre Forschungsergebnisse zeigten, dass sich achtundsiebzig Prozent unserer Unterhaltungen vor allem um uns selbst und um unsere Wahrnehmung der Welt drehen.[35] Wenn du dich also für zu still hältst oder gerade einen Fleck auf deinem Hemd bemerkt hast, dann sei dir dessen bewusst, dass dein Umfeld vermutlich kaum darauf achtet. Das ist doch erleichternd, oder?

Aber Moment mal, was ist denn mit den verbleibenden zweiundzwanzig Prozent der Unterhaltungen, in denen unsere Mitmenschen tatsächlich über uns reden? Hier wird es interessant: Ich erinnere mich an eine Party, auf der ich von anderen Gästen umringt war, die ich nicht kannte. Im Laufe des Gesprächs machte ich eine Bemerkung, die ich selbst für witzig hielt, über die aber absolut niemand lachte. (Tatsächlich scheint das mein Schicksal zu sein, aber dies nur am Rande.) Plötzlich war die Stimmung gekippt. Ich zog mich unter dem Vorwand zurück, mir noch ein Glas Wein holen zu wollen, und verschwand still und leise im Bad, um dort das unbehagliche Gefühl abzuschütteln.

Den Rest des Abends hatte ich zwar Spaß, aber ich wurde einfach den Gedanken an diesen einen Moment nicht los. Ich ging davon aus, dass nach meinem Rückzug ins Badezimmer die anderen über mich geredet hatten, mich für seltsam und absolut nicht witzig befunden hatten. Das hatte vermutlich auch mit Erfahrungen aus meiner Vergangenheit zu tun (vor allem aus meiner Kindheit, in der ich *tatsächlich* oft als »unbeholfen« oder »merkwürdig« bezeichnet worden war, wenn ich witzig zu sein versuchte).

Als ich später von einer der Anwesenden auf eine andere Party eingeladen wurde, beschloss ich daher, nicht hinzugehen. Ich nahm an, dass ich mich dort wieder nur blamieren würde. Meine Überlegung war: *Warum soll ich zu einem Fest gehen, bei dem mich die Gastgeberin für einen komischen Typen hält?*

Wochen später lief ich ihr bei einer anderen Feier über den Weg.

»Hey, wir haben dich letztens bei der Party vermisst«, sagte sie.

Mir wurde klar, dass ich hier die perfekte Gelegenheit hatte, meine Annahme auf Herz und Nieren zu prüfen. Daher sagte ich: »Äh, kann ich dich mal was fragen?«

»Klar, was denn?«

»Ich denke die ganze Zeit, dass dieser eine Witz, den ich auf Marks Party gemacht habe, ziemlich peinlich war und dass mich danach alle für total unwitzig und ein bisschen merkwürdig gehalten haben«, gestand ich ihr.

Verwirrt schaute sie mich an.

»Ehrlich gesagt kann ich mich gar nicht daran erinnern, dass du an diesem Abend einen Witz gerissen hast«, erklärte sie. »Aber ich weiß noch, dass wir dich total sympathisch fanden. Es war toll, wie du von Gast zu Gast gegangen bist und so dazu beigetragen hast, dass sich alle wohlgefühlt haben. Wir waren echt begeistert von deiner positiven Energie und würden dich gern mal wieder dabeihaben!«

Hier stellte sich also heraus, dass die anderen *wirklich* an mich gedacht und über mich gesprochen hatten, aber nicht so, wie ich es mir ausgemalt hatte.

Auch wenn wir ein recht genaues Gespür für andere entwickeln können und ihre Worte, Gefühle und Körpersprache oft ziemlich korrekt interpretieren, können wir nicht wie Professor X von den X-Men per Telepathie in fremde Köpfe sehen. Wenn wir durch Gedankenlesen zu ergründen versuchen, was andere in Bezug auf uns empfinden, denken und reden, liegen zwischen unseren Annahmen und der Realität oft Welten. Studien haben gezeigt, dass wir doppelt so oft der Meinung sind, Personen aus anderen Gruppen würden uns nicht mögen, als das in Wirklichkeit der Fall ist.[36] Anders ausgedrückt: Wir schätzen die Meinung anderer über uns oft wesentlich negativer ein, als sie tatsächlich ist – das ist wissenschaftlich untermauert. Die Forscherin Samantha Moore-Berg untersucht, was andere unserer Meinung nach über uns denken. Fachleute nennen das *Metawahrnehmung.*

Eine tatsächliche Wahrnehmung könnte so aussehen: *Mein Kumpel findet, dass ich mich gestern wie ein Arschloch aufgeführt habe. Das weiß ich, weil ich ihn gefragt habe und er es mir heute Morgen in einer Textnachricht geschrieben hat.* Um eine Metawahrnehmung handelt es sich hingegen in folgender Situation: *Ich gehe davon aus, dass eine Freundin von mir mich für ein Arschloch hält, weil ich nicht bei ihrem wichtigen Konzert war. Bestätigt hat sie mir das allerdings nicht.* (Was wirklich zutrifft: Sie war zwar traurig und enttäuscht, für ein Arschloch hält sie mich deshalb aber nicht.)

Wenn wir zu wissen glauben, wie die Gefühle oder Gedanken anderer in Bezug auf uns aussehen, dann speichern wir das als abschließende Feststellung, die unserer Neugier ein Ende macht. Und da solche Annahmen oft negativer sind als die Wirklichkeit, kann sich so eine Denkweise auch negativ auf unsere Beziehungen und unser Selbstbewusstsein auswirken.

Die Folgen zeigen sich nicht nur in unserem eigenen Leben, sondern sind auf Ebene der ganzen Gesellschaft zu spüren. Schauen wir uns diesbezüglich mal die Forschung an, die Moore-Berg über politische Gräben hinweg durchgeführt hat. Sie konnte dabei zeigen, dass extreme Metawahrnehmung oft zu Feindseligkeit zwischen Demokraten und Republikanern führt. Tatsächlich überschätzen siebzig Prozent von sowohl Republikanern als auch Demokraten, wie sehr die politischen Gegner ihre Wählergruppe ablehnen oder entmenschlichen.[37] Zu diesem Ergebnis kam die Studie, die Moore-Berg zusammen mit der Organisation Beyond Conflict im Conflict Neuroscience Lab der University of Pennsylvania durchführte.

»Ja, es gibt durchaus auf beiden Seiten die Tendenz, die andere Gruppe nicht zu mögen und zu entmenschlichen. Allerdings schätzen Vertretende beider Seiten deren Intensität als etwa doppelt so hoch ein, wie sie in Wirklichkeit ist«, erzählte mir Moore-Berg.

Wie also unterziehen wir unsere fehlerhafte Gedankenleserei einem Faktencheck? Damit können wir bereits beginnen, *bevor* wir eine Unterhaltung mit jemandem anfangen. Sagen wir mal, dass du der bevorstehenden Weihnachtszeit und den Feierlichkeiten im Kreise der Familie mit Unbehagen entgegensiehst, weil dich deine Schwiegermutter deiner Meinung nach nicht mag. Durchlauf diese einfachen Schritte, bevor du mit ihr sprichst:

1. Identifizier die negative Metawahrnehmung: *Ich denke, dass mich meine Schwiegermutter für unfähig und faul hält, weil ich immer noch keine neue Arbeit gefunden habe.*

2. Mach dir bewusst, dass deine Annahme vermutlich übertrieben oder sogar ganz falsch ist (wie es die Wissenschaft gezeigt hat). Falls du doch richtigliegen solltest, dann ist das *nur jetzt* so, und nicht für immer. Deine Schwiegermutter kann ihre Ansicht über dich in Zukunft durchaus ändern.
3. Mach dir klar, dass es nicht nur *eine mögliche* Art und Weise gibt, dich zu sehen. Vielleicht hält sie dich tatsächlich für faul, *gleichzeitig* aber auch für einen witzigen und warmherzigen Menschen. Solche Überlegungen helfen dabei, in deiner Tasse Platz für positive Metawahrnehmungen zu machen, die womöglich parallel zu den negativen existieren.

Wenn du nach dieser Aufwärmphase gern etwas Gewagteres ausprobieren willst, denn geh doch zu deiner Schwiegermutter hinüber und fang ein Gespräch mit ihr an. Taste dich mit klaren Worten langsam zum Thema Metawahrnehmung vor, zum Beispiel so: »Ich habe in einem Buch gelesen, dass wir die Meinung anderer über uns selbst oft nicht korrekt und meistens viel zu negativ einschätzen. Ich bin ja nun seit einiger Zeit arbeitslos und male mir in Gedanken ständig aus, wie mich andere deshalb wohl sehen. Tatsächlich wüsste ich gern, was du darüber denkst, dass ich gerade keine feste Arbeitsstelle habe. Wärst du einverstanden, mit mir darüber zu sprechen?«

Behalte im Hinterkopf, dass nicht alle Menschen dazu bereit sind, über ihre Wahrnehmung von dir zu reden. Möglicherweise sind ihre Gedanken ihnen peinlich, sie befürchten, dass du mit der Wahrheit nicht umgehen kannst, oder haben einfach keine Lust darauf, sich auf diese Art und Weise mit dir auszutauschen. Und eventuell triffst du unterwegs auch auf ein paar Bremsschwellen. Es kann sein, dass deine Fragen höflich beantwortet werden, sich dir aber der Eindruck aufdrängt, dass das nicht die ganze Wahrheit ist oder wichtiger Kontext fehlt. Auch wenn das vielleicht stimmt, solltest du *keinen Druck machen*. Nur weil du dich aufs Zuhören eingestellt hast, muss nicht auch Bereitschaft zum Teilen vorhanden sein.

Dir mag es unproblematisch erscheinen, jemanden zu fragen, wie er oder sie dich wahrnimmt. Trotzdem kann es andere aus irgendeinem Grund triggern. Wenn jemand beschließt, sich dir gegenüber nicht zu öffnen, sagt das mehr über diese Person und ihr Bedürfnis nach Grenzen aus als über dich. Vielleicht lässt sich dein Gegenüber im Moment noch nicht auf diese Unterhaltung ein. Die Tür zu reiner Neugier zu öffnen, kann (für dich und auch die andere Person) möglicherweise trotzdem zu zukünftigem Wachstum führen.

Vorurteile ade!

Vor einiger Zeit hatten mein damaliger Partner Shanon und ich Karten, um in einer Kleinstadt in Minnesota auf einer Freiluftbühne in der Nähe eines Kasinos die Avett Brothers spielen zu sehen. Wir holten uns etwas zu trinken, hörten uns die Vorband an und kehrten dann ins Bierzelt zurück, bevor die Brothers auf die Bühne kamen. Während Shanon kurz auf der Toilette war, kam ich mit einem Fremden ins Gespräch, der mir sagte, dass er ein paar zusätzliche Tickets für den Bereich ganz vorne vor der Bühne hatte. Ich erwähnte, dass ich nicht allein, sondern in Begleitung da sei.

»Dann kommt doch beide zu uns nach vorne«, bot er an.

Shanon war begeistert, als ich es ihm erzählte. Die Avett Brothers waren nämlich eine seiner absoluten Lieblingsbands und er hatte sie noch nie aus nächster Nähe sehen können. Juchhu! Wir machten uns auf den Weg nach vorn und entdeckten dort den Typen mit seinen Freunden. Seine Augen wurden ganz groß, als er uns Hand in Hand näher kommen sah. Warum das so war, wusste ich natürlich nicht. Überraschte es ihn einfach nur, dass ich mit einem Mann statt einer Frau zusammen war, oder war das ein Anzeichen für Ekel und Homophobie? Ich befürchtete Letztes, konnte aber nicht hundertprozentig sicher sein. Das war ja nur eine unbegründete Annahme.

»Danke für die Einladung«, sagte ich. »Das ist die Lieblingsband meines Partners. Er freut sich total darüber, dass wir jetzt ganz vorne stehen!«

Der Mann, der sich eben noch so benommen hatte, als würden wir schnell gute Freunde werden, nickte bloß.

Die Avett Brothers kamen auf die Bühne und begannen zu spielen. Während eines langsamen, romantischen Songs streckte mein Freund die Arme nach mir aus, und wir standen eng umschlungen da, wie so viele andere Paare im Publikum.

Der Typ wandte sich zu uns und schnaubte missbilligend. »Hey, hört auf mit dem Scheiß.«

Ich kicherte und grinste ihn an, weil ich das für einen Witz hielt.

Aber da mischte sich einer seiner Kumpel ein: »Ihr habt's doch gehört. Lasst den Scheiß!«

Hastig rückte Shanon von mir ab. Da nur ein paar Meter von uns entfernt die Avett Brothers spielten, wollte ich die Typen nicht hier zur Rede stellen und eine Szene machen, daher versuchte ich, ihre Kommentare zu überhören. Jetzt standen wir einfach nur nebeneinander da und wiegten uns im Takt. Am Ende des Liedes gab ich Shanon einen Kuss.

»Oh, verdammt, nee!«, knurrte der Typ. »Wenn ihr noch mal so was abzieht, ist hier die Kacke am Dampfen.«

Ich lief krebsrot an, Adrenalin schoss durch meinen Körper, und ich konnte die Panik in Shanons Augen sehen. Wir schauten einander an und durchliefen schweigend den Prozess, den so viele von uns aus Situationen kennen, wenn sie wegen ihrer sexuellen Orientierung, Genderidentität, Behinderung, Hautfarbe, ihrem Glauben oder anderen nicht der Norm entsprechenden Eigenschaften bedroht oder angegriffen werden. Wir verließen den Bereich ganz vorne, kehrten zu unseren ursprünglichen Plätzen zurück und versuchten dort, den Rest des Konzerts zu genießen.

Die Situation rief mir in Erinnerung, dass sich unsere Gesellschaft innerhalb der letzten paar Jahrzehnte zwar entscheidend verändert hat – und Mitgliedern der LGBTQ+-Community seit 1980 weltweit immer mehr Akzeptanz entgegengebracht wird –, Homophobie aber weiterhin existiert.[38] Und das trifft leider erst recht für Transphobie zu (die der LGBTQ+-Organisation Human Rights Campaign zufolge ein historisch hohes Niveau erreicht hat).[39] Zugleich ist unsere Gesellschaft weiterhin von vielen anderen problematischen, auf Vorurteilen beruhenden Einstellungen geprägt, wie zum Beispiel von Rassismus, Sexismus, Frauenfeindlichkeit, Klassismus und der Diskriminierung übergewichtiger Menschen.

Vorurteile sind ähnlich wie Annahmen. Bei beiden wird verurteilt, es fehlt der Faktor Neugier und die einen fördern die anderen. Vorurteile entstehen durch eine Ansammlung von Annahmen. Sie beeinflussen, wie wir uns fühlen oder mit anderen umgehen, oft auf negative Art und Weise. Anders als Annahmen sind Vorurteile so tief in uns verankert und spulen sich so automatisch ab, dass wir sie unter Umständen selbst gar nicht wahrnehmen.[40] Das macht es viel schwieriger, sie auf den Prüfstand zu stellen. Eine *Annahme* wäre zum Beispiel, beim Anblick einer Person mit japanisch anmutenden Gesichtszügen davon auszugehen, dass diese Person aus Japan stammt. Ein *Vorurteil* wäre, wenn wir beim Anblick einer Person mit japanisch anmutenden Gesichtszügen automatisch denken, dass diese Person etwas Feminines an sich hat, unterwürfig, schüchtern und gehorsam ist. Viele unserer Vorurteile sind durch den Kontext unserer Familie oder Kultur seit unserer Kindheit fest in uns verwurzelt. Da sie sich von klein auf entwickeln und im Laufe unseres Lebens noch verstärkt werden, erfordert es große Anstrengung, dagegen anzugehen. Wie ich weiter oben schon einmal erwähnt habe, ist Loslassen ein lebenslanger Prozess.

Es gibt zwei Arten von Vorurteilen: bewusste und unbewusste. Wie sich bei dem erwähnten Konzert die homophoben Männer mir und meinem Partner gegenüber verhalten haben, deutet auf ein Vorurteil hin, dessen sie sich bewusst waren. Ähnlich verhält es sich mit Sportmaskottchen, deren Namen die amerikanischen Ureinwohner ihrer Würde berauben, der Diskriminierung Schwarzer auf dem Wohnungsmarkt und der bewussten Kleinhaltung von Frauen am Arbeitsplatz. Wenn du dich dafür entschieden hast, dieses Buch zu lesen, dann gehörst du vermutlich nicht zu den Menschen, die bewusste Vorurteile weiter aufrechterhalten wollen. Aber wir tragen alle unbewusste Vorurteile in uns, die weniger offensichtlich und daher noch heimtückischer sind.

Unbewusste Vorurteile haben Einfluss auf unseren Blickkontakt, unsere Körperhaltung und andere Formen nonverbaler Kommunikation. Die Menschen, mit denen wir zu tun haben, bemerken dies durchaus und fühlen sich dadurch verletzt oder zumindest unfair behandelt und unbehaglich. Nehmen wir folgendes Beispiel: Jemand betritt in der Firma eines potenziellen Kunden einen Meetingraum, in dem zwei Personen sitzen, ein älterer Mann und eine viel jüngere Frau. Der Neuankömmling geht – wegen ihres Geschlechts und Alters – davon aus, dass die Frau in der Firma weniger zu sagen hat, und spricht daher nur mit dem älteren Mann, zeigt sich begeistert über die mögliche zukünftige Zusammenarbeit. Dieser Person ist dabei nicht klar, dass sie die Frau links liegen lässt und sich nur auf den älteren Mann konzentriert, bis sich die Frau ein paar Minuten später als leitende Angestellte und den Mann als ihren Assistenten vorstellt.

In diesem Szenario wurden bei der hinzugekommenen Person zwei unbewusste Vorurteile sichtbar: Sie war zum einen davon ausgegangen, dass es sich bei einer jungen Frau um eine unwichtige Berufsanfängerin handeln muss, zum anderen davon, dass vor allem Menschen mit Macht Aufmerksamkeit verdient haben. (Das ist übrigens eine wahre Geschichte, bei der dieser Person das Geschäft entgangen ist, weil sich der Kunde für die Konkurrenz entschieden hat.)

Selbst diejenigen von uns, die strikt gegen Rassismus, die Diskriminierung alter oder behinderter Menschen, Sexismus, Homophobie, Transphobie oder andere Formen von Hass sind, haben dennoch unbewusste Vorurteile, die sie ständig identifizieren und hinterfragen sollten. Die Forschung hat gezeigt, dass unsere Vorurteile von unserem kulturellen Umfeld beeinflusst werden – zum Beispiel von den Nachrichten, die wir lesen, und von dem, was wir in den sozialen Medien sehen. Eine unter anderem von Temple Northup geführte Studie kam zu dem Ergebnis, dass die Vorurteile von Zuschauenden gegen bestimmte Bevölkerungsgruppen wachsen, wenn diese im Fernsehen oft als Kriminelle präsentiert werden. Das ist in den lokalen Medien der USA überdurchschnittlich oft bei schwarzen Menschen der Fall, wodurch mehr Vorurteile ihnen gegenüber entstehen.[41] In Österreich gibt es eine ähnliche Tendenz in Bezug auf Ausländer und ihre Darstellung in Boulevardzeitungen.

Deshalb kann ich das gar nicht oft genug betonten: Sich von Vorurteilen freizumachen, ist harte Arbeit. Über dieses Thema sind ganze Bücher und auch so einige Forschungsarbeiten geschrieben worden, auch solche, die zeigen, dass Achtsamkeitsübungen – wie die Konzentration auf unsere Atmung – uns dabei helfen können, unbewusste Vorurteile auf den Prüfstand zu stellen.[42]

Leider fallen Achtsamkeitsübungen nicht jedem leicht, auch mir nicht. Daher möchte ich hier als Alternative eine Übung vorschlagen, durch die wir Menschen als Individuen (statt nur als zu einer Gruppe gehörig) sehen und nach Gemeinsamkeiten mit ihnen suchen können. Ich spreche in diesem Zusammenhang vom »Salatschüsseleffekt«.

DER SALATSCHÜSSELEFFEKT

Manchmal wird gesagt, dass ein Land mit so vielen unterschiedlichen Menschen wie die USA ein »Schmelztiegel« der Kulturen ist. Diese Metapher legt aber nahe, dass darin die unterschiedlichen Identitäten zu einem Brei der Gleichförmigkeit verrührt werden. Ich bevorzuge daher die Metapher der Salatschüssel. In ihr kommen ganz unterschiedliche Arten von Gemüse zusammen, die mit ihren verschiedenen Aromen und Texturen später im Mund zu einer Geschmacksexplosion führen. Im Salat wird die Einzigartigkeit der unterschiedlichen Zutaten (oder in diesem Fall, Menschen) gewürdigt, gleichzeitig besteht aber kein Zweifel daran, dass das Ergebnis besser ist als nur die Summe seiner Teile. Ganz nebenbei bemerkt: Die Forschung hat herausgefunden, dass es uns beim Bekämpfen unserer Vorurteile helfen kann, über Gemüse zu sprechen.

Die Psychologinnen Mary Wheeler und Susan Fiske haben in einer Studie weiße Testpersonen die Gesichter von schwarzen Menschen in zwei Gruppen einteilen lassen, je nachdem, ob sie jünger oder älter als einundzwanzig wirkten. Dabei konnten Wheeler und Fiske eine Zunahme der Aktivität in der Amygdala beobachten, einem mit Angst und einem Gefühl des Bedrohtseins in Verbindung stehenden Bereich des Gehirns.[43] Als die weißen Versuchspersonen gefragt wurden, was für Gemüse die Menschen auf den

Fotos vermutlich lieber essen – Brokkoli oder Möhren –, zeigten sich nicht die gleichen Ausschläge in der Aktivität der Amygdala. Wheeler und Fisk zufolge sahen die Testpersonen die Menschen auf den Bildern, als sie über deren Gemüsevorlieben nachdachten, eher wie Individuen mit eigenem Geschmack statt nur als Zugehörige einer einheitlichen Gruppe. Anders ausgedrückt: Wenn wir jemanden als Individuum mit eigenen Vorlieben wahrnehmen, statt unser Augenmerk nur auf seine Gruppenzugehörigkeit zu richten, dann können wir damit die Art von Vorurteilen vermeiden, die das Angstzentrum unseres Gehirns aktivieren.

Das ist generell empfehlenswert: Wenn du eine Person kennenlernst oder kennst, die sehr anders ist als du, kannst du sie für dich zum Individuum machen, indem du Informationen über etwas für sie Typisches einholst. Frag sie zum Beispiel, welches Gemüse sie gern isst: *Stehst du eher auf Brokkoli oder Möhren?* (Ich gehöre ja zum Team Möhren!) Das muss nicht unbedingt in einem direkten Gespräch stattfinden – es kann nämlich zu peinlichem Schweigen führen, wenn wir jemandem in einer geschäftlichen Besprechung nach seinem Lieblingsgemüse fragen (glaub mir, ich hab's ausprobiert). Du kannst Menschen auch allein durch deine Vorstellungskraft zu Individuen machen. Überleg vor einem Gespräch mit einer Person, die dir ganz anders als du selbst vorkommt, ob sie wohl eher zur Möhren- oder Brokkolifraktion gehört. Ob du damit richtigliegst oder nicht, ist eher unwichtig – entscheidend ist hier, diesen Menschen als Individuum mit persönlichen Eigenschaften und Ticks wahrzunehmen, die ihn einzigartig machen.

Dieser kleine Kniff führt zu dem, was ich als Salatschüsseleffekt bezeichne. Er mindert die Aktivität der Amygdala und führt zu weniger Angst bei der Begegnung mit einer Person, die deiner Meinung nach ganz anders ist als du. Und denk immer daran: Du merkst vermutlich gar nicht, gegen welche Menschen du un-

119

bewusst Vorurteile hegst, und du weißt darüber hinaus gar nicht, welchen zahlreichen unterschiedlichen Gruppen jemand angehört. Daher ist es keine schlechte Idee, diese kleine Übung jedes Mal durchzuführen, wenn du neuen Leuten begegnest. Und wenn sie auf deine Frage antworten, dass sie generell kein Gemüse mögen, dann kannst du sie nach anderen Vorlieben fragen. Machen sie lieber Strand- oder Wanderurlaub, mögen sie lieber Milchschokolade oder Zartbitter?

Menschen als Individuen mit ganz eigenen Vorlieben zu sehen, ist eine Möglichkeit, Vorurteile zu bekämpfen. Das können wir aber auch tun, indem wir unsere eigene Identität in einen größeren Zusammenhang stellen, den wir mit mehr Menschen teilen.[44] Studien weisen darauf hin, dass dadurch nicht unbedingt wegfällt, was uns voneinander unterscheidet, es aber dabei hilft, Vorurteile auf den Prüfstand zu stellen. Dadurch lösen wir uns nämlich von unserer »Wir gegen sie«-Mentalität, durch die wir Menschen in unterschiedliche Gruppen einsortieren, und bewegen uns in Richtung eines gemeinsamen »Wir«, das uns alle enthält. Während eine Person aus deinem Bekanntenkreis vielleicht ganz andere politische Ansichten hat, engagiert ihr euch beide aktiv in der Nachbarschaft. Mit jemand anderem verbindet dich die Tatsache, dass ihr ganz in eurer Elternrolle aufgeht, auch wenn ihr in Bezug auf den Finanzplan der Schule nicht einer Meinung seid. Das mag banal klingen, aber tatsächlich gibt es zwischen dir und anderen Menschen viel mehr Gemeinsamkeiten als Unterschiede.

Für eine Untersuchung arbeitete ein britisches Forschungsteam mit Fans des Fußballvereins Manchester United.[45] Sie beauftragten einen Schauspieler damit, an jedem einzelnen vorbeizujoggen und eine Verletzung vorzutäuschen. Keiner von ihnen wusste, dass diese Situation mit zur Studie gehörte. Der Jogger trug entweder ein Trikot von Manchester United oder eins vom Erzfeind Liverpool Football Club. Die Forschenden konnten feststellen, dass die Versuchspersonen eher bereit waren, dem vermeintlich verletzten Jogger zu helfen, wenn er das Trikot des eigenen Vereins anhatte. Aber richtig interessant wurde es erst bei einem weiteren Experiment.

Im Rahmen dieser Studie betonte das Forschungsteam seinen neuen Teilnehmenden gegenüber zunächst ihre Identität im Rahmen einer größeren Gruppe – sie stellten nicht die Anhängerschaft eines konkreten Clubs in den Vordergrund, sondern, dass sie alle diese Sportart liebten. Dabei sprachen sie auch über die positiven Eigenschaften von Fußballfans. Durch den Schwerpunkt auf einer Identität als Fußballfans im Allgemeinen wurde an eine breitere Identität appelliert. Damit ordneten sich die Versuchspersonen in eine Gruppe ein, die *eine Ebene über* ihrer Identität als Fans eines konkreten Teams lag.

Die vor allem als *Fußballfans an sich* eingeschworenen Probanden halfen dem verletzten Jogger gleich oft, unabhängig davon, ob er ein Trikot von Liverpool oder von Manchester United trug. (Interessanterweise halfen sie einem Jogger ohne Fußballtrikot fast nie, was die Theorie der Forscher nur noch untermauerte.) Weil man sie an ihre Zugehörigkeit zu der größeren Gruppe der Fußballbegeisterten erinnert hatte, waren die Teilnehmenden allen Fußballfans gegenüber mitfühlender und hilfsbereiter, selbst den Anhängern des gegnerischen Teams.

Du kannst dir sicher denken, dass die Ergebnisse solcher Studien auch Konsequenzen für andere Bereiche des Lebens haben, in denen uns die Gesellschaft in Gruppen einteilt, zum Beispiel entsprechend unserer Religionszugehörigkeit oder unserer politischen Ansichten. Indem wir Identitäten erschaffen, die unsere Gemeinsamkeiten unterstreichen, können wir unsere Vorurteile den Fans des anderen Teams gegenüber entkräften. Mit anderen Worten: Es

reicht nicht, uns als unterschiedliche Sorten von Gemüse wahrzunehmen. Wir müssen uns auch in Erinnerung rufen, dass der ver-
dammte Salat aus uns allen zusammen besteht.

Und natürlich hat diese Studie auch gezeigt, dass du am besten
ein T-Shirt mit der Aufschrift ICH LIEBE SPORT tragen solltest,
wenn du vorhast, dich bei deiner nächsten Joggingrunde zu verletzen, und dann gern Hilfe hättest.

Mach mit der Kultur der Gewissheit Schluss

Meine Freundin und Kollegin Uma Viswanathan ist die Gründerin und Direktorin von New Pluralists, einer Initiative, die sich für
die gemeinschaftliche Finanzierung von Projekten über ideologi-
sche Grenzen hinweg einsetzt. Sie hat mir von einem im Jainismus
als *Anekantavada* bezeichneten Prinzip erzählt: Übersetzen könnte
man es grob gesagt mit *Leben in der Vielleichtheit*. Es geht dabei
um die Auffassung, dass nichts im Leben wirklich sicher ist, nichts
feststeht. Da sich alles ständig wandelt und unser Wissen immer
begrenzt ist, wird es daher als Form von Arroganz aufgefasst, wenn
wir uns zu sehr an etwas klammern, was wir als gegeben ansehen.

Das menschliche Gehirn ist ein die Zukunft vorhersagendes System, das natürlich gern Unklarheit und die Bedrohung durch das
Unbekannte vermeiden will. Und das können wir ihm kaum ver-
denken, schließlich ruft Ungewissheit Sorge, Beklemmung und
alle möglichen Ängste hervor, was sie für unser Gehirn unerträglich macht. Wenn wir in unserem Leben Brüche erleben oder Veränderungen durchmachen, wiegt uns Gewissheit in trügerischer
Sicherheit. Ziehen wir aus einer Stadt weg, die wir lieben, dann
versichern wir uns selbst, dass wir durch Besuche alle paar Monate
die Verbindung zu diesem Ort aufrechterhalten werden. Beim An-

treten eines neuen Jobs sagen wir uns, dass dieser auf jeden Fall besser sein wird als der vorherige. Das mindert die von Ungewissheit ausgelösten Emotionen, all das Unwohlsein und die Nervosität, und vermittelt ein Gefühl von innerem Frieden.

Die meisten von uns wollen der Ungewissheit in ihrem Leben keinen Platz einräumen, weil sie damit negative Begriffe wie *Chaos* und *Unbehagen* in Verbindung bringen. Dabei ignorieren wir aber, dass Ungewissheit auch der Ausgangspunkt für Veränderungen und Wachstum sein kann. Wenn wir im Zustand der »Vielleichtheit« leben, heißen wir unterschiedliche Möglichkeiten in unserem Leben willkommen. Es gibt dazu einen wunderbaren Satz von Friedrich Nietzsche: »[M]an muss noch Chaos in sich haben, um einen tanzenden Stern gebären zu können.«[46] Ein anderes Zitat von Joseph Campbell lautet: »*Wir müssen bereit sein,* das *Leben loszulassen,* das *wir* geplant haben, um das *Leben* zu leben, das auf uns wartet.«[47] Gemeint ist damit, dass wir erst dann richtig zu leben beginnen, wenn wir das Risiko eingehen, uns von vermeintlichen Gewissheiten zu lösen. Oder um es mit den Worten des Rappers Drake zu sagen: YOLO!

Um sich nicht mit Unbehagen und all den anderen emotionalen Reaktionen auf Ungewissheit auseinandersetzen zu müssen, verlegen sich manche Menschen auf ein »Sicherheitsverhalten«, wie die Psychologin und Autorin Elaine Fox es nennt. Das kann so aussehen, dass sie Listen anlegen, sich auf alles obsessiv vorbereiten, ständig Bestätigung von anderen suchen oder ihre Kinder oder Angestellten an der kurzen Leine halten. Du willst zum Beispiel vor der Zusage zu einer Party gern wissen, wer sonst noch alles kommt, du guckst vor der Entscheidung für ein Restaurant die Speisekarte von mehreren durch oder du überprüfst auf dem Weg zum Flughafen dreimal die Abflugzeit. Diejenigen von uns, die nur schlecht mit Ungewissheit umgehen können, sind normalerweise

Menschen, die sich ständig Sorgen machen und ein Leben voller Beklemmung führen. Dieses Sicherheitsverhalten vermittelt ihnen angesichts von unvorhersehbaren Situationen ein Gefühl von Sicherheit und Kontrolle.

Das ist durchaus nachvollziehbar und nicht unbedingt nur negativ. Vielleicht bleibt dir keine andere Wahl, als die Speisekarte von mehreren Restaurants durchzugehen, weil du eine Glutenunverträglichkeit hast. In manchen Situationen können solche Verhaltensweisen aber lähmend sein.

Gewissheit ist für Neugier nicht förderlich, weil sie verhindert, dass wir in unserer Teetasse Platz schaffen. Sie flüstert uns ein, dass wir uns gar nicht erst die Mühe machen sollten, neue Dinge auszuprobieren oder zu lernen, weil wir fest davon überzeugt sind, dass etwas wahr ist und immer wahr sein wird – was sollte das also bringen? Wenn du davon ausgehst, dass eine bestimmte Person oder Situation immer gleich sein wird, dann stellst du sie nie infrage und bist in Bezug auf sie auch nicht offen für Veränderungen. Das kann leicht zu Stillstand und Abstumpfung führen. Wenn du bei der anstehenden Familienfeier damit rechnest, dass eh alles wieder in Streit enden wird, suchst du erst gar nicht nach Mitteln und Wegen, Konflikte von vornherein zu verhindern – oder gehst vielleicht gar nicht erst hin. Wenn du sicher bist, dass du über deine Ehepartnerin alles weißt, dann gibt es keinen Grund dafür, ihr Fragen zu stellen oder zu ergründen, wie sie sich als Person weiterentwickelt.

Die Botschaft von Gewissheit ist außerdem: »Ich hab ja sowieso recht, deshalb hab ich gar keine Interesse daran, mir fremde Meinungen anzuhören.« Sie kann dazu führen, dass wir im Umgang mit unseren Mitmenschen überheblich rüberkommen, weil wir die Überzeugung ausstrahlen, dass wir *viel mehr* wissen als andere. Außerdem macht Gewissheit uns weniger einfühlsam. Wenn wir von vornherein davon ausgehen, dass jemand auf bestimmte

Art und Weise empfindet, dann machen wir uns gar nicht erst die Mühe, Fragen zu stellen und den anderen von seinen Erfahrungen berichten zu lassen.

Gewissheit kann auch in einer sich selbst erfüllenden Prophezeiung münden, die beeinflusst, wie sich das Leben entwickelt. Wenn du sicher bist, dass du dich nie wieder verlieben wirst, dann weist du womöglich alle Menschen zurück, die in romantischer Hinsicht Interesse an dir zeigen – obwohl du mit einem von ihnen eventuell ein fantastisches Abenteuer erleben oder sogar eine tolle Beziehung würdest führen können. Wenn du davon überzeugt bist, dass du deines Jobs eigentlich nicht würdig bist, entwickelst du vielleicht das Impostorsyndrom und sabotierst dich dadurch am Ende selbst. In beiden Situationen hätte es zu neuen, spannenden Möglichkeiten führen können, wenn du dich von deinen Gewissheiten gelöst hättest und neugierig gewesen wärst, statt allen Chancen von vorneherein die Luft abzuschnüren.

Es gibt in der Geschichte der Menschheit viele Beispiele dafür, dass der Abschied von Gewissheiten oft schwerfällt, die Gesellschaft davon aber stark profitieren kann. Nikolaus Kopernikus hat ungefähr im Jahr 1543 seine »heliozentrische Theorie« vorgestellt, die Idee, dass sich die Erde zusammen mit anderen Planeten um die Sonne dreht. Das erscheint uns heute wie eine ziemlich selbstverständliche Tatsache. Vor Kopernikus hatten die Menschen allerdings zweitausend Jahre lang geglaubt, dass sich alles um die Erde dreht. In der Zeit von Kopernikus propagierte die katholische Kirche weiterhin Aristoteles' alte geozentrische Idee, daher wurde Kopernikus weitestgehend ignoriert. Als Galileo Galilei im frühen siebzehnten Jahrhundert Teleskope benutzte, um die heliozentrische Idee zu beweisen, bäumte sich die Kirche empört auf und verurteilte Galileo wegen Ketzerei zu lebenslangem Hausarrest. Es waren noch einmal etwa hundert Jahre und theoretische Beweise von Wissenschaftlern wie Sir Isaac Newton nötig, bis die Gesellschaft sich von den alten Vorstellungen löste.

Heutzutage ist das heliozentrische Weltbild weithin akzeptiert, aber ich bin mir sicher, dass die Quantenphysik morgen irgendeine andere Theorie auf den Kopf stellen wird, die wir seit Langem für gültig halten. Eins wird durch die Geschichte jedenfalls deutlich veranschaulicht: Sich von althergebrachten Überzeugungen zu lösen, fällt genau wie uns Menschen auch Institutionen schwer, vor allem denjenigen, die an der Macht sind. Nicht zuletzt deshalb, weil Gewissheiten für Ruhe sorgen und ihnen die Autorität verleihen, durch die sie ihre Position halten können. Doch wenn wir uns weigern, bestimmte Gewissheiten aufzugeben, schaffen wir keinen Platz für neue Denkweisen und berechtigte Veränderungen, die uns, unseren Beziehungen und dem Fortschritt der Menschheit dienen können.

GIB'S DOCH ZU!

Ob im Sitzungssaal oder im Schlafzimmer: Zuzugeben, dass wir im Unrecht waren, ist schwierig. Deshalb vermeiden die meisten von uns es um jeden Preis. Allein zuzugeben, dass wir etwas nicht wissen, kann in uns schon ein Gefühl von Unsicherheit oder Beschämung auslösen. In einigen Kulturen wird es als Zeichen von Schwäche oder Dummheit interpretiert, etwas nicht zu wissen, daher klammern wir uns nur noch heftiger an Gewissheiten und ans Rechthaben. Wir geben nicht zu, dass wir schuld sind oder einen Fehler gemacht haben, weil wir das Gesicht wahren wollen.

Paradoxerweise kann einen gerade die Unfähigkeit, einen Fehler zuzugeben, arrogant rüberkommen lassen. Und Arroganz finden wir wohl bei niemandem toll, weder bei unseren Liebsten noch bei Führungskräften oder Leuten aus dem Freundeskreis. Bescheidenheit und Neugier sind ein viel besserer Weg, sich Respekt zu verdienen, weil uns diese Wesensmerkmale menschlicher wirken lassen – und andere sich dadurch besser mit uns identifizieren können. Außerdem stellen sie die Gruppe und Zusammenarbeit in den Mittelpunkt statt die Idee, dass eine einzige Person alle Antworten kennt.[48] Diese Charaktereigenschaften tragen zu einer Kultur des Vertrauens bei und ermöglichen es anderen, ebenfalls zu scheitern und ihre Fehler zuzugeben, was ein entscheidender Faktor für Kreativität, Erneuerung und Erfolg ist. In den vergangenen Jahren wurden die Eigenschaften und Vorteile eines als *intellektuelle Bescheidenheit* bekannten Konzepts wissenschaftlich erforscht.[49] Definiert wird es schlicht als *der Grad, bis zu dem Menschen einsehen, dass ihre Ansichten falsch sein könnten*. Den Untersuchungsergebnissen zufolge werden Menschen als freundlicher und mehr auf die Gemeinschaft orientiert wahrgenommen, wenn sie Fehler zugeben können; selten sieht man sie deshalb als weniger kompetent an.[50] Also kannst du dich unbesorgt von deiner Gewissheit verabschieden, dich im Zugeben üben und vor der Welt laut und deutlich verkünden: »Da hab ich falschgelegen!« Und es wird viele Situationen geben, in denen du falschliegst, auch im Umgang mit Menschen, die dir beruflich unterstehen, oder solchen, die du liebst. Grauenhaft, ich weiß. Aber du solltest diese Tatsache akzeptieren und sogar als etwas Gutes neu für dich definieren. Das hilft nämlich anderen dabei, dich in einem positiveren Licht zu sehen.

Wer problemlos Fehler zugibt, ist üblicherweise neugierig darauf, was andere Menschen ihm raten können, und kann seine eigenen Stärken und Schwächen realistischer einschätzen – beides sind klare Kennzeichen von Bescheidenheit. Ob dich dabei eher Kendrick Lamars Song *Humble* anspricht oder der heilige Augustinus, der uns zu Maßhalten und Demut anhält – Führungspersönlichkeiten aus Kultur und Philosophie preisen Bescheidenheit ein ums andere Mal als ganz entscheidend an, und zwar aus gutem Grund. Im Jahr 2016 wurden im *Journal of Positive Psychology* die überraschenden Ergebnisse einer Studie veröffentlicht, der zufolge intellektuelle Bescheidenheit sowohl mit negativen Aspekten wie Depression und innerer Unruhe als auch mit positiven Aspekten wie Glück und allgemeiner Zufriedenheit assoziiert werden.[51]

All denjenigen, die sich gern im Zugeben üben möchten, helfen drei Richtlinien dabei, sich von Gewissheiten zu lösen und einen Nährboden für tiefe Neugier zu schaffen:

1. »Okay, sprich weiter«
   Wenn jemand zu dir sagt, dass du unrecht hast, dann geh nicht sofort in die Defensive. Zeig dich stattdessen neugierig. Antworte »Okay, sprich weiter« und hör dir gut an, was diese Person zu sagen hat. Dadurch wirst du nicht nur empfänglicher für die Denkweise und das Feedback anderer, es kann auch deine Perspektive in Bezug auf bestimmte Themen oder Probleme erweitern. Wenn du dir auf »Da liegst du falsch« als Antwort »Okay, sprich weiter« angewöhnst, wirst du deine Gewissheiten auf den Prüfstand stellen, was zu mehr Neugier und weniger Streitlust führen wird.
2. Rück Lernen und Weiterentwicklung in den Mittelpunkt
   Wenn du Rechthaben mit Gewinnen gleichsetzt, machst du es dir selbst schwer, Fehler einzuräumen, denn kaum jemand steht gern als Verlierer da. Deshalb ist es so wichtig, Lernprozesse als *Gewinn* einzustufen. Auf diese Art und Weise richtest du dein Leben aufs Lernen aus, statt darüber Buch zu führen, wann du recht hattest und wann nicht.
   Dies wird auch durch eine Studie der Psychologinnen Carol Dweck und Karina Schumann untermauert. Sie haben heraus-

gefunden, dass Menschen eher für ihre Fehler einstehen, wenn sie an ihre Fähigkeit glauben, ihr Verhalten ändern zu können.[52] Oder anders ausgedrückt: Du solltest dir immer vor Augen halten, dass du nach einem Patzer dazu in der Lage bist, es in Zukunft besser zu machen. Dass du einen Fehler zugegeben hast, bedeutet noch nicht, dass du dich selbst als schlechten Menschen hinstellst.

Wenn ich früher mit meinem Therapeuten über meine Streitereien mit meinem damalige Freund sprach, sagte er immer: »Willst du recht behalten, oder willst du glücklich sein?«

3. Denk daran, dass Menschen fürs Vergeben gemacht sind

Ein weiterer Gedanke kann bei diesem Prozess hilfreich sein: Wenn wir zugeben, dass wir falschlagen, werden wir nicht nur als souveräner und freundlicher wahrgenommen, man wird uns unsere Fehler aller Voraussicht nach auch vergeben. Eine Studie der Psychologin Molly Crockett zeigt, dass Menschen von Natur aus die Tendenz dazu haben, anderen zu vergeben, selbst Fremden.[53] Möglicherweise liegt es daran, dass die Alternative wäre, einer Beziehung zu schaden, wodurch wir uns vielleicht selbst um einen Nutzen bringen würden. Wenn wir Fehler zugeben, besteht eine größere Wahrscheinlichkeit, eine Beziehung kitten oder aufrechterhalten zu können, als wenn wir es nicht tun.

Rein aus Neugier …

Wann hast du zum letzten Mal zugegeben, dass du unrecht hattest?

Wann hat zum letzten Mal jemand zu dir gesagt, dass er oder sie unrecht hatte?

Der positive Kreislauf des Loslassens

Manche Menschen verstehen unter *Loslassen*, dass sie sich dafür komplett von ihren Überzeugungen verabschieden müssen, vor allem tief verankerten. Das stimmt aber nicht. Wenn du Christ, Muslim oder Atheist bist, kannst du das auch weiterhin sein und trotzdem deine Ansichten über andere Religionszugehörigkeiten oder sogar deine eigene kritisch unter die Lupe nehmen. Du brauchst nicht dein Leben in der großen Stadt aufzugeben, um Menschen vom Land besser zu verstehen. Dich von dem zu lösen, was du zu glauben meinst, heißt nicht, deine Ansichten komplett über Bord zu werfen. Ich verstehe unter dem Begriff *Loslassen* vielmehr, dass wir unser Wissen hinterfragen, damit dieses Wissen und wir selbst uns weiterentwickeln können.

Und ja, die Arbeit an unserem Trio der Voreingenommenheit ist anstrengend, hat aber auch ihr Gutes. Annahmen, Vorurteile und Gewissheiten sind alle miteinander verknüpft. Wer daran arbeitet, sich von einem dieser Aspekte zu lösen, beeinflusst auch die anderen beiden. Wenn du deine Annahmen hinterfragst, stellst du vielleicht fest, dass du bei vielen Dingen nicht so sicher bist, wie du ursprünglich gedacht hast. Wenn es dir gelingt, ein bisher unbewusstes Vorurteil abzulegen, wirst du in Bezug auf die entsprechende Gruppe in Zukunft auch weniger Annahmen machen – und so weiter.

Als ich mich von der Annahme befreien konnte, dass ich es nicht wert bin, geliebt zu werden, entwickelte ich tiefe Neugier gegenüber der Liebe, die mir von Freundinnen und Freunden und meiner Familie bereits entgegengebracht wurde. So brachte das Loslassen eine Zunahme von Dankbarkeit mit sich, mehr Wertschätzung für das, was ich in meinem Leben bereits hatte. Es führte zu weniger Besorgnis und mehr Zufriedenheit, und ich fühlte mich mutig genug, um mich endlich um Dates zu bemühen, die in meiner ersten

Beziehung mündeten. Als ich meine durch seelische Wunden ausgelösten Vorurteile gegen Christen ablegte, fand ich dadurch einen neuen Zugang zu Gott. Als ich mich von dem Glauben freimachte, dass meine Stimme und meine Geschichten kein Gewicht haben, ergab sich für mich die Gelegenheit, dieses Buch zu schreiben.

Wenn wir loslassen können, blühen unsere Beziehungen auf. Indem wir unsere Annahmen anderen gegenüber aufgeben, ermöglichen wir es unseren Mitmenschen, sich uns so zu zeigen, wie sie wirklich sind. Sie fühlen sich nicht verurteilt, sondern wahrgenommen. Indem wir unsere Vorurteile ziehen lassen, lehnen wir andere nicht weiter ab, nur weil sie einer bestimmten Gruppe angehören. Stattdessen heißen wir sie willkommen und entdecken alle möglichen Gemeinsamkeiten – zum Beispiel die geteilte Begeisterung für Sport … und Möhren. Durch unsere Entscheidung, geliebten Menschen mit einem Gefühl von » Vielleichtheit« gegenüberzutreten, geben wir ihnen die Möglichkeit, sich zu ändern und zu etwas Neuem weiterzuentwickeln. Die mutige Praxis, loszulassen, verlangt von uns nicht, dass wir die Beziehungen aufgeben, die uns am wichtigsten sind. Stattdessen gibt sie ihnen die Chance, wirklich zum Leben zu erwachen.

Loslassen – Zusammenfassung

- Gib den Checker
  Find heraus, ob deine Annahmen stimmen oder nicht, indem du die Begegnung mit Menschen suchst, denen diese Annahmen gelten. Durch persönlichen Kontakt und Gespräche wirst du oft zu dem Schluss kommen, dass du mit deinen Annahmen falschlagst.

- Überlass das Gedankenlesen Professor X
Als Metawahrnehmungen bezeichnet man das, was andere *unserer Meinung nach* über uns denken – und da haben wir oft ein negatives und nicht zutreffendes Bild, weil wir in Wahrheit nämlich keine Gedanken lesen können. Versuch dieses Bild durch positive Metawahrnehmungen auszugleichen. Wenn du ganz mutig bist, kannst du die andere Person sogar fragen, ob deine Annahmen zutreffen oder nicht.
- Der Salatschüsseleffekt
Frag dich, wie dein Gegenüber wohl zum Thema Gemüse steht. (Mag es lieber Möhren oder Brokkoli?) Das hilft dir dabei, diesen Menschen als Individuum zu sehen, nicht nur als Mitglied einer bestimmten Gruppe. So vergegenwärtigst du dir, dass auch er seinen ganz eigenen Geschmack, seine eigenen Vorlieben hat, wie du. Du kannst auch nach Gemeinsamkeiten mit Personen suchen, die anders sind als du – wie beim Salat, den die unterschiedlichen Gemüsesorten zusammen ergeben.
- Gib's doch zu!
Sieh es als einen Akt intellektueller Bescheidenheit, Fehler einzugestehen, was zu besserer Kommunikation, glücklicheren Beziehungen, Führungsqualitäten und Zufriedenheit im Leben führt. Um dies zu erreichen, kannst du einfach sagen »Okay, sprich weiter«, wenn jemand dich darauf hinweist, dass du unrecht hast. Dadurch stellst du Lernen und Wachstum in den Mittelpunkt und rufst dir in Erinnerung, dass Menschen dazu gemacht sind, anderen zu vorgoben.

Kapitel 5
Absichtsvoll handeln

Trauer ist ein merkwürdiges Phänomen, sie trifft uns in unerwarteten Momenten und auf ganz unterschiedliche Art.

Acht Jahre nach dem Krebstod meines Vaters stand ich in Island auf einer improvisierten Bühne vor Litla-Hraun, dem größten Gefängnis des Landes. Ich war dort als Gastgeber einer Künstlerresidenz und hatte mich eigentlich darauf eingestellt, an einer Veranstaltung im Inneren des Gebäudes teilzunehmen. Ein Vorfall in letzter Minute hatte jedoch dazu geführt, dass sie aus rechtlichen Gründen in einer Entfernung von mindestens dreißig Metern vom Gefängnis stattfinden musste. Es war ein dunkler Winternachmittag, daher erhellten wir die Bühne mit den Scheinwerfern von zwei Autos. Für den Strom der Lautsprecher hatten wir Verlängerungskabel zu den Nachbarn gelegt. Mit einem Mikrofon in der Hand stand ich da und sah hinter den hellen Zellenfenstern die Silhouetten von Männern auftauchen. Ich holte tief Luft und begann, ein erst vor Kurzem von mir verfasstes Gedicht über den Gefängnisaufenthalt meines Vaters vorzulesen. Und in diesem Moment packte mich, inmitten wirbelnder Schneeflocken, eine ganz neue Art von Trauer.

Wir schrieben das Jahr 2018, und ich war ein paar Tage zuvor in Island eingetroffen, um alles für die zum dritten Mal stattfindende Saga Artist Residency vorzubereiten. Ich hatte mich 2014 während eines Fulbright-Stipendiums in Island verliebt und mit anderen zusammen eine neue Künstlerresidenz ins Leben gerufen, die im kleinen Ort Eyrarbakki stattfindet. Alle zwei Jahre verbringen dort ein Dutzend Kunstschaffende zehn Tage zusammen, um zusammenzuarbeiten, kreatives Neuland zu erkunden und ihre Werke mit der Gemeinschaft zu teilen.

Wie immer stand am Anfang dieser Residenz die Frage nach Zielen. Dafür setzten wir uns im Kreis zusammen und sprachen darüber, was wir hofften, mit einbringen und aus der Erfahrung mitnehmen zu können. Als ich an der Reihe war, platzte es aus mir heraus: »Ich hoffe, in dieser Woche werdet ihr alle, und auch ich, Heilung finden.«

Am nächsten Nachmittag unternahmen wir einen Spaziergang durch den kleinen Küstenort mit fünfhundert Einwohnern, den man in einer Viertelstunde durchquert hat. Zu unserer Rechten krachten die Wellen des Nordatlantiks ans Ufer, zu unserer Linken reihten sich hübsche Häuser aneinander. Am Rand der Stadt stand ein steril wirkendes Gebäude aus Stahl, das sich deutlich von den anderen unterschied. Es war dunkel und groß, hatte viel weniger Fenster und wirkte auf den ersten Blick wie eine Fabrik – allerdings eine mit Stacheldraht umzäunte. Bei dem Gebäude handelte es sich um die Strafanstalt Litla-Hraun und sie weckte das Interesse von zwei teilnehmenden Künstlerinnen, Romana Kassam und Florencia Sosa Rey.

Am Abend dieses Tages stellten sie die Idee vor, zusammen mit den Insassen Kunst zu machen und auszustellen. In Island scheint jeder jeden zu kennen, daher mussten wir nur ein wenig herumfragen, um herauszufinden, wie der Gefängnisdirektor hieß. Er fand die Idee faszinierend und bat uns, eine offizielle Anfrage einzureichen. Nur einen Tag später meldete er sich mit der Nachricht, dass der Vorschlag angenommen worden sei.

Ich hätte wegen dieser spannenden Zusammenarbeit begeistert sein sollen, was ich einerseits ja auch war. Doch ein anderer Teil von mir war nervös. Als Romana mich nach den Gründen dafür fragte, erklärte ich ihr, dass es mit meinem Vater zu tun hatte. Er hatte eine fünfjährige Gefängnisstrafe angetreten, als ich zehn gewesen war, und war kurz nach deren Ende gestorben. Was meine Beziehung zu meinem Vater, seine Gefängnisstrafe und seinen Tod anging, hatte ich mit nicht verarbeiteter Trauer zu kämpfen. Seit der Entlassung meines Vaters hatte ich keinen Fuß mehr in eine Strafanstalt gesetzt.

»Vielleicht könntest du ja etwas über deinen Vater schreiben und es im Gefängnis vortragen«, schlug Romana vor. »Das wäre doch der perfekte Moment dafür.«

An diesem Abend setzte ich mich hin, um mich an einem Gedicht über meinen Vater zu versuchen. Statt irgendjemanden damit beeindrucken zu wollen, versuchte ich mich dem Thema mit Neugier zu nähern. Und so legte ich zunächst eine Liste mit Fragen an, die ich immer noch zu meinem Vater und seiner Zeit im Gefängnis hatte. Ich schloss die Augen und beschwor gemeinsame Momente herauf – sowohl gute als auch schlechte. Dazu hörte ich Musik, die ich mit ihm in Verbindung brachte, und schaute mir auf dem Handy Fotos von ihm an.

Schließlich begann ich zu schreiben. Erinnerungen, Bilder und Gefühle strömten durch mich hindurch, weil ich mich mit der Absicht an die Arbeit gemacht hatte, meinem Dad und unserem Verhältnis zueinander mit Offenheit gegenüberzutreten. Ich arbeitete bis in die frühen Morgenstunden an dem Text, an einem ehrlichen Gedicht, das mir dabei half, meine Beziehung zu ihm zu verarbeiten.

Seitdem trage ich dieses Gedicht mit dem Titel *Dear Father* regelmäßig zu Beginn von Workshops vor, bei denen es um die

Heilung von »Vaterwunden« geht. Der Franziskanerpater Richard Rohr nennt sie eines der universellsten Leiden der Menschheit. Das Gedicht war für mich der Anstoß zu einer langen Reise, weil es mir einen neuen Blick auf meinen Vater ermöglichte und ich von da an andere Geschichten über ihn erzählte. Davor hatte ich mich eigentlich immer nur auf mein Gefühl der Verlassenheit konzentriert, auf die Sucht, durch die er im Gefängnis gelandet war, und auf seinen Tod. Die Erfahrung in Litla-Hraun ermöglichte es mir, mit diesen schmerzhaften Aspekten zu sein und mich gleichzeitig daran zu erinnern, was für ein wunderbarer Mensch er gewesen war: Der Vater, der für mich hoch oben in einem Mangobaum ein Baumhaus gebaut hatte, damit ich einen sicheren Rückzugsort hatte, wenn ich gemobbt geworden war. Der Vater, der leicht Freundschaften schließen konnte und jeden Menschen auf die gleiche sanfte, würdevolle Art und Weise behandelte. Der Vater, der an Außerirdische glaubte, der mir Schachspielen beigebracht und mich nach einer Runde Minigolf auf seine Schultern gehoben hatte. Der Vater, der als Erster dazu beigetragen hat, dass Neugier in meinem Leben eine große Rolle spielt.

Seit dem Tod meines Vaters hatte ich Hunderte von Gedichten geschrieben, bis zu *Dear Father* aber keins über ihn. Ich hatte Angst davor gehabt, was ich dadurch entdecken und wie ich mich dadurch fühlen würde. So ein Vermeidungsverhalten ist nichts Ungewöhnliches. Doch statt die Angst gewinnen zu lassen, war ich am Ende dazu in der Lage, mich aus neuer Perspektive mit meinem alten Schmerz, meinen Erinnerungen und der Beziehung zu meinem Vater auseinanderzusetzen. So gelang es mir, beim Trauerprozess Fortschritte zu machen und meinen Vater in einem größeren Zusammenhang zu sehen.

In solchen Momenten ist es wichtig, sich mental vorzubereiten und auch das passende Umfeld zu erschaffen, bevor man sich an die Arbeit macht. Genau wie eine anspruchsvolle Wanderung in der Wildnis oder der Kampf gegen den wichtigsten Gegner am Ende eines Videospiels erfordert auch innere Arbeit, dass wir planen und für die richtigen Umstände sorgen – damit wir dann *absichtsvoll* handeln können.

Absichtsvoll handeln: Entscheidend ist die Vorbereitung

Absichtsvoll zu handeln heißt in unserem Kontext, tiefe Neugier zielgerichtet zu praktizieren statt planlos und beliebig. Das ist wichtig, da uns tiefe Neugier nicht einfach so gegeben wurde – sie ist vielmehr etwas, wozu wir uns jeden Tag bewusst entschließen (oder eben nicht). Wenn wir unser Leben mit mehr tiefer Neugier bereichern wollen, wird sie irgendwann unsere Entscheidungen beeinflussen.

Ich definiere absichtsvolles Handeln für mich oft als »daran denken, daran zu denken«. Du solltest dir noch vor dem Handeln in Erinnerung rufen, dass du bewusst und voller Klarheit neugierig sein willst. Erwarte nicht, dass die Neugier ganz von allein in dein Leben strömt; sie ist nichts Passives, sondern muss bewusst aktiviert werden. Tiefe Neugier kommt deshalb zum Einsatz, weil du dich dafür entschieden hast. Du musst in deinem Leben also gezielt Platz für sie schaffen.

Mit der Vorbereitung auf tiefe Neugier ist es so ähnlich wie mit dem Stretching vor dem Sport. Den meisten Menschen ist durchaus bewusst, dass es wichtig ist, sich zu dehnen, um das Verletzungsrisiko zu reduzieren. Trotzdem macht es die Mehrzahl der Leute nicht! Obwohl die Wirksamkeit des Dehnens längst wissenschaftlich belegt ist, wird dieser wichtige Schritt übersprungen, weil er als Verschwendung von Zeit und Energie gesehen wird. (Dahinter steckt der Gedanke: *Wenn ich heute Morgen nur zwanzig Minuten habe, will ich die lieber komplett fürs Joggen nutzen!*) Abends humpeln wir dann mit schmerzerfüllter Miene herum, weil uns jeder Muskel wehtut.

So, wie wir uns vor dem Sport dehnen sollten, sollten wir uns in Sachen Sicherheit und Flexibilität ähnlich vorbereiten, bevor wir tiefe Neugier praktizieren. Statt uns kopfüber hineinzustürzen und die nächstbeste Person mit Fragen zu bombardieren, sollten wir für ein passendes Umfeld und die richtige Einstellung sorgen.

Diese Vorbereitung kann uns beruhigen und die Angst nehmen, bevor wir uns in eine Situation begeben, die uns vor (positive) emotionale Herausforderungen stellt – zum Beispiel bei einem ersten Date, während eines schwierigen Gesprächs im Büro oder bei einer Debatte mit Menschen aus dem gegnerischen politischen Lager. So beugt man nicht nur eigenem Unbehagen vor, sondern richtet auch alles auf eine erfolgversprechendere Begegnung aus.

Was wir von der Psychonautik lernen können: Umfeld und Einstellung

Wie bereitet man sich angemessen auf tiefe Neugier vor? Ich berate schon seit vielen Jahren Einzelpersonen, Gruppen und Firmen in Bezug auf diese einschüchternde neue Gewohnheit. Dabei gebe ich einen Rahmen vor, den ich mir von den neugierigsten Suchenden abgeschaut habe, die man sich nur vorstellen kann: von den Psychonauten.

Der Begriff *Psychonaut* wurde von dem Schriftsteller Ernst Jünger geprägt und die direkte Übersetzung des entsprechenden griechischen Wortes ($\psi\upsilon\chi o\nu\alpha\acute{\upsilon}\tau\eta\varsigma$) lautet *Segler durch Seele und*

Verstand. Ein Psychonaut ist jemand, der mit veränderten Bewusstseinszuständen experimentiert, hervorgerufen zum Beispiel durch Psychedelika wie psilocybinhaltige Pilze, um mit tiefer Neugier spirituelle Fragen und Konzepte wie den Sinn des Lebens auszuloten. Auf einen veränderten Bewusstseinszustand sollte man sich nicht leichtfertig einlassen, daher schaffen Psychonauten vorher die passenden Umstände, die ihnen bei ihrer Reise helfen, statt die Dinge dem Zufall zu überlassen. Sie lehnen es zum Beispiel ab, bewusstseinserweiternde Drogen im Rahmen einer wilden Party oder im Beisein von Fremden zu nehmen, denen sie nicht vertrauen. So einen Konsum erachten viele Psychonauten als verantwortungslos, weil er negative Folgen haben kann.

Wenn man heutzutage zu einer Zusammenkunft von Psychonauten geht – die entweder im Untergrund oder ganz offen stattfinden –, werden die »richtigen Umstände« oft mit einer Parole zusammengefasst, die Al Hubbard geprägt hat, ein früher Verfechter der bewusstseinsverändernden Droge LSD: *Umfeld und Einstellung.*

Mit *Einstellung* sind Gedanken und Gefühle gemeint, mit denen man auf die psychedelische Reise geht. Einem anstehenden Trip kann man mit Angst und Beklommenheit entgegensehen, oder voller Aufregung und Begeisterung angesichts all dessen, was man dabei lernen wird.

Umfeld bezieht sich hingegen auf den äußeren Kontext – auf Ort und Zeit, die Anwesenden und weitere äußere Faktoren. Dabei wird zum Beispiel darauf geachtet, dass sich die experimentierende Person an diesem Ort sicher fühlt oder dass vertrauenswürdige Menschen dabei sind, die sie unterstützen.

Seit den frühen 1950er-Jahren hat sich bei Studien immer wieder gezeigt, dass Umfeld und Einstellung stark beeinflussen, was für Erfahrungen jemand beim Konsum psychedelischer Drogen macht. Tatsächlich erhöht man bereits die Wahrscheinlichkeit für eine positive und bewusstseinserweiternde Erfahrung, wenn man sich mental darauf einstellt.[54] Das mag auf den ersten Blick überraschen, aber man braucht ja bloß einmal an den Placeboeffekt zu denken. Er zeigt, dass unser Gehirn problemlos Gefühle und Erfahrungen »aus dem Nichts heraus« heraufbeschwören kann.

In vielerlei Hinsicht ist unsere Reise der Neugier einem psychedelischen Trip durchaus ähnlich. (Ich muss allerdings zugeben, dass die Wahrscheinlichkeit einer einstündigen Unterhaltung mit einem Baum dabei geringer ist.) Bei tiefer Neugier handelt es sich im Prinzip um einen Trip in Richtung Geist und Seele – und dafür brauchst du nicht einmal an Zauberpilzen zu knabbern. Aber ohne die richtige mentale Einstellung und das passende Umfeld kann Neugier ziemlich herausfordernd und betrüblich sein.

Ich schlage hier nicht vor, psychedelische Drogen zu nehmen, um deine Neugier anzufeuern, sondern ich möchte dir in diesem Kapitel ein paar Übungen an die Hand geben, mit denen du auf die richtige Einstellung und das passende Umfeld hinarbeiten kannst. Durch diese Vorbereitung erhöhst du die Wahrscheinlichkeit für eine positive, bewusstseinserweiternde Erfahrung. Und das Beste von allem: Sie braucht sich nicht wie harte Arbeit anzufühlen, sondern kann spielerisch ablaufen.

Für die richtige Einstellung gibt es drei Übungen, über die du in diesem Kapitel mehr lernen wirst: *Der Türsteher deines Gehirns*, *Eine Liste mit bedeutsamen Fragen* und *Neugier visualisieren*.

Du wirst auch lernen, durch drei weitere Übungen das richtige Umfeld zu erschaffen: *Dein ganz eigenes Kuriositätenkabinett*, *Sich Neugier verpflichten* und *Wellen der Neugier*.

Eine Einstellung kultivieren, die der Neugier dient

Manchmal fühlen wir uns den Ereignissen um uns herum machtlos ausgeliefert. Doch die Entscheidung, die eigene Denkweise zu ändern, wirkt sich auch auf die Welt um uns herum aus. Das hat sich nicht nur durch persönliche Erfahrungen bestätigt, sondern es ist auch durch Forschung belegt und nicht so schwierig, wie manche befürchten.

Aber wie können wir zu einer von mehr Neugier geprägten Haltung finden, wenn wir zum Beispiel etwas daran ändern wollen, dass wir normalerweise nervös und selbstkritisch in berufliche Meetings gehen? Studien zeigen uns dafür mehrere Möglichkeiten auf. Die in diesem Teil des Buches vorgestellten Übungen sind unter all den von mir ausprobierten die einfachsten und zugleich effektivsten. Sie rücken Neugier gedanklich in den Vordergrund, richten unser Gehirn eher auf Fragen als auf Antworten aus und zapfen die uns angeborene Vorstellungskraft an, um uns auf Begegnungen vorzubereiten, für die wir unsere Fähigkeit zur Neugier brauchen.

Was unserer Neugier schadet:
Rausch und Schlafmangel
Alkohol beeinflusst unser Gleichgewicht und Gedächtnis, unser Sprach- und Urteilsvermögen. Er kann dazu führen, dass wir uns verletzen oder anderweitig Schaden nehmen, und wird selten wie eine bewusstseinserweiternde Droge genutzt – für eine Reise zu Selbsterkenntnis, Verbundenheit und Erkenntnis. Unter den Übeltätern, die unseren Geist trüben können, gehört Alkohol zu den wichtigsten.

Unsere mentale Verfassung ist auch dann nicht ideal, wenn wir zu wenig geschlafen haben. Tatsächlich haben wissenschaftliche Untersuchungen gezeigt, dass die Effekte von Schlafmangel denen des Alkoholrausches ähneln und auf vergleichbare Art und Weise unsere Leistungsfähigkeit bei Tätigkeiten wie Autofahren vermindern.[55]

Wer ständig bechert oder wegen Gamen nicht genug Schlaf bekommt, kann kaum erfolgreich Sport treiben – und so ähnlich ist es beim Thema Neugier auch. Jedes Mal, wenn mir jemand erzählt, dass sie oder er bei einem Familienessen Schwierigkeiten hatte, auf tiefe Weise neugierig zu sein, und das Essen mit Geschrei geendet hat, frage ich: »Welche Rolle hat dabei der Alkohol gespielt? Wie hast du in der Nacht davor geschlafen?«

DER TÜRSTEHER DEINES GEHIRNS

Vor Kurzem hab ich mir ein neues Auto gekauft, einen Subaru Crosstrek aus dem Jahr 2018. Ich hab ihn Joy genannt, weil ich zu den Menschen gehöre, die ihren Besitztümern Namen geben. Außerdem hab ich mich für die Farbe Orange entschieden, weil sie ungewöhnlich ist und ich als typischer Vertreter des Sternzeichens Löwe gern der einzige weit und breit mit einem orangefarbenen Auto sein wollte.

Ich unterschrieb den Kaufvertrag, mit dem ich mich zur Abzahlung über vier Jahre verpflichtete, und ließ mir vom zufriedenen Gebrauchtwagenhändler die Schlüssel überreichen. Dann setzte ich mich in Joy, fuhr vom Parkplatz und erreichte bald die erste Ampel. Als neben mir ein anderes Auto hielt, nahm ich verblüfft zur Kenntnis, dass es sich ebenfalls um einen orangefarbenen Subaru Crosstrek handelte. *Das gibt's doch nicht!*, dachte ich. *Bestimmt ist das ein Zeichen.* Ich lächelte und winkte dem anderen Fahrer überschwänglich zu, der mich geflissentlich ignorierte.

Nach zehn Tagen drängte sich mir eine furchtbare Erkenntnis auf: Plötzlich schienen um mich herum *alle* orangefarbene Subaru Crosstreks zu fahren. Wohin mein Blick auch fiel, tauchten sie – *zack, zack, zack* – einfach überall auf. Irgendwann winkte ich nicht mehr grinsend, sondern wurde immer geknickter. Ich hatte dieses Auto gekauft, weil ich es für quasi einzigartig gehalten hatte, jetzt war es aber nichts Besonderes mehr.

Woher kamen mit einem Mal all diese orangefarbenen Subaru Crosstreks? Hatte es direkt nach meinem eigenen Kauf plötzlich einen Boom gegeben? Nein, ganz und gar nicht – tatsächlich zeigen Statistiken, dass Orange weiterhin eine ungewöhnliche Farbe für Autos ist. Die Veränderung hatte vielmehr in meinem Kopf stattgefunden. Vor dieser Anschaffung hatte mein Gehirn den Anblick von orangefarbenen Subaru Crosstreks nicht als wichtige Information eingestuft, daher war davon nichts in mein aktives Bewusstsein vorgedrungen. Nach dem Kauf von Joy hatte mein Gehirn entschieden, dass dieses Detail für mich wohl wichtig sein muss und ich deshalb darauf achten sollte.

Ob wir nun wollen oder nicht – diesem Phänomen kann sich niemand widersetzen. Wir kaufen etwas und entdecken es mit einem Mal überall, fühlen uns durch ein bestimmtes Wort oder Zitat angesprochen und stolpern im Anschluss ständig darüber. (Sei also nicht überrascht, wenn neuerdings vermehrt der Begriff *Neugier* auftaucht.) Mir hat mal jemand erzählt, dass Frauen plötzlich überall Schwangere sehen, wenn sie selbst ein Kind erwarten. Manchmal haben wir in solchen Situationen den Eindruck, dass uns das

Universum etwas mitteilen will, dass unsere Intuition alle Sinne für etwas Bestimmtes schärft. Tatsächlich hat es etwas mit einem etwa fünf Zentimeter langen Nervenbündel im Hirnstamm zu tun, dem aufsteigenden retikulären Aktivierungssystem oder ARAS.

Nachts hilft uns das ARAS beim Ausblenden äußerer Reize, damit wir im Schlaf wirklich zur Ruhe kommen. Wenn wir wach sind, wird unser Gehirn von einer Unmenge an Sinneseindrücken bombardiert. Dann wirkt das ARAS als Filter, der manche Informationen durchlässt und andere aussortiert.[56] Das ARAS ist im Prinzip ein Wächter am Eingangstor, der zu uns sagt: *Pass auf, das hier ist wichtig. Das dort nicht, deshalb kannst du es ignorieren.*

Das ARAS ist also quasi der Türsteher unseres Wahrnehmungs-nachtclubs: Es checkt die Menge am Eingang und muss rasch Entscheidungen treffen. Ohne das ARAS könnten wir nicht funktionieren, weil wir von zu vielen Reizen überwältigt wären. Das ARAS ist also der Schlüssel zu unserem Überleben und unserer geistigen Gesundheit. Wenn ein LKW oder ein Bär auf uns zurast, dann konzentriert sich dein Gehirn voll und ganz darauf. In dieser Situation achtet es nicht mehr auf die Vögel, die über uns hinwegfliegen, auf im Wind raschelnde Blätter oder auf die Farbe der Blumen in einiger Entfernung – diese Informationen zählen in diesem Moment nicht. Stattdessen versetzt das ARAS unser Bewusstsein in Alarmbereitschaft und sagt: *Konzentriere dich auf diese gefährliche Bedrohung und mach dich auf und davon!*

Hier kommt eine Übung, durch die du das ARAS in Aktion erleben kannst. Nimm dir einen Augenblick Zeit, sieh dich in deiner Umgebung um und achte auf alles, was orange ist. Such nach so vielen Objekten wie möglich. Nachdem du dein ARAS auf dieses Thema angesetzt hast, werden dir orangefarbene Gegenstände plötzlich besonders ins Auge springen. Und diejenigen, die der Beschreibung nicht entsprechen, werden in den Hintergrund treten.

Damit will ich nicht behaupten, dass du durch eine besondere Form der Aufmerksamkeit Dinge wie durch Zauberhand heraufbeschwören kannst. Wenn es um dich herum keine orangefarbenen Objekte gibt, dann wird dich dein ARAS nicht halluzinieren lassen, bis du welche siehst. Das ist eine wichtige Einschränkung. Manchmal wird nämlich die Existenz des ARAS fälschlicherweise als Argument dafür benutzt, dass das »Gesetz der Anziehung« funktionieren muss. Damit meine ich hier die durch das Selbsthilfebuch *The Secret – Das Geheimnis* bekannt gewordene Behauptung, dass wir durch positive Gedanken positive Entwicklungen für unser Leben herbeiführen können.

Wie schon beim Erscheinen des Buches herrscht auch heute weiter Konsens darüber, dass das Gesetz der Anziehung unter die Pseudowissenschaften fällt. Ja, die Forschung hat gezeigt, dass positive Gedanken (wie zum Beispiel Selbstbejahung) zu neuer Selbstkompetenz führen können.[57] Dadurch werden aber nicht wie durch Magie positive Dinge angelockt – ebenso wenig, wie du in deiner Umgebung plötzlich orangefarbene Gegenstände erscheinen lassen kannst. Gut, nachdem das geklärt wäre: Das ARAS kann dir auf jeden Fall dabei helfen, bewusster auf die positiven Dinge zu achten, die in deinem Leben *immer schon* passiert sind, indem es sie in den Fokus rückt.

So, wie du das ARAS dazu bringen kannst, sich auf bestimmte Reize in deinem Umfeld zu konzentrieren, kann es für dich auch darauf achten, wie viele Fragen du in einer Unterhaltung stellst. Du hast sicher wie die meisten von uns schon mal ein fürchterliches erstes Date hinter dich gebracht, bei dem sich dein Gegenüber gar nicht für dich interessiert und die ganze Zeit nur über sich selbst geredet hat. So verbaut man sich schnell die Chance auf ein zweites Treffen, weil eine neue Verbindung zwischen zwei Menschen größtenteils dadurch entsteht, dass man sich füreinander interessiert und Fragen stellt. Deshalb lautet ein oft wiederholter Tipp für Verabredungen: *Zeig dich interessiert, statt dich interessant machen zu wollen.*

Um der anderen Person trotz deiner Aufregung mit Neugier zu begegnen, kannst du dein ARAS so programmieren, dass es auf die Anzahl der Fragen achtet, die du während des Dates stellst. Wenn du deinem Gehirn vermittelst, dass es sich dabei um eine wichtige Information handelt, dann wird es dir selbst eher auffallen. Hast du nach der Hälfte der Verabredung nur ganze zwei Fragen gestellt, wirst du vermutlich wie von selbst mit einem Satz wie »Aber genug von mir, erzähl doch mal: Was für Träume hast *du* für die Zukunft?« das Ruder herumzureißen versuchen.

Eine andere Möglichkeit für eine Umprogrammierung des ARAS besteht darin, konkrete Beispiele dafür aufzuschreiben, wie, wann und wo du dich gern neugierig zeigen würdest. Dafür werfe ich zum Beispiel am Sonntag einen Blick in meinen Kalender und gucke, was im Laufe der nächsten Woche an Meetings, Mittagessen mit anderen und Veranstaltungen geplant ist. Ich nehme mir für jeden Termin ein paar Sekunden Zeit, um im Beschreibungsfeld zu notieren, wie ich dort unter den gegebenen Umständen neugierig sein kann. Wenn am Mittwoch ein geschäftliches Mittagessen ansteht, schreibe ich mir zum Beispiel auf, dass ich dabei nicht nur Antworten teilen, sondern auch Fragen stellen will. Zum Treffen mit einem möglichen Kunden am Freitag notiere ich: *Ich möchte die Bedürfnisse und Wünsche meines Kunden in Erfahrung bringen und verstehen, nicht nur anpreisen, was ich zu bieten habe. Wenn sich der Standpunkt des Kunden (in professioneller oder persönlicher Hinsicht) von meinem unterscheidet, werde ich versuchen, offen zu bleiben.*

Dass es sinnvoll ist, solche Absichten schriftlich festzuhalten, wurde durch eine im *British Journal of Health Psychology* veröffentliche Studie wissenschaftlich belegt. Einundneunzig Prozent der Testpersonen, die mehr Sport treiben wollten, ihre Absicht konkret formulierten und schriftlich festhielten, wann und wie sie trainieren wollten, setzten ihr Vorhaben dann auch in die Tat um.[58]

Rein aus Neugier ...
In welchen Situationen würdest du im Laufe der nächsten Woche gern neugieriger sein? Vermerk auf einem Blatt Papier oder dem Handy Zeit, Ort und die Art und Weise, wie du dich gern neugierig zeigen würdest.

EINE LISTE MIT BEDEUTSAMEN FRAGEN

Wir leben in einer Kultur und einer Welt, die Antworten mehr Bedeutung zumisst als Fragen. Dinge zu wissen, wird als Stärke angesehen, Fragen zu stellen hingegen als Schwäche – vor allem an so konservativen Orten wie einem Großkonzern. Aber wenn wir uns in unserer sich schnell verändernden Welt mal mit Führungspersönlichkeiten an der Spitze von Unternehmen beschäftigen, entdecken wir bald eine Gemeinsamkeit bei ihnen: Sie alle haben keine Angst davor, Fragen zu stellen.

Nehmen wir zum Beispiel Pete Docter, den Kreativdirektor von Pixar. Er hat mir erzählt, dass er sich immer darum bemüht, in seine alltägliche Arbeit Fragen und Neugier einzubringen. Damit schafft er nicht nur eine positive Firmenkultur für seine Mitarbeitenden, es ist außerdem gut fürs Geschäft. Francesca Gino, Professorin an der Harvard Business School, konnte durch eine Studie zeigen, dass neugierige Führungskräfte, die mehr Fragen stellen, bei ihren Entscheidungen weniger Fehler machen. Darüber hinaus sind sie – sowohl in kreativen als auch in nicht kreativen Berufen – innovativer und arbeiten besser im Team zusammen.[59]

Trotz all dieser positiven Aspekte scheuen sich viele leitende Angestellte weiterhin davor, im Managementteam und unter den Mitarbeitenden eine auf Neugier fokussierte Denkweise zu fördern. Manche haben die Sorge, dass ihr Personal dann schwieriger zu kontrollieren sein wird, weil sie es dazu zu ermutigen scheinen, eigenen Interessen nachzugehen. Andere befürchten, dass so eine neugierige Grundhaltung die Art von Fragen mit sich bringt, die zu Spannungen und Konflikten führen, statt mit frischen Ideen neue Richtungen aufzuzeigen. Ginos Forschung hat allerdings belegen können, dass genau das Gegenteil der Fall ist. Neugier hilft den Angestellten dabei, mitfühlender zu werden und Interesse an den Vorschlägen anderer zu entwickeln statt nur an ihren eigenen, was eine gesunde Zusammenarbeit fördert. Weil Konflikte weniger hitzig ausgetragen werden, erzielen Teams bessere Ergebnisse.

Es gibt einen ganz einfachen und klaren Weg, um in Gruppen Neugier zu fördern: indem wir nicht nur Antworten geben, sondern zum Fragen ermutigen und sie belohnen.

Natürlich lässt sich nicht allgemein behaupten, dass alle Fragen grundsätzlich gut sind. Manche sind aggressiv oder beleidigend. Manchmal benehmen sich fragende Menschen auch anmaßend oder gehen auf die Nerven – wie die Person neben dir im Flugzeug, die einfach nicht kapieren will, dass du kein Interesse an einer Unterhaltung hast und dich ganz gern wieder deinem Hörbuch widmen würdest. Dann gibt es geschlossene oder zu simple Fragen, auf die nur einsilbig oder mit wenig Enthusiasmus geantwortet werden kann. Oder Suggestivfragen, mit denen jemand zu einer bestimmten Antwort bewegt werden soll, was eindeutig unter berechnende Neugier fällt. Es ist wichtig, persönliche Grenzen anzuerkennen und zu verstehen, was eine Frage bedeutsam macht statt nur seicht, manipulativ oder aggressiv.

Bei meiner Arbeit als Journalist, Designer und Sozialarbeiter habe ich gelernt, dass sich bedeutsame Fragen vor allem durch vier Kriterien von schwachen unterscheiden:

- Eine bedeutsame Frage ist eine offene Frage mit einem Fragewort wie *Warum* oder *Was*. Man kann auf sie nicht einfach mit Ja oder Nein antworten.
  - Schwach: »Du sagst also, dass der Kundin das Projekt nicht gefallen hat?«
  - Bedeutsam: »Warum war die Kundin denn nicht mit dem Projekt zufrieden? Was fehlt ihrer Meinung nach oder funktioniert so nicht für sie?«
- Die Frage entspringt wahrem Interesse oder echter Besorgnis.
- Wenn du eine Frage stellst, dir die Sache in Wirklichkeit aber egal ist, werden viele Leute das (zum Beispiel durch deine Körpersprache) merken. Selbst wenn dich das Gesprächsthema an sich nicht reizt, könntest du immer noch echtes Interesse für die Person aufbringen.
  - Schwach: »Wie war dein Urlaub?«
  - Bedeutsam: »Du weißt ja, wie sehr ich gutes Essen liebe. Was war während deines Urlaubs deine tollste Mahlzeit?«
- Die Frage ist der Beziehung der Personen angemessen. Wenn du jemandem bei einem beruflichen Meeting zum ersten Mal begegnest, ist »Wann hast du zum letzten Mal wegen des Tods eines geliebten Menschen geweint?« vermutlich nicht der richtige Einstieg. Tiefe Neugier ist dann besonders wirksam, wenn sich das Gegenüber durch sie verletzlich zeigen kann. Aber wie bedeutungsschwer die Frage sein darf, hängt auch von der Beziehung der Beteiligten zueinander ab.

- ○ Schwach: »Hey, mir völlig Unbekannte, was war das größte Trauma in deinem Leben, das immer noch wehtut?«
- ○ Bedeutsam: »Gab es mal jemanden, der dir in einer schwierigen Situation im Leben den Rücken gestärkt hat? Erzähl mir doch mehr über diese Person!«
- • Die Frage ist originell. Damit meine ich, dass du Klischees und Sprüche vermeiden solltest, die man immer wieder hört. Die Forschung hat gezeigt, dass wir neuen Reizen länger und aufmerksamer Beachtung schenken. Mit einer ganz neuen Frage ein bisschen frischen Wind in die Unterhaltung zu bringen, führt zu einer viel interessanteren Art des Gedankenaustauschs.
- ○ Schwach: »Womit verdienst du dir denn die Brötchen?«
- ○ Bedeutsam: »Wodurch fühlst du dich lebendig? Warum ist das so?«

Wenn du in manchen Momenten – zum Beispiel auf einer Familienfeier oder Party oder bei einem ersten Date – gern tiefe Neugier zeigen würdest, dir aber ein bisschen mulmig zumute ist, dann kann dir eine im Vorfeld erstellte Liste von bedeutsamen Fragen helfen. Du brauchst sie später nicht eine nach der anderen abzuarbeiten, aber allein die Übung, dir ein paar mögliche Fragen zu überlegen, kann sich auf die spätere Unterhaltung positiv auswirken.

Bei den oben genannten Beispielen geht es um Gespräche mit anderen. Es kann aber auch hilfreich sein, zunächst einmal nach bedeutsamen Fragen zu suchen, mit denen du deine Neugier nach innen lenkst und dich selbst besser kennenlernst. Stell die Fragen auf deiner Liste als Erstes dir selbst und beobachte gut, wie du dich dabei fühlst, bevor du sie an andere richtest. Dadurch wirst du ein besseres Gespür dafür entwickeln, wie andere Personen diese Fragen empfinden könnten, und du wirst dich auch wohler damit fühlen, sie zu stellen – und zu beantworten. Und damit kommen wir zu einem wichtigen

Punkt: Mute anderen nichts zu, womit du selbst nicht klarkommen würdest! Willst du auf eine bestimmte Frage nur ungern antworten, dann ist es vermutlich auch nicht angemessen, sie anderen zu stellen.

Wenn du dazu bereit bist, in die Welt hinauszuziehen, ist ein bisschen gesundes Unbehagen (sowohl bei dir selbst als auch bei deinem Gegenüber) normal. Denk daran, dass es zum Prozess dazugehört, und wähl den zum Kontext passenden Grad an Tiefgang. Bedeutsame Fragen führen zu einem Moment des Unbehagens, weil sie Ungewissheit mit sich bringen. Ruf dir die Bremsschwellen in Erinnerung und verlass dich auf die Fähigkeiten, die du im Zusammenhang mit dem Loslassen gelernt hast: Vielleicht glaubst du, dass du die Reaktionen anderer einschätzen kannst – tatsächlich hast du aber *keine Ahnung*, wie sich das Gespräch entwickeln wird.

Meiner Erfahrung nach führt mehr Vertrautheit zu weniger Unbehagen angesichts tiefschürfender Themen. Falls du es schwierig findest, direkt mit einer Frage von deiner Liste loszulegen, besonders zu Beginn einer Unterhaltung oder im beruflichen Umfeld, können lockere Einstiegsfragen den Weg für bedeutsamere ebnen und dabei helfen, die passende Einstellung für tiefe Neugier zu entwickeln.

Starterpack: Bedeutsame Fragen

Wenn wir in der Begegnung mit anderen Menschen nach außen gerichtete Neugier praktizieren, schalten wir oft unversehens in den Autopiloten und stellen Fragen seichter Neugier wie »Was gibt's Neues?« oder »Wie läuft's?«.

Gib dir deshalb einen Ruck und schreib diese Liste, damit du durch bedeutsame Fragen das Meiste aus einer Situation herausholen kannst, wenn sich die Chance zu tiefer Neugier bietet.

Erstell aber nicht einfach nur eine Liste und sieh die Sache damit als erledigt an – füg auch regelmäßig Neues hinzu und achte in deinem Alltag auf bedeutsame Fragen in Gesprächen. Die Liste kannst du entweder auf einem Zettel anlegen oder in einer Notizenapp, damit du sie immer dabei hast. Hier teile ich mit euch ein paar bedeutsame Fragen, die ich auf meinem Handy gespeichert habe:

- Was macht dir im Moment Freude?
- Was beschäftigt dich zurzeit emotional oder gedanklich am meisten? Warum?
- Erzähl mir mal von etwas Schönem und etwas nicht so Schönem von deinem Wochenende.
- Was erinnert dich an zu Hause?
- Gibt es Kleinigkeiten, mit denen du mehr Ruhe in deinen Alltag bringst und ihn dir erleichterst?
- Was würdest du im Leben gern wenigstens einmal tun?
- Was ist dein Lieblingswort? Warum findest du es so schön?
- Wer hat dir dabei geholfen, der Mensch zu werden, der du heute bist?
- Durch welche Fragen bekommst du normalerweise bedeutsame Antworten von anderen?

NEUGIER VISUALISIEREN

Als ich in der Highschool war, forderte uns der Trainer des Geländelaufteams auf, uns hinzulegen und die Augen zuzumachen. Dann bat er uns, die 5 Kilometer lange Strecke, die wir gleich zurücklegen würden, vor unserem inneren Auge heraufzubeschwören und dabei davon auszugehen, dass wir eine sehr gute Zeit erreichen würden.

»Ihr solltet jede einzelne Stelle bildlich vor euch sehen, jeden Hang und jede Kurve«, sagte Trainer Terauchi. »Stellt euch vor, wie ihr während des Rennens mit kräftigen, weit ausholenden Schritten lauft und auf dem letzten Stück vor der Zielgeraden noch ein paar Leute überholt.«

Im professionellen Training und in der Psychologie weiß man schon lange, wie wichtig die »Generalprobe im Kopf« ist. (Meine Highschoolzeit ist ja schon Jahrzehnte her ... Seufz.) Es ist belegt, dass wir bei einem sportlichen Wettkampf besser abschneiden, wenn wir unsere gute Leistung vorher innerlich vor uns sehen.

Das mag verrückt klingen, aber der Psychologe Alan Richardson konnte es in den 1960er-Jahren bei einem bemerkenswerten Experiment beweisen. Er untersuchte, ob es einem Basketballteam half oder es eher hemmte, wenn es seine Würfe auf den Korb von der Freiwurflinie aus vorher visualisierte. Dafür teilte Richardson die Studierenden, die sich für das Experiment gemeldet hatten, in drei Gruppen ein. Die erste Gruppe übte zwanzig Tage hintereinander Freiwürfe. Die zweite Gruppe übte die Freiwürfe nur am ersten und am zwanzigsten Tag. Die dritte Gruppe machte es wie die zweite, verbrachte zusätzlich aber jeden Tag zwanzig Minuten damit, sich *vorzustellen*, wie sie erfolgreich Körbe warf.

Am letzten Tag verglich Richardson bei den drei Gruppen die Anzahl der geworfenen Körbe am ersten und am letzten Tag. Er stellte eine vierundzwanzigprozentige Verbesserung bei der ersten Gruppe fest, was nicht verwunderlich war, da sie ja jeden Tag geübt hatte. Gruppe zwei hatte sich überhaupt nicht verbessert, was nicht überraschte, da sie kaum geübt hatte. Wirklich interessant wurde es bei der dritten Gruppe, die zwar jeden Tag die Würfe visualisiert, aber genau wie Gruppe zwei nicht in der Wirklichkeit geübt hatte: Sie hatte sich um dreiundzwanzig Prozent verbessert, also fast genauso viel wie die erste Gruppe.[60] Seit Richardsons Experiment konnten in weiteren Studien für andere Sportarten, wie Baseball oder Gymnastik, ähnliche Ergebnisse erzielt werden. Sie haben die Theorie untermauert, dass Visualisierungsübungen für die Verbesserung sportlicher Leistungen effektiv sind.[61]

So, wie du beim Sport dein gutes Abschneiden innerlich vor dir sehen und damit deine Leistungen verbessern kannst, kannst du dir auch vorstellen, wie du tiefe Neugier erfolgreich anwendest: indem du eine bedeutsame Frage stellst, aufmerksam zuhörst und für die Antwort der anderen Person offen bist. Wenn du ein bisschen Zeit darauf verwendest, Begegnungen voller Neugier innerlich vor dir zu sehen, wird das die Wahrscheinlichkeit erhöhen, dass sie sich in unterschiedlichen Situationen tatsächlich ergeben: in der Partnerschaft, bei der Arbeit, bei deiner spirituellen Suche und auch in der Beziehung zu dir selbst.

Da es manchmal hilfreich sein kann, von einer erfahrenen Person durch eine Visualisierung geführt zu werden, stelle ich auf meiner Internetseite dazu eine kostenlose Audioaufnahme auf Englisch zur Verfügung:

www.scottshigeoka.com/seek

Visualisierung Schritt für Schritt

In der hier vorgestellten Übung steht eine Person im Mittelpunkt, mit der du befreundet bist. Du könntest aber genauso gut ein Familienmitglied, jemanden von der Arbeit, deinen Lieblingsmenschen oder sonst jemanden nehmen, dem gegenüber du tiefe Neugier zeigen möchtest. Wichtig dabei: So eine Visualisierung solltest du vornehmen, bevor die tatsächliche Begegnung stattfindet. Du brauchst dafür einen Ort, an dem du dich wohl genug fühlst, um für zehn Minuten die Augen zu schließen.

- Such dir ein gemütliches Plätzchen und setz oder leg dich hin. Mach die Augen zu. Konzentrier dich auf deine Atmung. Nimm dir einen Moment Zeit und atme mindestens dreimal tief ein und aus. Jetzt denk an eine bald anstehende Begegnung, bei der du dich gern neugierig zeigen würdest, in unserem Beispiel ein Treffen mit einer Freundin oder einem Freund.
- Stell dir als Erstes den Moment der Begrüßung vor. Wo befindest du dich? Bei dir zu Hause oder in einem Restaurant? Sitzt, stehst oder liegst du? Was siehst, riechst oder hörst du?
- Visualisier, wie du dich der anderen Person gegenüber neugierig zeigst, und zwar auf liebevolle, vom Herzen ausgehende Art und Weise, die euch miteinander verbindet. Was machst du, um ihm gegenüber echtes Interesse zum Ausdruck zu bringen? Welche Art von Fragen stellst du? Mit was für einem Tonfall? Wie sieht dabei deine Körpersprache aus?
- Jetzt stell dir vor, dass dein Gegenüber auf die gezeigte Neugier positiv reagiert. Wie macht es das? Durch seine Mimik, indem es zum Beispiel lacht oder lächelt? Was tut oder sagt es, um sich im Gegenzug dir gegenüber neugierig zu zeigen?
- Konzentrier dich darauf, was du empfindest, während du deinem Freund oder deiner Freundin gegenüber neugierig bist. Wo in deinem Körper zeigen sich diese Gefühle? Geht zum Beispiel Wärme vom Herzen aus? Hast du ein Prickeln im Bauch?

- Stell dir dann vor, wie du der Person dir gegenüber dafür dankst, dass sie sich Zeit für dich genommen und dir Neugier entgegengebracht hat.
- Achte zum Schluss noch einmal einen Moment auf deine Atmung. Beobachte dich selbst wieder dabei, wie du mindestens dreimal tief ein- und ausatmest. Öffne langsam die Augen und kehr in die Wirklichkeit zurück.

Vor Kurzem habe ich mal eine Visualisierungsübung mit führenden Angestellten von Pixar durchgeführt und sie dabei gebeten, an eine Person aus der Firma zu denken, die für sie Neugier verkörpert. Sie sollten sich konkrete Dinge in Erinnerung rufen, die dieser Mensch gesagt oder getan hat, und sich dann vorstellen, wie sie sich in einer Begegnung mit anderen ähnlich verhalten könnten. Nach der Visualisierung kamen wir im Kreis zusammen, um uns über das Erlebte auszutauschen. Eine Person aus dem Team erzählte von einer Situation aus seiner Anfangszeit in der Firma, als ein Film besprochen werden sollte. Als der Regisseur nach der Vorführung um Feedback bat, sagte eine Frau: »Aber ich arbeite doch in der Buchhaltung.« Darauf erwiderte der Regisseur: »Sie wurden hier bei Pixar eingestellt, weil Ihre Stimme, Ihre Gedanken und Ideen zählen. Sie können diesen Film besser machen und ich will von Ihnen lernen.« Dadurch hatte diese Teilnehmer begriffen, dass vielleicht auch er die Meinung von mehr Menschen berücksichtigen und den Kreis der Personen, denen seine Neugier gilt, erweitern sollte.

Eine Visualisierungsübung hilft dir dabei, dich mental schon vor dem Beginn einer Unterhaltung auf tiefe Neugier einzustellen. Indem du die Erfahrung vor deinem inneren Auge heraufbeschwörst, gewinnst du Erkenntnisse darüber, was für Fragen du gern stellen möchtest oder wie du dich nonverbal in eine Unterhaltung mit einbringen kannst. So wie du eine Rede mehrmals übst, bevor du bei der Hochzeit einer Freundin oder bei einer Firmenveranstaltung zum Mikro greifst, solltest du auch Situationen voll tiefer Neugier vorher proben. Dadurch wirst du dich besser vorbereitet und selbstbewusster fühlen, wenn sich die Gelegenheit bietet, deine Fähigkeiten anzuwenden.

Für diejenigen, die nicht visualisieren können

Afantasie ist ein Phänomen, das geschätzt ein bis drei Prozent der Bevölkerung betrifft.[62] Wer daran leidet, hat kein bildliches Vorstellungsvermögen. Während die meisten Menschen vor ihrem inneren Auge Szenen, Gesichter oder Unterhaltungen heraufbeschwören können, gibt es eine kleine Gruppe, die nicht dazu in der Lage ist. Menschen mit Afantasie werden vermutlich nicht so sehr von Visualisierungsübungen profitieren.

Aber keine Sorge! Wenn das auf dich zutrifft, kannst du wie in einem Drehbuch den Dialog auf ein Blatt Papier schreiben, statt ihn dir in Gedanken auszumalen. Bei der mentalen Vorbereitung auf tiefe Neugier ist so eine schriftliche Vorbereitung genauso hilfreich wie eine Visualisierung.

Einen Nährboden für Neugier schaffen

Als ich an der University of Pennsylvania unterrichtete, veranstalteten wir ein Weiterbildungsprogramm für sogenannte Social Entrepreneurs, also im sozialen Bereich tätige Unternehmerinnen und

Unternehmer. Sie fanden an abgelegenen Orten statt, etwa einem Retreatzentrum in Costa Rica oder in den sanften Hügeln der Berkshire Mountains. Der Gedanke dahinter war: Wenn wir sie raus in die Natur bringen, dann können sie mal das Hamsterrad ihres Alltags hinter sich lassen, abschalten und wieder Zugang zu sich selbst bekommen.

Während dieser Veranstaltungen war eine meiner liebsten Übungen die, bei denen die Teilnehmenden sich die Schuhe ausziehen und ein Stück barfuß laufen sollten. Die einzige weitere Anweisung dazu lautete: Sie sollten versuchen, die Stimmen in ihrem Kopf bestmöglich dadurch zum Schweigen zu bringen, dass sie sich auf die Natur um sie herum konzentrierten. Ich bat sie, gut auf all das zu achten, was um sie herum vorging: *Welche Laute der Natur könnt ihr hören? Welche Tiere sehen? Wie fühlt sich der Boden unter den Fußsohlen an? Und die Sonne auf eurer Haut?* Dazu kamen gezieltere Fragen wie diese: *Wie viele Schattierungen von Braun könnt ihr an dem Baumstamm dort entdecken? Welche Formen in den Wolken?*

Am Ende der Übung brachen manche in Tränen aus.

»Ich kann mich nicht daran erinnern, wann ich das letzte Mal barfuß durchs Gras gelaufen bin«, sagte jemand in der Nachbesprechung.

Es handelte sich um eine ganz einfache Übung, die aber diesen ehrgeizigen Geschäftsleuten – die immer schwer beschäftigt waren, Teams zusammenstellten und Verkäufe abschlossen – dabei half, mal einen Gang runterzuschalten und ihre Neugier anzukurbeln. Mit dem Handy im Flugmodus half ihnen dieser ungewohnte Ort voller Vogelgezwitscher, einen Teil von sich selbst wiederzuentdecken, der bei der unerbittlichen Jagd nach Leistung und Erfolg verloren gegangen war. In dem neuen Umfeld betrachteten sie die Dinge aus einer neuen Perspektive, und es stieg an die Oberfläche, was wirklich wichtig war: Sein statt Tun.

Die Wirkung solcher Retreats hängt allerdings von mehr ab als nur von der passenden *Einstellung*. Wenn wir mit ihnen dasselbe Programm in einem Konferenzraum im elften Stock eines Gebäudes im Stadtzentrum abgespult hätten, hätten die Teilnehmenden nicht eine solche Erfahrung machen können. Sie wären mit ihren nackten Füßen über einen ekligen Teppichboden gelaufen statt durchs Gras. Draußen in der Natur zu sein, gab ihnen innere Weite und eine andere Perspektive, durch die sie tiefe Neugier auf ihre Arbeit und ihr Leben entwickeln konnten. In einem Bürogebäude wäre das nicht möglich gewesen. Das *Umfeld* ist also genauso wichtig.

Und diese Erkenntnis gilt nicht nur für Retreats. Selbst bei der Begegnung mit dem geliebten Menschen, mit jemandem aus der Familie oder dem Freundeskreis, solltest du gut darauf achten, wie sich die Umgebung und die äußeren Umstände auf die Landschaften deiner Beziehung und auf deine innere Seelenlandschaft auswirken. Wer den Grundstein für Neugier legen will, sollte ganz bewusst die passende Umgebung auswählen. Willst du ein Gespräch über die nächsten Schritte deiner Beziehung führen, dann denk daran, dass bei einem Picknick im Park eine ganz andere Stimmung herrscht als im Auto mitten im Stau. Manchmal sind auch Details wie die Temperatur oder Hunger wichtig. Vielleicht ist es draußen für ein Picknick eigentlich zu kalt, oder dein Schatz friert, weil ihr keine Decke dabeihabt oder er nicht passend angezogen ist. Dann wird er kaum aufmerksam zuhören, weil er die ganze Zeit daran denken muss, wie kalt ihm ist. Wenn jemandem der Magen knurrt, reagiert er auf deine Neugier vielleicht auch nicht wie erwartet, weil er eher auf den Gedanken ans Essen fixiert ist als auf die Worte, die aus deinem Mund kommen.

Im Laufe der letzten Jahrzehnte habe ich Musikfestivals, Re--treats für Führungskräfte, Teambuildingworkshops und Künstlerresidenzen ins Leben gerufen und geleitet. Dabei habe ich viel darüber gelernt, wie man am besten das Umfeld gestaltet, um Platz für Neugier zu schaffen. Mir ist klar geworden, dass sich die Suche nach Möglichkeiten für mehr Neugier im Rahmen eines Festivals nicht groß davon unterscheidet, wie ich einen Nachmittagsausflug mit der Familie plane. Im nächsten Abschnitt werden wir uns näher ansehen, was es bedeutet, das Umfeld bewusst auszuwählen, und wie wir für uns selbst und andere die besten Voraussetzungen für ein tiefschürfendes Gespräch schaffen können.

Rein aus Neugier ...
In welcher Umgebung bist du am neugierigsten auf dich selbst? Was ist deiner Meinung nach der Grund dafür?

DEIN GANZ EIGENES KURIOSITÄTENKABINETT

Wenn du versuchst, für jemanden oder etwas Neugier aufzubringen, kann die Beschäftigung mit (digitalen) Gegenständen dabei hilfreich sein. Diese Möglichkeit habe ich beispielsweise genutzt, als ich in Island mein Gedicht *Dear Father* geschrieben habe. Dafür habe ich mir alte Fotos von meinem Vater angeguckt und mir Musik angehört, die er mochte. Die Neugier, die diese Gegenstände in mir geweckt haben, hat mir beim Verfassen des Textes geholfen. Ich habe diese Dinge im übertragenen Sinne in ein *Kuriositätenkabinett* gestellt. Dieser Begriff entstand im späten sechzehnten Jahrhundert und bezieht sich auf eine Sammlung denkwürdiger Gegenstände und Relikte, die bei den Menschen Staunen hervorriefen.

Hier ist es wichtig, darauf hinzuweisen, dass diese Kabinette historisch in einem kolonialistischen Zusammenhang entstanden sind. Meist wurden die ausgestellten Gegenstände (ohne Zustimmung) in einem Teil der Welt einfach mitgenommen, um sie in Sammlungen woanders (oft in Europa) zu zeigen. In unserer Version – eher ein Neugierkabinett – sollst du die Möglichkeit bekommen, nicht durch fremde, sondern durch *deine eigenen* Gegenstände deine Geschichten in einen größeren Zusammenhang zu stellen.

Selbst die Kontrolle über das eigene Kuriositätenkabinett zu übernehmen, ist eine Übung für nach innen gerichtete Neugier, die ich mit meinen Studierenden an der University of Texas in Austin durchführe. Sie bekommen die Aufgabe, darüber nachzudenken, wie das Aufwachsen in ihrer Familie dazu beigetragen hat, was für ein Mensch sie geworden sind. Verkörpern soll das ein digitaler oder tatsächlicher Gegenstand, den sie in die Uni mitbringen. Dabei kann es sich um ausgedruckte Fotos von Verwandten handeln, um eine Kette, die ihre Mutter an sie weitergegeben hat, oder ein Buch, das ihnen die Großeltern geschenkt haben. Vielleicht ist es auch ein Kartenspiel, das sie an Weihnachten mal von Bruder oder Schwester bekommen haben, oder sie haben aus dem Supermarkt die Lieblingssüßigkeit ihres Vaters mitgebracht. Die gewählten Gegenstände regen die Neugier der Studierenden an, führen zu neuen Ideen, Erinnerungen oder Erkenntnissen – und wecken auch das Interesse der anderen Teilnehmenden. All das hilft beim Erfüllen der gestellten Aufgabe.

Ein Kuriositätenkabinett braucht man nicht unbedingt allein zusammenzustellen. Man kann es auch im Vorfeld einer größeren Veranstaltung oder eines Gesprächs machen, um die Geschichten der anderen besser zu verstehen. Vor einem Workshop mit dem Titel *Rückkehr zu kindlichem Staunen* sammelte ich Babyfotos von allen Teilnehmenden und bat sie darum, einen Gegenstand (oder das Foto eines Gegenstandes) mitzubringen, der sinnbildlich für ihre Kindheit stand. Die Auseinandersetzung mit digitalen oder tatsächlichen Gegenständen ist eine wunderbare Kennenlernaktivität, durch die Menschen miteinander ins Gespräch kommen, gemeinsam lachen und neugierig aufeinander werden.

Khalid el-Hakim ist der Begründer einer Sammlung mit dem Namen *Black History 101 Mobile Museum*. Sie umfasst mehr als siebentausend originale Erinnerungsstücke aus der Schwarzen Geschichte, von Gegenständen aus der Zeit des transatlantischen Sklavenhandels bis hin zu welchen aus der Hip-Hop-Kultur. Mit dieser Ausstellung wird Menschen die Vergangenheit durch Objekte nähergebracht, die nicht wie üblich in einem Museum hängen, sondern in öffentlichen Bereichen wie zum Beispiel einem Park zugänglich sind. Damit weckt sie auf anschauliche Art und Weise Neugier und regt Unterhaltungen über die Geschichte und Kultur von Afroamerikanern an. Ähnlich ist es mit dem *Mobile Museum of American Artifacts* von Laurelin Kruse. Sie zieht die Sammlung von Gegenständen, die mal ganz normalen Menschen im ganzen Land gehört haben, in einem Anhänger hinter ihrem Kombi her. Zu jedem Ausstellungsstück gehört ein Kärtchen, auf dem man die dazugehörige Geschichte lesen kann. Dadurch werden die Betrachtenden neugierig auf die Person und ihr Leben.

Diese reisenden Kuriositätenkabinette sind im Großen Beispiele für etwas, was wir in unserem Leben alle im Kleinen tun können. Wir brauchen für diese Übung nicht das Multimillionen-Dollar-Budget einer Galerie, um irgendetwas anzukaufen. Wir können ganz einfache Gegenstände – oder Fotos von ihnen – benutzen, die es uns ermöglichen, neuen Zugang zu Erinnerungen oder Geschichten zu finden, und neue Gelegenheiten für Verbundenheit schaffen.

NEUGIER-COMMITMENTS

Als Nächstes möchte ich über etwas sprechen, was du vielleicht von deinen Kindern aus der Schule oder von Fortbildungen bei der Arbeit kennst, nämlich sogenannte »Commitments« innerhalb einer Gruppe. Solche Commitments – in unserem Zusammenhang könnten wir auch von Verhaltensregeln sprechen – zielen darauf ab, wie wir uns in einer Gruppe von Menschen verhalten sollten. Durch sie können wir zur Verantwortung gezogen werden, wenn wir vom vereinbarten Verhalten abweichen. Derartige Regeln oder Verpflichtungen fallen eher in den Bereich Umfeld als in den der Einstellung, weil dadurch ein bestimmter Handlungsrahmen für Gruppenaktivitäten geschaffen wird. Mit anderen Worten: Sie bieten einen sicheren und produktiven Raum, in dem tiefe Neugier aufblühen kann.

Wie beim Thema Stretching verdrehen manche hier vielleicht die Augen und denken, dass so eine vorbereitende Arbeit sinnlos ist. Aber dieser zusätzliche Schritt kann allen Beteiligten eine bessere Erfahrung ermöglichen. Sich auf solche Commitments zu einigen, dauert nur ein paar Minuten und kann ein Umfeld schaffen, in dem alle darauf ausgerichtet sind, neugierig zu sein. Vergessen wir diesen Schritt aber oder entscheiden uns dagegen, dann sind am Ende womöglich alle damit beschäftigt, sich gegenseitig anzukeifen und sich gegen verbale Angriffe zu wehren. Dadurch wird die Veranstaltung zu einem unproduktiven Chaos oder scheitert womöglich komplett.

Wenn du eine Gruppe leitest, könntest du mit einer Einführung wie dieser anfangen: »Bevor wir mit unserer Debatte beginnen, sollten wir uns im Geiste der Neugier alle auf gewisse Regeln einigen.« Dabei ist es eine gute Idee, zum Anfachen der Diskussion selbst ein paar »Neugier-Commitments« vorzuschlagen, zum Beispiel:

- Hinterfragt nicht Menschen, sondern nur Ideen – bitte keine persönlichen Angriffe.
- Hört anderen zu, ohne euch (zum Beispiel vom Handy) ablenken zu lassen.
- Ermutigt andere dazu, ihre Gedanken offen und ehrlich zum Ausdruck zu bringen.

Nachdem du ein paar Beispiele für solche Commitments vorgestellt hast, kannst du die Gruppe fragen, ob sie das eine oder andere noch umformulieren möchten. Das ist auch der Moment, in dem der Liste neue Vorschläge hinzugefügt werden können.

Wenn die Teilnehmenden reihum ihre Ideen vorbringen, wiederhol das Gehörte, um sicherzugehen, dass es keine Missverständnisse gibt. Das könnte zum Beispiel so aussehen: »Phil, habe ich das richtig verstanden – Ihr Vorschlag für einen zusätzlichen Punkt lautet: ›Erwärmt euch fürs Unbehagen – weil wir uns dadurch weiterentwickeln‹?«

Wenn sechs bis acht Regeln zusammengekommen sind, kannst du als Überleitung sagen: »Meiner Meinung nach sind diese Grundsätze für uns ein toller Ausgangspunkt. Ich lese Sie Ihnen mal einen nach dem anderen vor.«

Trag sie vor und frag danach, ob alle dazu bereit sind, sich in Hinblick auf diese Richtlinien zu committen. Wenn es Einwände gibt, änder die Formulierungen so lange ab, bis mehr oder weniger alle einverstanden sind. Ich sage hier »mehr oder weniger«, weil es wegen der Größe der Gruppe oder zeitlicher Einschränkungen manchmal nicht möglich ist, auf wirklich alle Rücksicht zu nehmen. (Halt später unbedingt noch einmal Rücksprache mit den Personen, die ein neues Commitment eingebracht haben oder deren Zweifel nicht komplett ausgeräumt werden konnten.)

Mit der Liste allein ist es noch nicht getan, entscheidend ist, dass auch alle auf die Einhaltung der Richtlinien achten. Wenn während einer Debatte jemand eine andere Person aufgrund ihrer Ansichten »bescheuert«, »hinterwäldlerisch« oder »narzisstisch« nennt, dann sollte jemand anders aus der Gruppe ihn oder sie an die zuvor erstellten und akzeptierten Commitments erinnern. Man könnte zum Beispiel etwas in dieser Richtung sagen: »Ich sehe, dass Sie in diesem Moment wütend sind. Ein persönlicher Angriff widerspricht allerdings den Regeln, die einzuhalten wir alle uns zugestimmt haben. Gibt es für Sie vielleicht andere Wege, Ihren Ärger zum Ausdruck zu bringen? Wie wäre es, wenn Sie sich mehr auf die Idee konzentrieren und weniger auf die Person?«

Viele von uns sind im beruflichen Kontext an solche Commitments beziehungsweise Verhaltensrichtlinien gewöhnt und wissen, wie diese die Grundstimmung einer Gruppe beeinflussen. Aber die meisten von uns versäumen es, solche Konzepte auch im Kreis von Freunden oder der Familie zu nutzen, obwohl sie dabei genauso wirksam sein können. Natürlich handelt es sich dabei um Unterhaltungen in einem zwangloseren Umfeld, daher übernimmt üblicherweise niemand die Moderation wie im beruflichen Umfeld. Wie kann es in einem persönlichen Gespräch gelingen, sich hinsichtlich tiefer Neugier zu committen?

Es wird nicht in jeder Situation passend sein, als Einstiegsübung »Neugier-Commitments« festzulegen, zum Beispiel dann nicht, wenn du dich mit Bekannten auf ein Bier oder einen Kaffee triffst. Aber du kannst sie auf entspanntere Art und Weise erwähnen. Vielleicht sagst du vor der Unterhaltung so etwas wie: »Ich wünsche mir, dass du mir einfach nur zuhörst und nicht versuchst, das Problem zu lösen. Eigentlich brauche ich bloß jemanden, bei dem ich mir mal alles von der Seele reden kann. Kannst du für mich diese Rolle einnehmen?« Oder du könntest während des Gesprächs sagen: »Na ja, wie wäre es denn, wenn wir das stattdessen aus dem Blickwinkel der Neugier betrachten? Ich frage mich, wo uns das hinführen könnte.«

Wenn du dich bei einer Familienfeier an den Esstisch setzt und das Gefühl hast, dass gleich das Thema Politik zur Sprache kommen und es ungemütlich werden könnte, dann kannst du solch ein Commitment vor der Mahlzeit wie ein Gebet sprechen: »Wir alle hier am Tisch haben unsere eigenen Ansichten und Überzeugungen, die wir leidenschaftlich verteidigen. Aber es wäre schön, wenn wir einander mit Neugier und Offenheit begegnen könnten, statt uns gegenseitig zu verurteilen oder anzugreifen.« Wenn alle zustimmen, dann stell auch klar, dass alle in der Runde das Recht haben, die anderen an ihr Versprechen zu erinnern: »Wenn ich mich im Ton vergreife oder nicht die versprochene Neugier zeige, macht mich dann bitte jemand von euch darauf aufmerksam? Und könntet ihr anderen euch auch entsprechend committen?«

Rein aus Neugier …
Wie könntest du vor einem Gespräch mit einem Familienmitglied, jemandem aus dem Freundeskreis oder aus dem Büro auf zwanglose Art und Weise ein Commitment zur Neugier anregen? Was könntest du sagen?

WELLEN DER NEUGIER

Mit sechsundzwanzig gründete Chip Conley seine Firma Joie de Vivre Hospitality, die Motels zu kleinen Luxushotels umbaute. Diese Unternehmung war einzig und allein getrieben durch seine

Neugier – ihm war aufgefallen, dass aufgrund ihrer reizlosen Ästhetik vielen Motels trotz toller Lage die Gäste fehlten. Er machte mitten im geschäftigen San Francisco ein zum Verkauf stehendes Motel ausfindig und renovierte es. Das zum kleinen Luxushotel avancierte Motel machte durch sein innovatives Design Furore und war sofort Wochen im Voraus ausgebucht. Aus einem Projekt wurden zwei, dann drei, bis Conley schließlich zweiundfünfzig Motels und Hotels in ganz Kalifornien gehörten.

Hätten sich die Führungskräfte bei der Hilton- oder Marriott-Kette für ihn und sein Unternehmen interessiert, sagt Chip, dann hätte Joie de Vivre vermutlich nicht so einen durchschlagenden Erfolg gehabt. Ihr *Mangel* an Neugier war hier ein Segen – er gab Chip nämlich die Möglichkeit, seine Firma im Laufe von vierundzwanzig Jahren weitestgehend ohne Konkurrenzdruck nach und nach aufzubauen, bis er das Unternehmen schließlich verkaufte. Als Chip dann eines Tages in den Spiegel schaute, sah er einen Mann jenseits der fünfzig und begriff, wie schnell die Zeit vergeht. Er verspürte den Wunsch, sich noch einmal ganz neu zu erfinden.

»Die Mitte des Lebens ist so ähnlich wie die Jugend«, erklärte er mir. »Es gibt körperliche Veränderungen, berufliche Veränderungen, das ganze Leben wandelt sich.«

Viele Menschen machen eine *Midlifekrise* durch, Chip hingegen verspürte *Midlifeselbstbewusstsein*. Er hätte sich auf den Lorbeeren seiner erfolgreichen Karriere ausruhen und vom Geld des Firmenverkaufes leben können. Stattdessen beschäftigte er sich begeistert mit der Frage, wie er sich als Mensch weiterentwickeln und seinem Leben einen Sinn verleihen könnte. Er suchte nach neuen Horizonten für die zweite Hälfte seines Lebens.

An diesem Punkt traf sich Chip auf einen Kaffee mit den jungen Gründern eines Start-up, das es sich zur Aufgabe gemacht hatte, das Gastgewerbe mal so richtig aufzumischen. Chip fand ihre Idee zunächst ziemlich seltsam – sie rief bei ihm Unbehagen hervor. Die Firmengründer hatten eine Webseite erstellt, über die man Übernachtungen in Privathaushalten buchen konnte. Zunächst gingen Chip angesichts dieser Idee nur Negatives durch den Kopf: *Wer würde denn für so etwas Geld bezahlen?*

Dann wurde ihm jedoch klar, dass er hier ebensolches Desinteresse zeigte, wie es ihm bei der Gründung von Joie de Vivre Hospitality vom Management der Hilton- und Marriott-Gruppe entgegengebracht worden war. Er wollte nicht den gleichen Fehler machen wie die Verantwortlichen dieser Hotelketten, daher beschloss er, genauer nachzuhaken, und traf sich noch mehrmals mit den Start-up-Leuten. Während er sich nach und nach für die Idee erwärmte, verwandelte sich seine Skepsis in Begeisterung. Er war davon beeindruckt, wie diese jungen Leute Technologie nutzten, ihr Unternehmen aufzogen und gleichzeitig über die Zukunft der Gesellschaft nachdachten. All das war nicht nur erfrischend anders – es inspirierte Chip auch und regte seine Kreativität an.

Ihm war zwar mulmig dabei, sich auf ein neues Abenteuer in der sich schnell weiterentwickelnden Welt der Technologie einzulassen, die er doch ein wenig einschüchternd fand. Gleichzeitig war ihm jedoch klar, dass er durch die damit einhergehenden Herausforderungen als Person wachsen würde. Also wurde Chip Teil des Teams und half der etwas chaotischen Start-up-Firma dabei, sich in den nächsten Jahren zu einem milliardenschweren Unternehmen zu entwickeln, dessen Name heute jedem ein Begriff ist: Airbnb.

Chip wurde bei Airbnb der erste inoffizielle *Mentorant*, also eine Mischung aus *Mentor* und *Praktikant*. (Diese Bezeichnung verwies darauf, dass er sowohl Wissen aus seiner jahrzehntelangen Erfahrung mit einbringen als auch von den jüngeren Führungskräften in seinem Team neue Fähigkeiten und Sichtweisen lernen würde.) Plötzlich fand er sich in einem hippen Büro in San Francisco wieder und war dort von Menschen umgeben, die etwa halb so alt waren wie er – sein Chef inklusive. Sie nutzten Software, mit der er nicht vertraut war, und einen Fachjargon, den er nicht verstand. Daher musste er viel aufholen, und zwar schnell.

Irgendwann wurde alles leichter. Am Ende seiner Zeit bei Airbnb hatte sich Chip extrem weiterentwickelt. Er sprudelte geradezu vor Kreativität und neuen Ideen, weil er von einem Umfeld profitiert hatte, in dem seine Neugier gewachsen und gediehen war. Sein Einstieg bei Airbnb ganz zu Anfang, in den frühen Jahren, hatte es ihm ermöglicht, völlig in das Projekt einzutauchen, wodurch er wertvolle Erfahrung hatte sammeln können.

Chip war dazu in der Lage gewesen, Airbnb als eine »Welle der Neugier« wahrzunehmen, als ein Umfeld, das ihn tragen und voranbringen würde. (Und diese Metapher ist in seinem Fall besonders passend, weil er außerdem mit siebenundfünfzig noch Surfen gelernt hat.)

Als mir Romana in Island vorschlug, ein Gedicht über meinen Vater zu schreiben, hatte auch sie eine Welle der Neugier erkannt, auf der ich surfen konnte. Ich befand mich in diesem Moment in einem Umfeld, das sicher war, mich akzeptierte und zugleich zu Neuem anspornte. In dieser Situation konnte ich meine schwierigen Gefühle meinem Vater gegenüber auf ganz neue Art und Weise ausloten. Der äußere Rahmen – das Programm für Künstler und die Zusammenarbeit mit der Strafanstalt – hatte die Begegnung zweier Welten ermöglicht und mich zu einer kreativen Auseinandersetzung mit der Gefängnisstrafe meines Vaters inspiriert.

Passend ist eine Welle der Neugier dann für dich, wenn du dich durch sie mutig zeigen und dabei aber auch Fehler machen kannst. Sie sollte dich dazu bewegen, weiterzugehen und nicht auf die üblichen Ausreden zurückzugreifen, denen zufolge etwas zu schwierig, unmöglich oder einfach nichts für dich ist.

Man braucht eine gewisse Erfahrung, um zu erkennen, welche Welle dafür die richtige ist. Lass dich nicht von der ersten mitrei-ßen, die heranrollt; durchs Ausprobieren lernst du, die richtigen Wellen für dich zu identifizieren. Sobald du eine davon erkannt hast, musst du allerdings auch mutig genug sein, um dein Surfbrett darauf auszurichten, wie verrückt zu paddeln und Fahrt aufzuneh-men. Wenn du auf diese Welle aber erst einmal aufgesprungen bist, kann sie dich weit tragen.

Als sich Chip darüber klar wurde, dass Airbnb für ihn in diesem Moment die passende Welle war, musste er sich unglaublich rein-hängen, um sich mit der neuen Software, der unvertrauten Sprech-weise und anderen Aspekten seines neuen Umfeldes vertraut zu machen. Nachdem das erledigt war, blieb nichts weiter, als sich auf seinem Surfboard aufzurichten und den Ritt auf der Welle zu genießen. So wie jede Welle irgendwann bricht, kam auch Chips Zeit bei Airbnb irgendwann zum Ende. Er hatte dadurch aber so viel über sein Leben und die Welt um ihn herum lernen können, dass er sie als unvergesslich und bereichernd in Erinnerung hat.

Wie also wirst du ein erfahrener Surfer und entdeckst eine Welle der Neugier? Es gibt ein paar offensichtliche Hinweise, auf die du achten kannst. Wenn du eine neue Situation einschätzt, dann prakti-zier zunächst nach innen gerichtete Neugier. Analysier körperliche Empfindungen und Gefühle, die in dir aufsteigen. Fühlst du dich inspiriert oder neu belebt, kann das ein Zeichen dafür sein, dass du es mit einer Welle der Neugier zu tun hast.

Auch Aufregung kann darauf hindeuten, dass diese Situation dich vor Herausforderungen stellen und dich damit voranbringen wird. Aufregung ist nämlich ein Hinweis für Unbehagen, und das bietet dir häufig die Gelegenheit zu persönlicher Weiterentwick-lung. So wie ein Surfer manchmal unter einer Welle hindurch-taucht, kannst du deiner Angst auf den Grund gehen, indem du

Fragen wie folgende stellst: *Warum bin ich bloß so nervös? Beruht das auf berechtigter oder unbegründeter Angst? Wie könnte ich mich dem Thema auf eine Art und Weise annähern, die mich weiterbringt?*

Ganz anders sieht es aus, wenn du von lähmender Panik erfasst wirst. Sie ist eher ein Hinweis darauf, dass diese Welle für dich eine Nummer zu groß ist und daher nicht zu dir passt. Wenn du zum Beispiel mit großer Überzeugung die Demokratische Partei wählst, solltest du dich vielleicht nicht gerade freiwillig als Hilfe für den nationalen Parteitag der Republikaner melden. Fang lieber klein an. Vielleicht wäre es eine bessere Idee, dich als Wahlhilfe einzutragen – dadurch wirst du auf der Basis eures gemeinsamen Glaubens an demokratische Grundwerte und das Wahlrecht für alle Kontakt zu Menschen aus deiner Nachbarschaft bekommen, die unterschiedlichen politischen Lagern angehören. Arbeite dich langsam vor und setz dich dabei keinen Situationen aus, die dich emotional enorm stressen.

Von allen Gefühlen ist Angst wohl am schwierigsten zu ergründen. Wie du in Kapitel 3 gelernt hast, kann diese Bremsschwelle sowohl ein Hinweis auf eine Bedrohung als auch auf eine Chance sein – oder vielleicht auf beides. Denk daran, dass du es hier mit einem ständigen Lernprozess zu tun hast. Selbst dann, wenn du dich verschätzt und dich nicht für die richtige Welle der Neugier entschieden hast, gewinnst du dadurch zumindest Erfahrungen. Sie werden hilfreich sein, wenn du das nächste Mal aufs tiefe Wasser hinauspaddelst.

Was noch wichtig ist: Bei deiner Suche nach einer Welle der Neugier solltest du gut auf die beteiligten Personen achten. Frag dich: *Sind sie so ähnlich wie ich oder ganz anders?* Wellen der Neugier bringen für gewöhnlich Menschen mit sich, mit denen du dich normalerweise nicht umgibst. Sie können sich auf vielfäl-

tige Art und Weise von dir unterscheiden: durch Alter, Kleidungs-
stil, Frisur, Körperbau, Akzent etc. Die Auseinandersetzung mit
als anders wahrgenommenen Personen bietet die Chance, durch
die Gegenüberstellung von unterschiedlichen Erfahrungen, Überzeugungen und Sichtweisen etwas zu lernen.

Chip arbeitete mit vielen Digital Natives zusammen, die nur halb
so alt wie er waren, also einer Generation angehörten, die in einem
komplett anderen Umfeld aufgewachsen war. Für die Gruppe von
Nonnen und Millennials im vorherigen Kapitel boten die Unterschiede durch Alter, Glauben und Lebensstil ideale Bedingungen
dafür, einander mit tiefer Neugier zu begegnen. Für andere Menschen kann eine durch Kontraste motivierte Welle der Neugier zum
Beispiel so aussehen, dass sie ihr Kind an einer Schule anmelden,
auf die viele Kinder verschiedener Herkunft oder aus Familien mit
unterschiedlichen finanziellen Mitteln gehen. Andersartigkeit ist
ein guter Nährboden für Neugier.

Und noch ein Zeichen, nach dem du bei deiner Suche Ausschau
halten solltest, ist die Qualität der Fragen, die gestellt werden. Je
weitreichender und angsteinflößender die Fragen sind, desto wahrscheinlicher hast du es mit einer Welle der Neugier zu tun. Aber ich
möchte noch einmal betonen, dass du deine Grenzen kennen solltest: Ein Surfneuling sollte sich nicht fröhlich in die Monsterwellen
von Mavericks oder Pipeline stürzen, weil das böse enden könnte.

Ich nenne dieses Vorgehen, die Dimensionen von Fragen auszuloten, den *Neugier-Surfbericht.* Wir lernen auch etwas durch
Fragen, die kleinere Wellen schlagen, wie zum Beispiel: *Welche
Probleme sollten wir in Angriff nehmen?* Aber größere, Furcht ein-
flößendere Fragen führen vermutlich zu Ergebnissen, die Wandel
und mehr Nähe schaffen. Ein Beispiel dafür wäre: *Was hindert uns
daran, die Sache von einem unterschiedlichen Blickwinkel aus zu
betrachten oder uns endlich ans Werk zu machen? Wie können wir*

diese Einschränkungen überwinden? Es ist besser, in großen Dimensionen zu denken – nur nicht in *zu* großen.

Was unserer Neugier schadet: Scrollen und Internettrolle

Gut im Auge behalten sollten wir die Welt des Internets und der elektronischen Geräte. Wir können die sozialen Medien und unser Handy auf eine Art und Weise nutzen, die unserer Neugier zuträglich ist, meistens sind sie aber eher schädlich. Online ist es zum Beispiel viel einfacher, andere Personen zu entmenschlichen oder komplexe Zusammenhänge aufgrund reißerischer Titel oder Zeichenbegrenzungen einfach zu übersehen. Für Technologien wurden oft Algorithmen entwickelt, die bestimmte Gefühle in uns wachrufen oder uns vermitteln sollen, dass wir etwas selbst entdeckt haben. Am Ende führt all das aber nirgendwohin.

Du kannst deine Beziehung zur Technologie verbessern, indem du von Zeit zu Zeit Digital Detox machst und für dich ein paar einfache Regeln und Gewohnheiten festlegst: Nimm die Geräte nicht mit ins Bett, leg sie beim Essen weg und pack dein Arbeitshandy gar nicht erst ein, wenn du in den Urlaub fährst. Schau in Bus und Bahn nicht aufs Display, sondern bleib präsent, nimm dein Umfeld wahr und die Menschen um dich herum.

Die Vorbereitung ist der Schlüssel

Wenn du absichtsvoll handeln willst, lautet die wichtigste Erkenntnis wohl folgendermaßen: Es ist *nie* eine gute Idee, sich unvorbereitet in tiefe Neugier zu stürzen. Vielmehr brauchst du dafür die Weisheit, von der sich auch die Psychonautik leiten lässt. Bereite deshalb vor allem dein Umfeld und deine Einstellung vor. Herumzusitzen und auf perfekte Bedingungen zu warten, bringt nichts, aber du kannst dich um die richtige Einstellung und ein passendes Umfeld bemühen, um für dich die Chancen auf tiefe Neugier zu optimieren. Wenn du diese Arbeit im Vorfeld leistest, ebnest du den Weg für die Veränderung und die Verbundenheit, nach denen du strebst.

Neugier ist nicht immer ein zaghaftes Vortasten, manchmal ist sie vielmehr eine herausfordernde, wilde Fahrt durch den Sturm und über unruhige See. Nutz daher die Übungen in diesem Kapitel, um als Vorbereitung bewusstes und absichtsvolles Handeln zu trainieren. Das wird dir dabei helfen, dich später solchen Herausforderungen zu stellen. Wenn du dich mit dem Surfbrett raus aufs Meer wagst, ohne vernünftig vorbereitet zu sein oder dich nach den Bedingungen erkundigt zu haben, kann das in einer Katastrophe enden. Du wirst wieder und wieder scheitern und schließlich entmutigt sein, wenn du dich nicht zuerst in Bezug auf Umfeld und Einstellung vorbereitest.

Absichtsvoll handeln – Zusammenfassung

- Der Türsteher deines Gehirns
  Hack dich in dein aufsteigendes retikuläres Aktivierungssystem ein und streck die Fühler in Richtung Neugier aus.

Das ist so einfach, wie dir selbst zu sagen: *Heute werde ich mich beim Mittagessen um mehr Neugier bemühen und werde Fragen stellen, statt nur Antworten zu geben.*

- Eine Liste mit bedeutsamen Fragen
Entwickel vor Unterhaltungen eine Liste mit Fragen, die deiner Neugier auf die Sprünge helfen können. Bedeutsame Fragen erfüllen vier Bedingungen: Sie sind offen, sie entspringen wahrem Interesse, sie sind interessant und der Beziehung zur anderen Person angemessen.

- Neugier visualisieren
Stell dir die neugierigste Version deiner selbst vor und mal dir aus, wie du dich in einer von Neugier geprägten Situation fühlst, was für Fragen du stellst und wie dein Gegenüber auf deine Neugier reagiert.

- Dein ganz eigenes Kuriositätenkabinett
Trag dafür – digitale und tatsächliche – Gegenstände zusammen, die deine Neugier befördern. Bei dieser praktischen Übung muss es nicht nur um dich allein gehen. Du kannst auch andere dazu einladen, bedeutsame Gegenstände mit dir zu teilen, um eine Unterhaltung rund um ganz persönliche Geschichten in Gang zu bringen.

- Neugier-Commitments
Erstell mit anderen zusammen eine Liste von Commitments, die bei einer Unterhaltung alle Anwesenden zu beachten bereit sind, um eine Atmosphäre der Neugier zu schaffen.

- Wellen der Neugier
Entwickel wie Surfer ein Gespür für Situationen, um schnell die Bedingungen erkennen zu können, die deine Neugier fördern und zu persönlicher Weiterentwicklung füh-

ren. Achte dafür gut auf deine Gefühle, bemüh dich um Begegnungen mit ganz unterschiedlichen Menschen und beweg dich ganz allmählich auf die großen und angsteinflößenden Fragen zu.

Kapitel 6

Wertschätzen

Mit sieben Jahren wurde der Kanadier John Jones zum Besuch des Internats Alberni Indian Residential School in British Columbia gezwungen. Von seiner Geschichte hörte ich zum ersten Mal durch eine Radiosendung von WBUR. Jones gehört den Nanoose First Nation an und hatte in seiner Kindheit bereits miterlebt, wie seine älteren Geschwister weggingen, um auf dieselbe Schule zu gehen. Im Grundschulalter war dann er an der Reihe. Dass auch seine Eltern wie so viele Indigene in der Gegend dazu gezwungen worden waren, ihre Kinder für die Schulbildung wegzuschicken, erfuhr Jones erst im Erwachsenenalter. Eine Weigerung hätte eine Gefängnisstrafe nach sich ziehen können. Sechzig Jahre später hat Jones immer noch mit dem Gefühl zu kämpfen, verraten worden zu sein, zuerst von seinen Eltern und dann von den Erwachsenen, die im Internat doch eigentlich für sein Wohlbefinden hätten sorgen sollen.

Er erzählt von den grauenhaften Erfahrungen, die er gemacht hat, beschreibt, wie er von Lehrern und Internatspersonal körperlich und verbal misshandelt wurde, indem sie ihn zum Beispiel als »schmutzigen, dummen Indianer« beschimpften.[63] In der Schule war nur Englisch erlaubt. Wenn die Schüler untereinander ihre Muttersprache benutzten, wurden sie von ihren Betreuern mit einem Feuerwehrschlauch gefesselt. Dass Jones solche brutalen

Szenen mit ansehen musste, ist seiner Meinung nach der Grund dafür, dass er heute seine Muttersprache nicht mehr sprechen kann. Die Angst vor Bestrafung hat sich ihm tief ins Gehirn eingebrannt und ihm die Sprache verschlagen. Wenn Internatszöglinge ins Bett machten, wurden ihre Klassenkameraden dazu gezwungen, sie zigmal mit einem Gürtel zu schlagen. Als sich Jones weigerte, diese Anweisung zu befolgen, wurde er selbst wegen seines Ungehorsams gezüchtigt.

Auch sexueller Missbrauch war an dieser Schule allgegenwärtig, und Jones wurde das Opfer von Arthur Plint, einem Betreuer, der später wegen des Missbrauchs von achtzehn Kindern verurteilt wurde. Jones berichtete darüber, wie er nachts mit dem Versprechen eines Schokoriegels in Plints Schlafzimmer gelockt wurde. Er erzählt, dass er mehrmals am Tag badete, um sich sauber zu fühlen – ohne Erfolg. 1995 erklärte der Richter während des Gerichtsverfahrens gegen Plint, dass es sich um einen der schlimmsten Fälle handele, den er in seinen fünfundvierzig Jahren im Gerichtssaal miterlebt hatte.

Als Kind berichtete Jones seiner Mutter in Briefen davon, wie schlecht er behandelt werde und wie traurig er deshalb sei, worauf sie aber nie antwortete. Jones erfuhr ebenfalls erst im Erwachsenenalter, dass die Schule Briefe zensiert hatte. Seine waren nie bei seiner Mutter angekommen.

Besonders tragisch ist dabei, dass Jones' Geschichte kein Einzelfall ist. Er ist nur einer von mehr als hundertfünfzigtausend Menschen indigener Herkunft, die dazu gezwungen wurden, das Grauen kanadischer Internate zu ertragen. Mittlerweile ist in diesem Zusammenhang eine Vielzahl von Menschenrechtsverletzungen dokumentiert: körperliche Gewalt, sexueller Missbrauch, emotionale Traumatisierung, Mangelernährung und Kinderarbeit. Diese Internate, die in den 1880er-Jahren von der Regierung eingerichtet wurden, waren ein zentrales Instrument, um die indigenen Kanadier wie die First Nations, Métis und die Inuit systematisch zu schwächen.[64] Die Internate hatten anhaltende Auswirkungen auf diese Gemeinschaften, und der *Montreal Star* berichtete 1907, dass zweiundvierzig Prozent der Kinder entweder noch in der Schule oder durch schwere Krankheiten nach ihrer Rückkehr nach Hause starben.[65] Die letzte dieser kanadischen Schulen wurde erst 1998 geschlossen, es ist also schockierend, *wie kurz* diese Geschehnisse erst zurückliegen.

Wie konnte all das nur passieren? Und wieso geschehen jeden Tag überall auf der Welt ähnliche Dinge?

Leider sind brutale Unterdrückungskampagnen, Enteignung und Völkermord charakteristische Phänomene menschlichen Zusammenlebens, und sie haben alle ein Element gemeinsam: Entmenschlichung. Wer auf diese Art und Weise eine andere Gruppe misshandelt, beraubt sie ihrer Würde. Das wurde Jones angetan, als man ihn in seiner Kindheit mit Ausdrücken wie »schmutziger, dummer Indianer« beschimpfte. Er wurde abgewertet, von anderen nicht als vollwertige Person, sondern als minderwertig erwachtet. Wenn du jemanden abwertest, beraubst du ihn seiner Menschlichkeit. Du machst dir nicht die Mühe, ihn wirklich wahrzunehmen oder auf tieferer Ebene zu verstehen. Es besteht ein zunehmender Mangel an Neugier, der verheerende Folgen haben kann.

Wenn wir einen Menschen seines Wertes berauben, enthalten wir ihm das Mitgefühl vor, das wir ihm normalerweise entgegenbringen würden. Ist uns ein Mensch egal, wird es uns schwerfallen, ihm gegenüber tiefe Neugier aufzubringen. Die Psychologen Lasana Harris und Susan Fiske haben nachgewiesen, dass wir die Gefühle von Personen, die wir entmenschlicht haben, weniger berücksichtigen. Bei einer Untersuchung baten sie die Teilnehmenden darum, einen Tag im Leben von drei Menschen zu beschreiben: einer studierenden, einer obdachlosen und einer für die Feuerwehr arbeitenden Person. Bei Obdachlosen (einer Gruppe, die wir oft entmenschlichen) war die Wahrscheinlichkeit, dass ihre Gefühle berücksichtigt wurden, geringer als bei den Feuerwehrleuten oder Studierenden.[66] Gefühle von anderen nicht zu berücksichtigen, beeinflusst, wie wir sie behandeln, und zwar meistens negativ. Harris und Fiske zufolge ist das oft eine psychologische Rechtfertigung für unmenschliche Taten wie Folter und Völkermord.[67]

Die Art und Weise, wie wir Menschen ihren Wert absprechen, ist nicht immer so offensichtlich wie beim Missbrauch in den Internaten. Wir berauben andere auf kaum merkliche Weise im Laufe des Tages immer wieder ihres Wertes, ohne auch nur darauf zu achten. So kleben wir zum Beispiel am Handy, während uns eine Freundin von einem persönlichen Erlebnis berichtet. Oder wir errichten einen zwei Meter hohen Zaun, ohne vorher mit den Menschen, die neben uns wohnen, darüber zu sprechen. Weil wir das Restaurant- oder Flughafenpersonal am Gate entmenschlichen, ist es viel einfacher für uns, ihm gegenüber auszuflippen oder es zu beschimpfen. Institutionen und Firmen entmenschlichen ihre Belegschaft durch Massenentlassungen, die ganz plötzlich durch E-Mails mit vagen, unpersönlichen Phrasen angekündigt werden, und bieten dann keine psychologische oder finanzielle Unterstützung. So furchtbar wie der Missbrauch, den Jones erleben musste, ist keiner dieser Fälle, aber auch sie haben schlimme, weitreichende Folgen.

Im Laufe der Zeit schadet Entmenschlichung unserer Seele und unseren Beziehungen und führt zu Rissen in unserer Gesellschaft. Wenn wir jemanden entmenschlichen, gehen wir auf Abstand, was Annahmen und Vorurteile fördert. Da ist es wohl kein Wunder, dass wir uns isoliert fühlen und die Gesellschaft als gespalten wahrnehmen.

Rein aus Neugier ...
Hast du dich schon mal von anderen Menschen entmenschlicht gefühlt? Was haben sie getan, und welche Emotionen hat das bei dir ausgelöst?

Wertschätzung: Die Würde jedes Menschen anerkennen

Wie können wir das ändern? Wie können wir Nähe und Verständnis fördern, um mit unserer Tendenz, andere – oder sogar uns selbst – zu entmenschlichen, brechen? Was genau bedeutet eigentlich *Wertschätzung*, wie können wir sie in unser Leben einbringen und warum ist sie für tiefe Neugier so wichtig?

Wertschätzung zu zeigen, heißt, die angeborene und unantastbare Würde jedes Menschen zu respektieren, inklusive unserer eigenen. Es bedeutet, die Menschlichkeit jeder einzelnen Person anzuerkennen, was sie auch getan hat und wie du ihr gegenüber auch empfindest. Und das gilt für alle, ohne Ausnahmen. Erst wenn wir in der Begegnung mit anderen den ihnen innewohnenden Wert erkennen und daran arbeiten, sie als komplexe Wesen mit eigenem Willen, eigenen Gefühlen und Erfahrungen wahrzunehmen, gewinnen wir Zugang zu tiefer Neugier.

Die in diesem Kapitel vorgestellten Denkweisen und Hilfsmittel werden dir dabei helfen, deinen eigenen Wert und den anderer zu erkennen, was schwieriger ist, als es zunächst erscheinen mag. Wenn du deine Muskeln der Wertschätzung trainierst, wirst du dich durch ihre Stärkung automatisch zu immer tiefer gehenden Ebenen von Neugier hingezogen fühlen. Das wird dir dabei helfen, dich und andere besser zu verstehen, wodurch du wiederum deutlicher ihre Würde erkennen wirst. Es ergibt sich also ein positiver Kreislauf.

Natürlich ist das manchmal gar nicht so einfach, wenn du dich beispielsweise von einer Person ungerecht behandelt fühlst oder ihr in Bezug auf eine wichtige Angelegenheit nicht einer Meinung seid. Sagen wir mal, dass dich eine Freundin zu einem Abendessen mit mehreren Leuten nicht eingeladen hat, woraufhin du sie bei eurem nächsten Zusammentreffen meidest. Du bist verletzt, weil du dich ausgeschlossen fühlst, und ertappst dich dabei, dass du sie in Gedanken als » Miststück« bezeichnest. Du denkst, dass sie keine gute Freundin ist, und gehst auf Abstand. Wenn du die Sache stattdessen vom Standpunkt der Neugier aus betrachtet hättest, hättest du in Erfahrung gebracht, dass die Gruppe in ein Grillrestaurant gegangen ist und du nicht eingeladen wurdest, weil du Vegetarierin bist. Aber du hast sofort eine Abwehrhaltung eingenommen.

Und das ist nicht etwa so, weil du ein schlechter Mensch bist, sondern weil du dich gekränkt fühlst. Es handelt sich um einen unbewussten Verteidigungsmechanismus. Zu anderen auf Distanz zu gehen, macht es einfacher, sie abzuschreiben und sogar gegen sie zu wettern, weil das den Schmerz der empfundenen Kränkung ein bisschen mindert. Wir erliegen der Illusion, dass es dem Schmerz ein Ende bereiten wird, wenn wir unsere Neugier runterfahren, doch tatsächlich ist genau das Gegenteil der Fall.

Wenn du hingegen jemanden wertschätzt, dann entscheidest du dich für den Weg der Nähe statt fürs Abstandnehmen, für Verständnis statt Verurteilung, für Liebe statt für einen Mangel an Neugier. Du bringst dir selbst Wertschätzung entgegen, indem du deine Gefühle in dieser Situation analysierst und mit deiner Freundin darüber sprichst. Du bringst deiner Freundin Wertschätzung entgegen, indem du sie nicht als Miststück bezeichnest und ihr die Möglichkeit gibst, auf deine verletzten Gefühle zu reagieren. Am Anfang mag es ein bisschen beängstigend sein oder Unbehagen hervorrufen, Menschen auf diese Art und Weise Wertschätzung entgegenzubringen, weil viele von uns eine ehrliche Aussprache und ihre möglichen Folgen lieber vermeiden möchten. Wenn wir uns aber darauf einlassen, kann es zu einer gesünderen, glücklicheren und erfüllenderen Beziehung zu uns selbst und zu anderen führen.

Dass jeder Mensch auf diesem Planeten einen angeborenen, unantastbaren Wert besitzt, wird wohl niemand leugnen. Vermutlich hast du beim Lesen dieser Worte sogar genickt. Wir wollen gern glauben, dass wir alle Menschen als komplexe Individuen sehen, mit einem Leben, einer Familie, mit Freud und Leid, einem Job, einem ganz eigenen Charakter, mit Dingen, die sie mögen und nicht mögen. Doch wenn es sich bei der entsprechenden Person um das Arschloch handelt, das dich auf der Autobahn geschnitten hat, oder um die Arbeitskollegin, die immer so aggressiv ist, fällt das schwer. Am schwierigsten ist es wahrscheinlich, wenn es um uns selbst geht. Wenn wir uns Vorwürfe machen, weil wir in unserer Partnerschaft oder als Eltern nicht perfekt sind, dann ist es gar nicht so einfach, uns trotzdem wertzuschätzen. Stattdessen neigen wir dazu, uns auf den zugefügten Schaden zu konzentrieren. Aber solange wir nicht die angeborene Würde aller Menschen in den Mittelpunkt stellen, können wir ihnen auch nicht mit tiefer Neugier begegnen und dadurch mehr Nähe und Wandel herbeiführen.

In diesem Kapitel geht es um vier konkrete Übungen, durch die wir Wertschätzung praktizieren können, vor allem in Augenblicken, in denen das gar nicht so einfach ist: *Sprich mit deinen inneren Stimmen, Eine mutige Pause, Sich nicht abwenden, sondern anderen zuwenden* und *Die richtige Rolle.*

Das Leben und die Erde:
Wertschätzung über den Menschen hinaus
Während der Fokus dieses Kapitels auf der Wertschätzung von Menschen – uns selbst und anderen – liegt, möchte ich unbedingt erwähnen, dass wir Tiere und die Natur ebenfalls in ihrer Ganzheit und Komplexität wahrnehmen und respektieren sollten. Auch Tiere und die Natur sollten wir nicht abwerten oder geringschätzen – genauso wenig wie das Leben anderer Menschen. Unsere Erde und die Kreaturen um uns herum als minderwertig wahrzunehmen, dient als psychologische Rechtfertigung für so schädliche Dinge wie das Abholzen von Wäldern, die Verschmutzung von Luft und Wasser oder das Ausrotten ganzer Tierarten.

Erkenn deinen eigenen Wert

Ein wichtiger erster Schritt in Richtung der Wertschätzung anderer besteht darin, dich selbst wertzuschätzen. Du musst zunächst dich selbst als Menschen sehen, der Neugier würdig ist, bevor du sie deinen Mitmenschen entgegenbringen kannst. Oder anders ausgedrückt: Nach innen gerichtete Neugier kann der Schlüssel zu nach außen gerichteter Neugier sein.

Vielleicht bist du an dieser Stelle versucht, die nächsten Absätze zu überspringen, weil du denkst, dass du dich bereits genug wertschätzt. Bestimmt tust du das auch, aber auch wirklich *jeden Aspekt* deiner Persönlichkeit? Bringst du dem Teil von dir, der schnell in die Luft geht, dieselbe Neugier entgegen wie dem Teil, der Nahestehende in einer schwierigen Situation mit etwas zu essen versorgt? Was ist mit dem Teil von dir, der immer recht behalten muss, oder die leise Stimme im Hinterkopf, die dich um drei Uhr morgens mit kritischen Bemerkungen darüber wachhält, was du beim Vorstellungsgespräch *hättest sagen sollen*?

Wenn wir uns wahre Wertschätzung entgegenbringen, dann haben wir kein Problem damit, uns selbst als komplexe Menschen mit vielen unterschiedlichen Facetten zu erkennen: mit guten und schlechten Seiten. In meinem Fall gibt es einen fröhlichen und neugierigen Scott, aber auch einen Scott, der manchmal Angst hat. Es gibt den erfolgreichen Scott und den, der gelegentlich das Gefühl hat, Erwartungen nicht erfüllt oder komplett versagt zu haben. In manchen Situationen kommt Adrenalinjunkie Scott zum Vorschein, in anderen eher Faulpelz Scott. Manchmal verkündet er, dass er sich ein stets lautes, buntes Leben wünscht, und dann wiederum gibt es einen Scott, der morgens nach dem Aufstehen einfach nur still mit seinem Freund zusammensitzt und Kaffee trinkt. Diese Facetten meiner Persönlichkeit wurden durch meine Anlagen bestimmt (durch Genetik und Biologie), aber auch durch meine Umwelt (durch Erziehung und Erfahrungen im Leben). Viele Menschen schämen sich nicht nur wegen der ungeliebten Aspekte ihrer Persönlichkeit, sie verdrängen diese Eigenschaften sogar und weigern sich, sie zu akzeptieren oder sich mit ihnen auseinanderzusetzen.

Wir sollten uns in Erinnerung rufen, dass wir aus vielen unterschiedlichen Teilen bestehen – einigen, die wir mögen, und anderen, auf die wir nicht gerade stolz sind – und alle davon zu schätzen wissen. Manche davon machen uns zwar unvollkommen, aber auch komplex und menschlich: angespannt, mitfühlend, leutselig, unpünktlich, impulsiv, albern und idealistisch. Wenn wir es nicht schaffen, uns als komplette Wesen inklusive unserer hässlichen und nicht so perfekten Eigenschaften zu sehen, werden wir dadurch schnell zu einem Menschen mit wenig Neugier, der andere verurteilt. Wir denken: *Uff, ich hasse den Teil von mir selbst, der immer so angespannt ist.* Oder: *Ich finde es furchtbar, dass ich oft so impulsiv bin.* Vom Standpunkt der Neugier aus könnten wir uns vielmehr fragen: *Warum bin ich eigentlich immer so angespannt? Wie kann ich diesem Teil von mir Liebe entgegenbringen?* Oder: *Wann ist mir meine Impulsivität nützlich? Wann schadet sie mir eher?*

Wenn wir den uns angeborenen Wert nicht erkennen, sind wir uns gegenüber kritischer – dann verurteilen wir uns selbst und ebnen dem Impostorsyndrom, Selbsthass und Scham den Weg. Uns selbst abzuwerten, macht uns klein, so als würden wir uns hinhocken und die Arme um uns schlingen – so eine Körpersprache deutet nicht auf Offenheit, Wärme oder Freude hin. Wenn wir in die Falle tappen und uns selbst unseren Wert absprechen, kann das schnell zu dem Gefühl führen, dass wir nichts wert und keinerlei Neugier würdig sind.

Ich habe bei Begegnungen mit Menschen aus aller Herren Länder immer wieder beobachtet, wie vorherrschend solche Selbstherabwürdigung ist. Eine Frau läuft die Straßen von London entlang, da meldet sich in ihr eine Stimme, die sie mit anderen Frauen vergleicht und an ihrem Äußerem herumkrittelt. Obwohl ihr Ehemann ihr versichert, wie sexy sie ist, kann sie es nicht glauben. In Bogotá lernte ich einen jungen Mann kennen, der vor kurzer Zeit sein Studium abgeschlossen hatte und sich im Vergleich mit Leuten aus seinem Umfeld als unzulänglich empfand. Aus seiner Sicht sind die Menschen um ihn herum alle viel versierter und erfolgreicher. Das führte zu dem Gefühl, die Erwartungen nicht zu erfüllen, und er überarbeitete sich in seinem Job bei dem verzweifelten Versuch, sich zu beweisen. Letztlich litten darunter auch seine Beziehungen zu anderen, die für diesen jungen Mann doch eine Wohltat gewesen waren. Im therapeutischen Kontext wird in diesem Zusammenhang manchmal von »vergleichen und verzweifeln« gesprochen, weil wir uns dadurch so furchtbar fühlen.

Daher möchte ich hier ein paar Zeilen einschieben, die direkt an dich gerichtet sind: Wer auch immer du bist, deine Würde ist unantastbar und du hast Respekt und Neugier verdient, von dir selbst und von anderen – du verdienst Wertschätzung. Deine Geschichten, Erfahrungen, Ansichten, deine Reise – all das ist bedeutsam.

Wenn wir in das Gefühl der Unzulänglichkeit verstrickt sind, ist es schwierig, Neugier aufzubringen – uns selbst und auch anderen gegenüber. Das liegt daran, dass so eine Selbstentwertung nicht über Nacht stattfindet, sondern im Laufe von Jahren, manchmal sogar eines ganzen Lebens, immer stärker wird. Sich selbst neue Wertschätzung entgegenzubringen, erfordert große Anstrengungen, deshalb gehen so viele von uns ja zur Therapie! Ich möchte hier einen kleinen ersten Schritt vorstellen, durch den wir damit anfangen können: indem wir uns selbst gut zuhören.

Rein aus Neugier …
Welchen Teil von dir respektierst du am wenigsten und versuchst du am angestrengtesten zu unterdrücken? Warum ist das deiner Meinung nach so?

SPRICH MIT DEINEN INNEREN STIMMEN

2017 befand ich mich im Joshua Tree National Park in Südkalifornien, wo wir den Geburtstag einer guten Freundin feierten. Etwa zwanzig von uns kamen unter dem Wüstenhimmel zusammen, um diesen flüchtigen Moment gemeinsam einzuläuten. Damals hatte ich zwei Vollzeitstellen, meine Großmutter lag im Sterben und ich hatte eine depressive Phase voller Angstzustände und Panikattacken hinter mir. Ich dachte, dass es mir guttun würde, gemeinsam mit anderen einen geliebten Menschen hochleben zu lassen.

Zur Feier des Tages nahm ich LSD, obwohl mein Bauchgefühl mich davor warnte. Aber ich wollte so gern an der Dynamik der Gruppe teilhaben. Etwa eine Stunde später saß ich zusammen mit ein paar Freundinnen und Freunden vor einem Josuabaum und wir sprachen ihm reihum unsere Dankbarkeit aus. Dann hopsten wir lachend durch die Wüste, bis wir uns irgendwann um unsere Freundin scharten und *Happy Birthday* sangen. Ja, wir entsprachen dem typischen Klischee von Drogen nicht abgeneigten Kaliforniern, und ja, es war fantastisch – aber nur kurz, weil für mich der Spaß nicht anhielt.

Als die Sonne unterging und sich über uns am Himmel die Sterne zeigten, drehte sich mir irgendwann der Magen um. Mir war schlecht und gleichzeitig begannen in meinem Kopf tiefe, gruselige Stimmen zu flüstern. Sie sagten üble Dinge zu mir: »Du Freak, du stinkst! Was stimmt mir dir denn nicht? Du gehörst hier nicht hin.« Ich wusste durchaus, dass sie nicht echt waren, und sagte mir immer wieder, dass ich nur einen Horrortrip hatte. Trotzdem fühlte es sich *echt an*. Im Laufe des Abends kamen und gingen diese Stimmen. Es war nervenaufreibend. Weil ich in der Woche zuvor so wenig geschlafen hatte, dachte ich mir, dass mein Körper damit vielleicht Ruhe einforderte. Daher zog ich mich irgendwann still und heimlich in mein Zelt zurück, wo ich die Stimmen aus meinem Kopf zu vertreiben versuchte und schließlich eindöste.

Am nächsten Tag machte ich mich mit zwei Freunden zurück auf den Weg nach Los Angeles und wir hielten unterwegs bei einem In-N-Out Burger (wo ich natürlich einen doppelten Cheeseburger mit der typischen In-N-Out-Soße bestellte). Während wir futterten, hörte ich mit einem Mal wieder diese Stimmen: »Sind das überhaupt echte Freunde? Warum zeigst du dich ihnen gegenüber dann so abweisend? Und an dem Burger wirst du gleich noch ersticken!«

Als ich meinen Freunden anvertraute, was sich in meinem Kopf abspielte, zeigten sie sich besorgt.

»Wahrscheinlich ist das noch der Trip«, überlegte Robyn.

Aber am nächsten Morgen meldeten sich die Stimmen wieder zu Wort und eine Woche später hatte ich sie immer noch nicht abschütteln können. An diesem Punkt geriet ich in Panik. *O Gott, verliere ich etwa gerade den Verstand?*, dachte ich. *Wird das jetzt einfach so bleiben?* Die Sache wühlte mich derart auf, dass ich mir bei der Arbeit ein paar Tage freinahm und professionelle Hilfe suchte.

Nachdem ich ein paar Wochen lang Sitzungen bei einem Therapeuten absolviert hatte, ging er davon aus, dass es sich wohl um HPPD handelte, eine fortbestehende Wahrnehmungsstörung nach der Einnahme von Halluzinogenen. Dieses Phänomen ist eher ungewöhnlich, aber manchmal passiert es eben, dass die durch psychedelische Drogen ausgelöste Verzerrung der Wahrnehmung anhält. Nach Meinung des Therapeuten hatte es vermutlich damit zu tun, dass ich die Droge in einem Zustand von Überarbeitung und Schlafmangel genommen hatte, zu einem Zeitpunkt, an dem ich mit dem bevorstehenden Verlust eines geliebten Menschen zu kämpfen und eine psychische Krise hinter mir hatte.

»Egal, wie angestrengt ich die Stimmen zu ignorieren versuche, sie gehen einfach nicht weg«, sagte ich zu meinem Therapeuten. »Es ist die reinste Folter.«

»Wie wäre es denn, wenn Sie nicht versuchen würden, die Stimmen zu verdrängen, sondern ihnen stattdessen Neugier entgegenbrächten?«, schlug er vor. »Was genau sagen diese Stimmen, und warum ist das Ihrer Meinung nach so?«

Damit hatte mich zum ersten Mal jemand aufgefordert, den Stimmen zu lauschen, statt gegen sie anzukämpfen – anzuerkennen, dass sie ein Teil von mir waren, der Aufmerksamkeit einforderte. In dieser Woche beschloss ich daher, den Dialog mit diesen Stimmen in meinem Inneren aufzunehmen. Ich fragte sie: »Was wollt ihr mir mitteilen? Woher stammt ihr eigentlich? Welche Erfahrungen meiner Vergangenheit haben dazu geführt, dass ihr solche Dinge zu mir sagt?«

Als ich so mit den Stimmen zu kommunizieren begann – und mich dabei durch Angst und Scham arbeitete –, wurde mir nach und nach klar, dass sie der Schlüssel zu Erinnerungen waren, die ich ganz vergessen hatte.

Ich erkannte, dass diese Stimmen Dinge zu mir sagten, die ich in meiner Kindheit tatsächlich zu hören bekommen hatte – vor allem in Situationen, in denen ich Mobbing ausgesetzt gewesen war. Bei der nächsten Sitzung sprudelte all das aus mir heraus, und mein Therapeut beglückwünschte mich, weil ich so mutig gewesen war und mich unter großen Anstrengungen mit diesem Thema auseinandergesetzt hatte. Die akustischen Halluzinationen verschwanden zwar nicht, aber ich hatte nicht mehr so große Angst vor ihnen.

Insgesamt hörte ich die Stimmen ganz sechs Monate lang regelmäßig; danach verstummten sie endlich. Inzwischen melden sie sich nur noch etwa ein- oder zweimal im Jahr zu Wort statt täglich. Wenn das wieder einmal vorkommt, begrüße ich sie mittlerweile voller Neugier und Anteilnahme statt mit Feindseligkeit und Verachtung. Ich kann den ihnen innewohnenden Wert, ihre Würde, erkennen und brauche sie nicht dafür zu strafen, wie ich mich ihretwegen fühle.

Auch Menschen ohne akustische Halluzinationen können vermutlich nachempfinden, wie es mir dabei gegangen ist, weil die meisten von uns in irgendeiner Form eine negative innere Stimme haben. In deinem Fall handelt es sich vielleicht um einen inneren Kritiker, der dich herabwürdigt und durch den du dich klein fühlst, wenn du einen Fehler gemacht hast. Oder vielleicht ist deine Stimme eine Zweiflerin, die alles in deinem Leben infrage stellt. Manche würden dir vermutlich raten, solchen Stimmen keinen Raum zu geben. Ich hingegen schlage vor, dass du stattdessen das Gespräch mit ihnen suchst. Freund dich mit ihnen an und lern sie zu schätzen, statt sie beiseitezuschieben wie etwas, was du loswerden willst. Üb dich in nach innen gerichteter Neugier und stell dir Fragen wie diese: *Hab ich solche Stimmen in meinem Leben früher schon mal gehört? Was lösen sie aus? Höre ich sie häufig in ähnlichen Situationen oder in der Gesellschaft bestimmter Menschen?* Solange wir uns nicht mit diesen Stimmen auseinandersetzen, sie würdigen und als Vermittler womöglich wichtiger Botschaften wahrnehmen, werden sie uns herunterziehen und mehr Nähe, Verbundenheit und Veränderung im Weg stehen.

Eine Möglichkeit der Zwiesprache mit diesen inneren Stimmen besteht darin, selten angehörten Eigenschaften von dir das Wort zu erteilen, vor allem bestimmten Emotionen. Vielleicht verdrängst du für gewöhnlich die Stimme der Wut, weil du dich gern als fröhlichen Menschen sehen möchtest. Sag in diesem Fall zu dir selbst: »Hey, Wut, wenn du mit Worten beschreiben könntest, warum du dich so fühlst, was würdest du sagen?« Du könntest dich einen Moment in Ruhe hinsetzen und dir die Wut als Person vorstellen, mit der du wie mit der inneren Stimme kommunizierst. Oder du könntest mit Stift und Papier arbeiten und dabei die Wut übernehmen lassen. Was würde sie wohl in einem Brief an dich schreiben, wenn es ihr möglich wäre?

Das Gespräch mit deinen Gefühlen zu suchen, ist eine weitere Möglichkeit, dich besser zu verstehen und wertzuschätzen. Vielleicht begreifst du dadurch, dass deine Wut in Wirklichkeit Angst vor dem Verlassenwerden ist, oder davor, nicht gehört zu werden. Oder möglicherweise versucht deine Wut, für dich einzustehen und deine Sicherheit zu gewährleisten. Das wirst du erst wissen, wenn du nachgefragt hast.

> **Rein aus Neugier ...**
> Was sagen deine inneren Stimmen? Was für Fragen würdest du ihnen stellen, wenn du dich mit ihnen unterhalten würdest, statt sie zu verdrängen?

EINE MUTIGE PAUSE

Vor ein paar Jahren nahm ich mal zusammen mit drei anderen Leuten eins dieser Sammeltaxis von Lyft. Ich kam gerade von einem Konzert im Fillmore, und während wir so gemeinsam die Straßen von San Francisco entlangfuhren, entspann sich unter uns Fahrgästen ein Gespräch. Wir stellten einander typische Fragen wie: »Woher kommen Sie? Wohnen Sie schon lange hier? Und was haben Sie heute Abend so gemacht?« So etwas in der Art. Irgendwann kam das Thema Musik zur Sprache, und es stellte sich heraus, dass alle im Auto außer mir Musiker waren.

Der Fahrer spielte Gitarre und der Fahrgast neben mir sagte: »Hey, ich auch!«

Der Typ auf dem Beifahrersitz vorn spielte die Steeldrum und lebte mit zwanzig anderen Musikern in einem Haus zusammen (wobei er trotzdem 1100 Dollar Miete zahlte – typisch San Francisco).

Die Letzte in der Runde war Sängerin und strahlte die typische Energie des Sternzeichens Löwe aus, denn sie schmetterte zum Beweis gleich ein paar Töne. Wir johlten begeistert.

Dann blickte der Fahrer durch den Rückspiegel mich an und fragte: »Und was ist mit Ihnen?«

»Bitten Sie mich bloß nicht, zu singen«, erwiderte ich in selbstkritischem Tonfall. »Und ein Instrument spiele ich auch nicht.«

Tatsächlich hatte ich insgeheim aber immer davon geträumt, vor anderen Menschen Musik zu machen, und wenn es nur ein einziges Mal wäre. In Tagträumen malte ich mir manchmal aus, wie ich auf der Bühne stand oder der Star in einem Musikvideo war. Vermutlich hatte ich deshalb angefangen, als Musikjournalist und Producer von Musikfestivals zu arbeiten. Auf diese Art und Weise war ich wenigstens hautnah mit dabei, wenn auch nicht selbst der Star der Show.

»Aber ich hab immer davon geträumt, in einer Band zu spielen«, platzte es jetzt aus mir heraus.

Nachdem ich diese Worte über die Lippen gebracht hatte, wummerte es in meiner Brust, mein Herz begann zu rasen. Ich hatte plötzlich einen ganz trockenen Mund und einen Kloß im Hals. Diesen geheimen Wunsch laut auszusprechen, löste in mir unbehagliche Emotionen aus. Ich fühlte mich schutzlos und verletzlich. Am liebsten hätte ich sofort einen Satz wie »Aber das wird natürlich nie passieren« hinterhergeschoben, um die Stille auszufüllen – ein Schutz- und Vermeidungsmechanismus.

Wenn du Stille ausfüllst, willst du dadurch die Kontrolle behalten. So ein Verhalten vermittelt: *Ich weiß schon, was ihr sagen werdet, also lasst es mich selbst sagen, womit ich die Situation im Griff habe.* Das wertet allerdings die Menschen ab, mit denen du dich unterhältst, weil du so tust, als wüsstest du schon, was sie sagen werden. Gleichzeitig wertet es auch dich selbst ab. Du hinderst dich dadurch nämlich daran, dich zu fragen, was du vom Leben willst. Du füllst die Stille aus, weil es dir ein (falsches) Gefühl von Sicherheit vermittelt. Tatsächlich hält es dich aber von möglichen neuen Erfahrungen fern, von Wandel und mehr Nähe.

Wir füllen die Stille *vor allem* dann oft aus, wenn wir unsere Bedürfnisse und Wünsche mit Menschen teilten, die sie tatsächlich wahr werden lassen könnten. Denk nur an kleine Anliegen im Alltag, wenn du zum Beispiel deinen Lieblingsmenschen gern um eine Besorgung bitten würdest oder du ein Meeting am Ende des Arbeitstages lieber verschieben würdest, um Bekannte oder deine Familie sehen zu können. Selbst wenn du dir einen Ruck gibst und die entsprechende Frage stellst, füllst du allzu schnell die Stille danach aus und schiebst hinterher: »Aber kein Problem, wenn nicht!«

Leider passiert es auch, wenn mehr auf dem Spiel steht, du zum Beispiel um eine Gehaltserhöhung bittest. Da kommst du mit einer Liste all deiner Leistungen, den marktüblichen Sätzen und dem, was die Firma durch dich gewonnen hat. Doch nach deinen Forderungen ruderst du selbst wieder zurück, obwohl dein Einkommen davon abhängt: »Allerdings ich weiß natürlich, dass das Budget im Moment knapp ist. Daher ist das in diesem Quartal wohl nicht möglich, oder?« Und das, bevor du der verantwortlichen Person auch nur die Gelegenheit gegeben hast, sich dazu zu äußern.

Mit anderen Worten: Durch so ein Verhalten geben wir anderen nicht die Gelegenheit, unsere Wünsche und Bedürfnisse zu würdigen – und die sind doch ein wichtiger Teil dessen, was uns Menschen ausmacht. Stattdessen reißen wir aus Unsicherheit oder Angst die Kontrolle an uns und geben unserem Gegenüber damit nicht Entscheidung darüber, ob es unsere Bitte erfüllen will oder nicht. Weil wir uns selbst nicht genug Wertschätzung entgegenbringen, kommen wir bereits im Vorfeld zu dem Schluss, dass wir der Unterstützung anderer nicht wert sind, und reden unsere eigenen Wünsche und Bedürfnisse klein. Das trifft besonders auf solche Menschen zu, die es immer allen recht machen wollen und die Interessen anderer vor ihre eigenen stellen. Wir sind gern dazu bereit, zum Erfüllen von Bedürfnissen und Träumen anderer beizutragen. Wenn es um unsere eigenen geht, sieht die Sache jedoch anders aus.

Und damit komme ich zurück zu meiner Geschichte aus dem Lyft-Taxi. Statt die Stille auszufüllen, legte ich mutig eine Pause ein – ich übte mich in der Kunst, eine Bitte vorzubringen und dann neugierig auf die Reaktion der anderen zu warten.

Zwei Stunden später fand ich mich in Corona Heights wieder, an einem der höchsten Punkte von San Francisco, und zwar zusammen mit der kompletten Mannschaft aus dem Taxi (Fahrer inklusive!). Am Himmel standen Sterne und im Castro-Viertel wehte in einiger Entfernung eine riesige angestrahlte Regenbogenflagge. Wir hatten in der Musiker-WG Instrumente abgeholt, unter anderem eine Mundharmonika, die ich jetzt mit der albernen, überschwänglichen Freude spielte, die bei solchen spontanen Aktionen entsteht. Unsere Band nannten wir The Lyft League.

An jenem Abend lernte ich, dass Wertschätzung für sich selbst manchmal bedeutet, sich beim Bitten um einen Gefallen oder beim Teilen von Träumen und Gefühlen nicht selbst im Weg zu stehen. Wenn du mutig eine Pause einlegst, nachdem du ein Anliegen vorgebracht hast, zeigst du, dass du an dich glaubst und dich einer Reaktion und der Unterstützung anderer für würdig erachtest – selbst wenn die Antwort letztlich negativ ausfällt. Diese Übung ist nicht nur für extrovertierte Typen wie mich, die dazu bereit sind, sie in einem Auto voll fremder Leute auszuprobieren. Du kannst sie auch in deiner Familie, bei Menschen an deinem Arbeitsplatz, im Freundeskreis oder der Nachbarschaft praktizieren. Vielleicht schreibst du Gedichte und würdest gern die Meinung anderer dazu hören, es ist dir aber peinlich, deine Texte zu zeigen. Wenn du zu deiner besten Freundin sagst: »Ich möchte dir gern ein Gedicht vorlesen, das ich geschrieben habe«, dann ergibt sich eine tolle Gelegenheit für eine mutige Pause. Widersteh der Versuchung, einer Abschwächung wie »Ach, so gut sind meine Gedichte ja noch nicht. Vielleicht zeige ich sie dir besser, wenn ich noch etwas daran gefeilt habe« oder »Aber wir müssen das auch nicht machen, wenn du keine Zeit hast«.

Betritt stattdessen lieber einen unbekannten Pfad und ehr den Zauber des Lebens, der entsteht, wenn wir uns selbst wertschätzen. Bring einfach eine Bitte vor, leg eine mutige Pause ein und guck, wo dich das hinführt – vielleicht landest du ja auch mit deiner Version der Lyft League oben auf einem Hügel.

Anderen Wertschätzung entgegenbringen

Viele von uns denken, dass sie andere wertschätzen. Wir sehen uns selbst als die Art von Mensch, die sofort mit von der Partie sind, wenn es darum geht, spontan den Traum einer mitfahrenden Person in einem Lyft-Taxi zu erfüllen. Gern weisen wir auf das Schild an unserem Gartenzaun oder hinter unserem Fenster hin, auf dem *Vielfalt feiern!* steht, und wir spenden auch oft Geld für wohltätige Zwecke. Trotzdem müssen wir die falsche Überzeugung abschütteln, dass wir anderen *nie* ihren Wert absprechen. Das tun wir nämlich alle in bestimmten Situationen, wenn es auch unbeabsichtigt sein mag. Wir werten Fremde, Bekannte und Nachbarn ab. Wir werten Leute im Supermarkt und in den sozialen Medien ab. Wir werten selbst die Menschen ab, die wir am meisten lieben.

So, wie wir *nicht jeden Teil* von uns selbst auf die gleiche Art und Weise wertschätzen, werten wir auch andere Menschen ab, indem wir sie nicht als komplexe Wesen wahrnehmen. Das passiert vor allem, wenn wir mit jemandem nicht einer Meinung sind oder die Person anders empfindet als wir. Gedanklich spielt sich das vielleicht so ab: *Oh, die habe ich für intelligent gehalten, aber jetzt hat sich herausgestellt, dass sie Impfgegnerin ist.* Oder: *Eigentlich wäre ich mit jemandem wie ihm gern befreundet, aber er redet mir einfach zu viel.* In so einem Fall nimmst du eine Person nur aus einer konkreten Perspektive wahr – siehst sie als Impfgegnerin oder Schwätzer –, fällst aber ein Urteil über sie als *ganzen Menschen*. Du wertest sie aufgrund *einer* unliebsamen Eigenschaft ab und weigerst dich, all die anderen Teile ihrer Persönlichkeit zu sehen, die dir vielleicht gefallen oder mit denen du gut klarkommst.

Am extremsten zeigt sich so etwas bei politischen Überzeugungen. Wenn wir bei einer Person – vielleicht durch einen Stoffbeutel mit dem Logo eines bestimmten Radiosenders oder durch einen *Make America Great Again*-Hut – schon bei der ersten Begegnung davon ausgehen, dass sie andere politische Überzeugungen hat, dann können sich konstruktive Unterhaltungen als schwierig gestalten. Wir glauben, dass wir durch die zur Schau gestellten Accessoires bereits über alle wichtigen Informationen verfügen. Sie verkörpern für uns die Summe des Wesens, der Werte, Interessen und Erfahrungen eines Menschen. In so einer Situation vergessen wir nur allzu leicht, dass es bloß einen kleinen Teil vom Leben und der Persönlichkeit eines Menschen ausmacht, einen bestimmten Radiosender zu hören oder Donald Trump zu unterstützen.

Indem du der Person, die vor dir steht, zunächst einmal Wertschätzung entgegenbringst und sie als Individuum kennenlernst, statt sie auf ihre politischen Ansichten zu reduzieren, öffnest du eine Tür zu Neugier und mehr Nähe. Dadurch verringert sich die Wahrscheinlichkeit, dass ihr in Streit geratet, frustriert seid oder einfach dichtmacht. Du kannst dein Gegenüber fragen, wie es aufgewachsen ist, wie es sich eine Meinung bildet und was es im Leben als wichtig erachtet.

Allerdings sollte das keine einseitige Sache sein: Du solltest ebenfalls dazu bereit sein, persönliche Details preiszugeben, und dich dabei auf Geschichten und Erfahrungen konzentrieren, die dich über deine politischen Überzeugungen hinaus in deiner Menschlichkeit zeigen.

Als ich an der Trump-Kundgebung und einem Treffen der Republikaner teilgenommen habe, war es bei meinen Gesprächen ganz entscheidend, mein Gegenüber wertzuschätzen. Erinnerst du dich noch an den Mann, der sich von den Freunden seiner Partnerin ständig schlecht gemacht und abgelehnt gefühlt hat? Ihm hat es wehgetan, dass sie ihn genau zu kennen glaubten und ihn aufgrund seiner Entscheidung für eine gewisse Partei an der Wahlurne abgewertet haben. Tatsächlich definiert ihn ja viel mehr als nur Politik, er wurde aber nicht als ganzer Mensch wahrgenommen und respektiert. Die Personen, mit denen ich gesprochen habe, zeigten sich mir gegenüber respektvoller und einfühlsamer, wenn ich mit gutem Beispiel voranging.

Mit so einem Verhalten habe ich es uns ermöglicht, uns auf effektivere Weise als in meiner Vergangenheit zuzuhören und uns zu verstehen. (So konnte ich ein- oder zweimal vermeiden, dass die ganze Sache hitzig wurde.) Durch die Unterhaltungen wurden mir neue Perspektiven zu Themen wie Waffenrechte oder Bergarbeiter eröffnet, die vielleicht nicht meine Ansichten änderten, über die ich aber vorher noch nie nachgedacht hatte. Ich zeigte ihnen das Grauen von Konversionstherapien auf, und die Tatsache, dass auch Menschen aus der LGBTQ+-Community spirituell oder gläubig sein können. Anderen Wertschätzung entgegenzubringen, führt nicht unbedingt zu einem Wechsel der Perspektive – und das sollte auch nicht der Grund dafür sein, dass du dein Gegenüber schätzt –, aber so paradox es auch klingen mag: Wenn du anderen bei einer Unterhaltung vermittelst, dass du sie schätzt, werden sie sich für deine Ansichten eher öffnen, als wenn du ihre Sichtweise oder sie als Menschen angreifst. »Du bist zwar ein Ignorant mit einem dämlichen Haarschnitt, aber darf ich dich mal fragen, wie du aufgewachsen bist und was deine Überzeugungen beeinflusst hat?« ist vermutlich kein Gesprächsaufhänger, der zu einem besonders gelungenen Austausch führen wird.

Wenn wir uns mit Menschen auseinandersetzen wollen, die wir aufgrund ihrer politischen Ansichten oder aus sonstigen Gründen als sehr anders wahrnehmen, ist es meiner Erfahrung nach oft am einfachsten, mit denen zu beginnen, die uns nahestehen, zum Beispiel mit unserem Lieblingsmenschen. Manche Paare haben beim Thema Politik ganz unterschiedliche Meinungen und sind trotzdem zusammen glücklich, weil sie einander nicht nur über bestimmte Ansichten oder Parteizugehörigkeiten definieren, sondern als Ganzes, als komplexes Individuum, wahrnehmen. Den Menschen aus unserem persönlichen Umfeld gerade in Momenten der Uneinigkeit Wertschätzung entgegenzubringen, ist ein gutes Training. So bereiten wir uns auf ähnliche Situationen mit Personen vor, die wir nicht so gut kennen, wie zum Beispiel der Schwimmlehrerin deiner Kinder oder den Leuten bei einer Gemeindeversammlung.

Wertschätzung ist keine Zustimmung

Sich darum zu bemühen, andere wertzuschätzen, wird oft (fälschlicherweise) mit einem Schmusekurs in Verbindung gebracht, bei dem verkündet wird: »Wir sind doch alle gleich, weil wir alle Menschen sind«. Durch solche Verallgemeinerungen werden jedoch unsere Unterschiede weggeredet –

zum Beispiel, wenn jemand in einer Debatte über Rassismus sagt: »Für mich gibt es keine Hautfarben.« Jemandem Wertschätzung entgegenzubringen, bedeutet, anzuerkennen und zu würdigen, was uns voneinander unterscheidet.

Du kannst jemanden als ganze Person mit ihrer angeborenen Würde wahrnehmen, die deines Respekts und deiner Neugier wert ist, während du zugleich nicht mit ihren Überzeugungen, ihrer Ideologie, einverstanden bist. Deine Wertschätzung zu zeigen, heißt nicht, dass du ihre Ansichten teilst oder verteidigst, vor allem, wenn sie nicht im Dienst von Gerechtigkeit, Gemeinschaft und Liebe stehen, oder dass du keine Grenzen zu setzen weißt.

Einen Menschen wertzuschätzen, bedeutet nur, dass du ihn als komplettes, komplexes Individuum wahrnimmst, das eine Bandbreite von Gefühlen, Gedanken, Werten, Bedürfnissen, Ängsten und Wünschen hat – genau wie du. Und dafür brauchst du nicht seiner Meinung zu sein.

SICH NICHT AB-, SONDERN ANDEREN ZUWENDEN

Seit Jahrzehnten beschäftigt sich das Psychologenehepaar John und Julie Schwartz Gottman mit der Frage, wie wir besser lieben können. Zusammen haben sie im Jahr 1996 das Gottman Institute gegründet, an dem durch forschungsbasierte Programme und Kurse Menschen dabei geholfen werden soll, ihre Beziehungen zueinander zu verbessern. Sie haben etwas herausgefunden, was glücklichere, gesündere und länger haltende Ehen stark begünstigt: Wenn die eine Person darauf reagiert, dass die andere Aufmerksamkeit einfordert. Mit anderen Worten: Beziehungen stehen und fallen mit der Fähigkeit, uns dem anderen zuzuwenden, statt uns von ihm abzuwenden (und ihn zu ignorieren). Es ist eine ganz entscheidende Erkenntnis, dass dies das Geheimrezept für lang anhaltende Vertrautheit ist, die bei verheirateten Paaren zu stärkeren und langfristigen Bindungen führt. Und die wichtigste Zutat ist dabei Neugier.

Wenn wir uns einem geliebten Menschen zuwenden, bestätigen wir damit seinen Wert. So setzen wir das Gefühl, dass uns jemand wichtig ist, in die Tat um. Wir bringen dieser Person Wertschätzung entgegen, wenn wir mit Neugier darauf reagieren, dass sie unsere Aufmerksamkeit einfordert.

Die wegweisende Forschung der Gottmans hat gezeigt, dass Sich-Zuwenden zu einer Vertiefung der Beziehung von Paaren führen kann, aber das gilt auch sonst im Leben, zum Beispiel bei Personen aus unserer Familie, dem Freundeskreis oder der Nachbarschaft. Was ist mit *sich zuwenden* konkret gemeint?

Schauen wir uns eine Untersuchung der Gottmans, die sie auf dem Campus der University of Washington in Seattle durchgeführt haben, mal etwas genauer an. Was ist John Gottman bei der Beobachtung von Paaren aufgefallen?

Er bemerkte, dass Menschen in einer Partnerschaft im Laufe des Tages immer wieder die Aufmerksamkeit des anderen einfordern, oft in der Form von Fragen, wie zum Beispiel danach, was zum Abendessen gekocht werden soll oder was der andere gerade liest. Die Paare, die sechs Jahre nach der Studie immer noch verheiratet waren, reagierten auf solche Stichworte mit Antworten wie »Wie wär's mit Lachs?« oder »Ich lese gerade *Die Wurzeln des Lebens* von Richard Powers und find es richtig toll!«.

Der erste Schritt der Zuwendung besteht darin, auf die Frage zu reagieren, statt sie zu ignorieren oder die Nase weiter ins Buch zu stecken. Wer nach so einem Stichwort eine Reaktion seines Gegenübers bekommt, fühlt sich dadurch von ihm wertgeschätzt. Die Studie konnte zeigen, dass dies zu länger anhaltenden Ehen führt.

Beispiele für die Forderung nach Aufmerksamkeit

- Wow, hast du den Vogel da gesehen?
- Wie sehe ich aus?
- Hat's dir geschmeckt?
- Und, was hast du diese Woche so gemacht?
- Wollen wir am Wochenende ins Grüne fahren und wandern gehen?
- Kannst du mir dabei helfen, das Geschirr einzuräumen?
- Ich bin fix und fertig.
- Was geht dir gerade durch den Kopf?

Um angemessen reagieren zu können, wenn der geliebte Mensch Aufmerksamkeit einfordert, musst du das erst einmal erkennen. Dafür musst du aufgeschlossen und achtsam sein, wenn dir jemand eine Frage stellt oder auf etwas hinweist. Fragt dein Mann »Wie hat's geschmeckt?«, erkennst du seine Bitte nicht, wenn du mit dem Handy beschäftigt bist. Wenn deine Freundin fragt: »Wie seh ich aus?«, sich dir aber sofort der Gedanke an ihre Unsicherheit aufdrängt oder du ein Betteln um Komplimente vermutest, dann trübt das deine Zuwendung.

Eins ist dabei allerdings interessant: Eine negative Antwort auf eine Frage ist immer noch besser als keine Antwort, weil so wenigstens auf die Bitte um Aufmerksamkeit eingegangen wird.

Wenn der Mensch, den du liebst, mit dir gern zu einem Spaziergang aufbrechen würde, kannst du ablehnen und sagen: »Das Buch ist gerade so spannend. Wie wäre es denn, wenn wir nach dem Mittagessen einen machen?« So signalisierst du zumindest, dass du dein Gegenüber gehört hast. Es ist vermutlich nicht die Antwort, auf die es gehofft hat, aber viel besser, als auf Durchzug zu stellen und den Vorschlag zu überhören. Dadurch bringst du dem, was die andere Person sagt, Wertschätzung entgegen, während du zugleich deine eigenen Grenzen respektierst. Durch Ignorieren wertest du den anderen Menschen und seine Worte hingegen ab und brüskierst ihn.

Wie bereits erwähnt, solltest du auch nicht vergessen, dass dieses Prinzip in anderen Kontexten auf die gleiche Weise funktioniert. Dich anderen zuzuwenden, kannst du zu einem wichtigen Teil deines Umgangs mit deiner Familie, im Büro und der Nachbarschaft, mit Bekannten und Fremden machen. Wenn ein Kumpel mit einer Bemerkung über Mode deine Aufmerksamkeit einfordert, dann wende dich ihm zu – selbst dann, wenn du an dem Thema kein Interesse hast. Frag ihn, was er daran so interessant findet, und nutz die Gelegenheit zum Lernen. Es geht nicht darum, dass du danach die French Tuck-Technik für Hemden beherrscht, sondern vielmehr darum, dass du etwas Neues über deinen Freund erfährst. Wenn deine Kollegin dadurch Aufmerksamkeit einfordert, dass sie mit dir über ihre Erfahrungen beim letzten Projekt sprechen will, dann wende dich ihr zu, auch wenn es vielleicht nichts mit deinem konkreten Aufgabenfeld zu tun hat. Frag sie, was sie dabei gelernt hat und was das für ihre Zukunft bedeutet. Es ist nicht unbedingt eine Gelegenheit, dein professionelles Wissen zu erweitern, sondern die Chance, die Beziehung zu deiner Kollegin zu stärken. Mit den Worten der Autorin Susan Scott: »Das Gespräch dreht sich nicht um die Beziehung; das Gespräch *ist* die Beziehung.«[68]

Selbst im Restaurant musst du auf die Nachfrage der Bedienung, ob alles in Ordnung ist, nicht mit einem automatischen »Ja, danke« antworten. Stattdessen kannst du dich der Person aufrichtig zuwenden, wenn du ihr antwortest. Mal sehen, wohin es führt, wenn du sagst »Dieses Essen erinnert mich daran, was meine Oma früher für mich gekocht hat« oder »Ich bin ganz begeistert, und wir fühlen uns durch Sie hier wirklich gut aufgehoben«.

Indem du dich selbst solchen Menschen in deinem Umfeld zuwendest, mit denen dich nichts weiter verbindet, vermittelst du ihnen, dass sie als Person geschätzt werden. Damit wirst du ihnen eine Freude machen und dich ihnen vermutlich auch näher fühlen. Wenn Fremde mit dir sprechen, kannst du das einfach nur als oberflächlich oder als Smalltalk interpretieren (den sie betreiben, weil es zu ihrer Arbeit gehört), oder du kannst diesen Moment als Chance für mehr Nähe sehen – indem du Ihnen vermittelst, dass sie deiner Neugier wert sind. Es geht dabei nicht darum, eine Antwort zu erwarten, sondern vielmehr darum, eine Tür zu öffnen.

Rein aus Neugier ...
Kannst du dich an eine Situation im Laufe der letzten Woche erinnern, in der dein Lieblingsmensch, ein Familienmitglied oder jemand aus dem Freundeskreis deine Bitte um Aufmerksamkeit ignoriert hat? Wie ist es dir dabei ergangen? Gab es auch Momente, in denen du dich jemandem nicht zugewendet hast? Was glaubst du, wie sich diese Person dadurch gefühlt hat?

DIE RICHTIGE ROLLE

Bevor Emile Bruneau ein weltbekannter Neurowissenschaftler wurde, war er im Raum San Francisco Lehrer an einer Highschool.* Dort regte er viele Initiativen an, die Menschen miteinander ins Gespräch bringen sollten – konkret ging es um Programme, in denen weiße Jugendliche und solche anderer Hautfarbe darüber sprechen, was sie voneinander unterscheidet. Während Bruneau beobachten konnte, dass auf der Seite der weißen Teenager die Unterhaltungen gewinnbringend waren – weil ihnen dadurch zum Beispiel neue Perspektiven aufgezeigt wurden –, traf das für diejenigen auf der anderen Seite nicht zu. Das System, die Dynamiken, die sich negativ auf das Leben von People of Color auswirkten, waren weiterhin vorhanden. Nach dem Gesprächsprogramm fühlten sich die Teilnehmenden anderer Hautfarbe nicht anders, mal abgesehen davon, dass sie etwas erschöpfter waren.

Etwas Ähnliches hatte Bruneau festgestellt, als er mit vierundzwanzig als Freiwilliger an einem Sommerlager für katholische und protestantische Jungen in Belfast teilgenommen hatte. Das Sommercamp wurde von einer amerikanischen Hilfsorganisation geleitet und brachte für drei Wochen zweihundertfünfzig Kinder im Alter von sechs bis vierzehn Jahren zusammen.

»Alle hatten das Herz am rechten Fleck, aber keiner wusste so recht, was er da eigentlich machte«[69], erzählte Bruneau im Jahr 2015 in einem Interview für das *New York Times Magazine*.

Auf den ersten Blick schien alles wunderbar zu laufen – die Jungen unternahmen Spaziergänge in der Natur, führten gute Unter-

---

* Bruneau ist im Jahr 2020 gestorben, zwei Jahre nachdem bei ihm ein Hirntumor diagnostiziert worden war. Ich hatte das große Glück, diesen wunderbaren Menschen, der in der Welt der Neurowissenschaft viele Freunde hatte, kennenlernen zu dürfen.

haltungen und machten Übungen, die das gegenseitige Vertrauen stärken sollten. Am letzten Tag kam es allerdings zu einem Streit zwischen zwei Jungen, woraufhin beinahe alle Kinder in eine Massenschlägerei mit den Katholiken auf der einen und den Protestanten auf der anderen Seite verwickelt wurden.

Nachdem er gesehen hatte, dass sowohl das Sommerlager als auch das Gesprächsprogramm nicht funktioniert hatten, fragte sich Emile, ob solche Initiativen womöglich mehr schadeten als nutzten. Er war fest entschlossen, eine Antwort auf diese Frage zu finden, und kehrte an die Uni zurück, um in Michigan seinen Doktor in Neurowissenschaften zu machen. In diesem Rahmen forschte er zu Dialogprogrammen, versuchte zu ergründen, warum sie nicht funktionierten und wie man auf erfolgreichere Art und Weise Frieden fördern könnte.

Seine größte Erkenntnis hatte mit Perspektivwechseln zu tun – damit, den Erfahrungen anderer zu lauschen. Er fand heraus, dass Zuhören wichtiger für Menschen der Mehrheitsgesellschaft ist, die nicht mit der Perspektive der Minderheit vertraut ist. Deshalb profitierten weiße Jugendliche davon, sich die Geschichten ihrer Altersgenossen aus Minderheitengruppen anzuhören. Sie stellten ihre Annahmen auf den Prüfstand und änderten manchmal sogar ihre Überzeugungen, weil ihnen Dinge aus einer Perspektive geschildert wurden, aus der sie in den Medien oder ihrer Kultur nicht so oft gezeigt wurden.

Im Gegensatz dazu profitierten Teilnehmende aus Minderheitengruppen mit weniger Einfluss auf die Gesellschaft nicht von den Geschichten und Erfahrungen Weißer. Für sie war es wichtiger, ihre Erfahrungen und Sichtweisen zu teilen.

»Normalerweise geht man bei einem Dialog davon aus, dass jeder jeden gleich behandelt. Diese Haltung weiß ich zwar zu schätzen, bei einem Konflikt zwischen zwei Gruppen sind die Dinge aber eben nicht gleich«, erklärte Emile bei einer von mir mitorganisierten Konferenz im Greater Good Science Center. »Normalerweise gibt es ein Machtgefälle, und wenn man das nicht berücksichtigt, tut man der Hälfte der jungen Leute in diesen Programmen unrecht.«

Emiles Forschung unterstützt die Idee, dass diejenigen mit mehr gesellschaftlichem Einfluss zuhören und die mit weniger gesellschaftlichem Einfluss ihre Geschichten teilen sollen. Um seine Theorie zu testen, führte er Studien sowohl mit Testpersonen aus Israel und Palästina durch als auch mit weißen Menschen aus den USA, die mit Einwanderern aus Mexiko sprachen. Unter seiner Leitung setzten sie sich für Gespräche zusammen und bekamen Rollen zugewiesen. Eine Person sollte von den Herausforderungen berichten, vor denen sie selbst und die Menschen ihrer Gemeinschaft im Leben standen. Die andere sollte zuhören, sich um maximales Verständnis der geschilderten Erfahrungen bemühen und sie am Ende noch einmal zusammenfassen.

In beiden Fällen waren die Ergebnisse eindeutig: Wenn Menschen aus Israel zuhörten, verbesserte sich ihre Einstellung den Testpersonen aus Palästina gegenüber – wenn sie hingegen sprachen, veränderte das nicht viel an ihrer Haltung *oder* der der Palästinenser. Ebenso verhielt es sich bei den weißen Probanden aus den USA. Ihre Sicht auf die aus Mexiko Eingewanderten verbesserte sich durch Zuhören um einiges – wenn sie sprachen, veränderte das allerdings bei beiden Gruppen *nichts*.

Emiles Forschung zeigt also, dass die *Richtung* der Neugier – wer Erfahrungen teilt und wer zuhört – genauso wichtig ist wie die Teilnehmenden selbst oder der Inhalt des Gesprächs. Das ist so ähnlich wie mit der Starthilfe durch ein anderes Auto: Wenn du dafür die Kabel in der richtigen Richtung anschließt, ist der Wagen bald wieder flott. Werden sie falsch herum angeschlossen, kann das den Kabeln, dem Auto und sogar dir selbst Schaden zufügen. Auf dieselbe Art kann auch während eines Gesprächs, in dem ein Machtgefälle herrscht, Schaden entstehen. Wenn du Erfahrungen teilst, obwohl du eigentlich zuhören solltest, kann das problematisch sein, auch wenn du in guter Absicht gehandelt hast.

Im Allgemeinen werden Personen aus dominanten Gruppen als komplexere Individuen wahrgenommen, weil sie in Kultur und Gesellschaft stärker repräsentiert sind, während solche Differenzierung bei Menschen aus Minderheitengruppen fehlt. Sie werden oft als Stereotyp oder sogar als Karikatur dargestellt. Wenn man ihnen nicht zuhört, wird solch eine Wahrnehmung nur noch verstärkt.

Bevor du lautstark danach verlangst, dass sich andere doch bitte in deine Lage versetzen – dir Neugier über *dich* und *deine Ansichten* entgegenbringen – sollen, analysier erst einmal die Machtverhältnisse in eurer Beziehung und entscheide aufgrund dessen, welche Rolle du hier einnehmen solltest. Wenn du einer Gruppe mit mehr gesellschaftlichem Einfluss angehörst, dann ist es wichtiger für dich, zuzuhören. Stammst du aus einer Gruppe mit weniger gesellschaftlichem Einfluss, dann teil deine Perspektive.

Nehmen wir mal an, du bist eine Vorgesetzte und sprichst unter vier Augen mit einem Mitarbeiter. Er schildert, was ihn im Laufe der letzten Wochen bei einem Projekt, an dem er arbeitet, frustriert hat. Du bist vielleicht versucht, auch deine Sicht auf die Dinge zum Ausdruck zu bringen und beispielsweise darüber zu sprechen, unter welchem Druck du in deiner Führungsposition stehst und wie die Probleme deines Mitarbeiters den zeitlichen Rahmen oder die Dynamik im Team beeinflussen. Halt aber zunächst einen Moment inne und denk über deinen Status nach. Dadurch sollte dir klar werden, dass du Macht über den Mitarbeiter hast, weil du seine Arbeitsleistung bewertest und über sein Gehalt und eventuelle Beförderungen entscheidest (oder zumindest Empfehlungen aussprechen kannst). Entscheide dich daher lieber dafür, die Rolle der Zuhörerin einzunehmen, und ermutige deinen Mitarbeiter dazu, weiter über seine Erfahrungen zu sprechen, wodurch du seine Situation besser verstehen wirst.

Lausch aufmerksam und versuch, das Gehörte gelegentlich zusammenzufassen, um Missverständnisse zu vermeiden und zu vermitteln, dass du dein Gegenüber verstanden hast. Dafür brauchst du nicht auf abgedroschene Phrasen wie »Sie sagen also, dass …« zurückzugreifen. Formulier dein Feedback ruhig allgemeiner, zum Beispiel so: »Ich kann verstehen, dass es Sie frustriert, wenn Sie die Arbeit von zwei oder drei Wochen in nur einer Woche erledigen sollen. Der Zeitrahmen war für Sie also zu knapp bemessen, weil das Arbeitspensum für andere, parallel laufende Projekte nicht miteinbezogen wurde. Kann man das so sagen?« Dadurch wird nicht nur dem Mitarbeiter vermittelt, dass du ihm zuhörst. Gleichzeitig gewinnst du auch Einsichten, die zu Verbesserungen führen und in Zukunft ähnlichen Problemen vorbeugen können.

Die richtige Rolle zu finden, heißt nicht, dass die Vorgesetzte in so einer Situation nicht ebenfalls Neugier verdient hat. Aber dieser und andere ihrer Leitung unterstehenden Mitarbeiter haben sie höchstwahrscheinlich schon oft sprechen hören, zum Beispiel bei Teammeetings oder bei Rückmeldungen zu ihrer Arbeitsleistung. Deshalb stellt die von mir vorgeschlagene Vorgehensweise sicher, dass die Perspektive *aller* berücksichtigt und geschätzt wird. Zugleich erkennt sie an, dass Menschen mit weniger gesellschaftlichem Einfluss für gewöhnlich seltener Gelegenheit dazu haben, ihre Ansichten zu teilen.

Einen wichtigen Vorbehalt gibt es dabei allerdings: Wir sind Teil mehrerer sozialer Gruppen – und obwohl wir durch manche davon einer Minderheit angehören, sind wir durch andere in der Mehrheit. Vielleicht bist du schwarz, aber auch körperlich gesund, cisgender, wohlhabend, heterosexuell und ein Mann. Je nach Kontext wird das Einfluss darauf haben, ob du lieber sprechen oder zuhören solltest.

In diesem Zusammenhang muss ich an eine Geschichte von einem Interview denken, das der CBS New-Journalist Dan Rather mit Mutter Teresa geführt haben soll. Angeblich hat sich das Gespräch so abgespielt: Rather hat Mutter Teresa gefragt, was sie denn während ihrer Gebete zu Gott sagt. Ihre Antwort lautete: »Ich höre zu.« Also beschloss Rather, sich dem Thema von der anderen Seite her anzunähern, und fragte Mutter Teresa nun: »Na ja, was sagt Gott denn?« Mutter Teresa antwortete: »Er hört zu.«

Durch diese Parabel stellt sich mir die Frage: Vertrauen wir Gott vielleicht deshalb so viel an – weil er weiß, wie wichtig es ist, sich für die richtige Rolle zu entscheiden?

Sollte ich eher zuhören?	Sollte ich meine Erfahrungen teilen?
Gehöre ich zu der Gruppe mit mehr gesellschaftlichem Einfluss?	Gehöre ich zu der Gruppe mit weniger gesellschaftlichem Einfluss?
Wird meine Perspektive in der Kultur oft gezeigt?	Wird meine Perspektive in der Kultur selten gezeigt?
Hört man mir innerhalb dieser Beziehung bereits oft zu?	Hört man mir innerhalb dieser Beziehung selten zu?

Die Entmenschlichten wieder zu Menschen machen

Wenn wir uns dazu entscheiden, uns selbst und anderen Wertschätzung entgegenzubringen, können wir uns in unserer Menschlichkeit verankern. Damit öffnen wir die Tür zu der Art von tiefer Neugier, die unsere Beziehungen zu anderen stärken wird, vor allem in Konfliktsituationen und zu als anders wahrgenommenen Personen.

So wie ein System der Unterdrückung einer Gruppe von Personen ihren Wert *absprechen* kann, so kann das System ihren Wert auch wieder *anerkennen*. Opfer von Internaten wie John Jones wurden durch die von Murray Sinclair geleitete Wahrheits- und Versöhnungskommission, die Kommission Truth and Reconciliation Commission (TRC), gewürdigt. Die TRC war ein Teil des Indian Residential Schools Settlement-Abkommens, zu dem Kanada sich verpflichtet hatte, und sollte die Geschichte und die Auswirkungen des Internatsschulsystems dokumentieren. Damit wurde im Prinzip öffentlich verkündet, dass für nichtindigene Menschen in Kanada die Ära der mangelnden Neugier jetzt vorbei war. Von nun an würden sie sich mit diesen furchtbaren Aspekten der Vergangenheit auseinandersetzen und sich an den Bestrebungen beteiligen müssen, durch die ein Heilungsprozess in Gang gesetzt und ein fortschrittlicheres Land gestaltet werden sollte.

Ich sprach mit Ry Moran von den Red River Métis, einem indigenen Häuptling, der dafür verantwortlich war, Aussagen zu sammeln, und als Beobachter Hunderte solcher Zusammenkünften miterlebte – manche hinter verschlossenen Türen, manche als Großveranstaltungen in aller Öffentlichkeit.

»Im ganzen Land fanden zeremonielle Treffen zwischen den Dokumentaristen und den Überlebenden statt, die ihre ganz persönlichen Erinnerungen preisgaben«, erklärte Moran. »Für viele waren diese Dokumentaristen die ersten Menschen, denen sie genug vertrauten, um das Erlebte mit ihnen zu teilen.«

Überlebende dieser Internate erzählten ihre Geschichten an vielen unterschiedlichen Orten, von Hotelzimmern über umfunktionierte Umkleidekabinen in Gemeindezentren bis hin zu Arenen mit Tausenden von Menschen – manchmal unter Tränen, aber im-

mer mit einem klaren Ziel: sicherzustellen, dass solche Grausam-
keiten nie wieder passieren würden. Der Mut und die Kraft dieser Menschen ist unbestritten. Ein System einzurichten, durch das
diese Wahrheiten enthüllt werden konnten, war für Überlebende
wie Jones die Chance, gehört zu werden, und für Kanada ein großer Schritt in Richtung Versöhnung.

Manchmal wurde dieser Prozess allerdings unerträglich. Sowohl
Menschen aus den Dokumentationsteams als auch Überlebende
wurden gelegentlich so von Gefühlen überwältigt, dass sie nicht
weitermachen konnten. Nachdem er persönlich an diesen Treffen
teilgenommen hat und aus erster Hand all die Berichte gehört hat,
ist Moran jedoch weiterhin fest vom TRC-System überzeugt.

Er will nicht den Eindruck vermitteln, nun sei alles eitel Son-
nenschein. Leider sind viele seiner Landsleute immer noch nicht
dazu bereit oder dazu in der Lage, sich mit den Geschehnissen an
diesen Schulen auseinanderzusetzen. Während manche Kanadier
die Zeit des Wegschauens hinter sich gelassen haben, sind andere
nach wie vor in einem Kreislauf aus Unwissenheit und Ablehnung
gefangen. Sie wenden sich weiterhin ab.

»Obwohl immer mehr Fakten die Ereignisse belegen und es
neue Beweise durch den Fund von anonymen Grabstätten bei Internaten im ganzen Land gibt, hat sich in unserem Land eine kleine,
aber wachsende Gruppe Ungläubigkeit und Leugnung auf die Fahnen geschrieben«, erklärte mir Moran. Diese laute Minderheit hat
beschlossen, mit aller Kraft am Nicht-wissen-Wollen festzuhalten.

Trotzdem ist es der TRC gelungen, sowohl unter Überlebenden
der Internate als auch unter Nichtindigenen große Veränderungen
anzustoßen. Das soziale Bewusstsein eines ganzen Landes wurde
geschärft – weil eine Gruppe mutiger Menschen dazu bereit gewesen ist, ihre Geschichten zu teilen, und eine weitere mutige Gruppe
ihnen Neugier entgegengebracht hat. Es hat dazu geführt, dass in-

digene Menschen und ihre Erfahrungen auf eine Art und Weise respektiert werden, wie es vorher nicht der Fall war. Nach der Entmenschlichung gab es für sie eine neue Würdigung als Menschen.

Ein solcher Prozess der Aufwertung muss nicht unbedingt auf landesweiter Ebene stattfinden, er muss nicht durch die Politik oder so ambitionierte Initiativen wie die Truth and Reconciliation Commission angestoßen werden. Tatsächlich beginnen solche Dynamiken im Kleinen zu Hause, durch die Art und Weise, wie wir uns selbst und die Menschen behandeln, denen wir jeden Tag begegnen. Wenn du das nächste Mal wegen seiner politischen Überzeugungen auf jemanden wütend wirst, dann bemüh dich um Wertschätzung ihm gegenüber. Falls du nicht genug Zeit hast, um herauszufinden, wie diese Person aufgewachsen ist oder was in ihrem Leben so vor sich geht, ruf dir wenigstens in Erinnerung, dass sie ein Mensch mit Gefühlen ist – genau wie du. Gib dein Bestes, um sie als ganzes Individuum wahrzunehmen, statt sie auf einen kleinen Teil ihrer Persönlichkeit zu reduzieren – das Verhalten oder die Überzeugungen, die du in diesem Moment siehst.

Wenn du andere wertschätzt, ist die Wahrscheinlichkeit geringer, dass du ihnen wehtun willst. Von so einem Standpunkt der Sicherheit aus kann tiefe Neugier angeregt werden, es kann Nähe entstehen und es können sich positive Veränderungen für unsere Beziehungen und unser Leben ergeben.

Wertschätzung – Zusammenfassung

- Sprich mit deinen inneren Stimmen
  Statt zu verdrängen, was du empfindest oder hörst, würdige deine Gefühle und inneren Stimmen, vor allem die-

jenigen, die dir wehtun. Das hilft dir dabei, den Schmerz zu verstehen, und leitet die ersten Schritte auf dem Weg zu einem Heilungsprozess ein, der die Wurzel des Problems in den Mittelpunkt stellt statt der Symptome.

- Eine mutige Pause

  Ehr deine Wünsche und Bedürfnisse und sei bereit, sie laut auszusprechen, ohne sie noch im selben Atemzug zu verleugnen oder abzuschwächen. Das erfordert großen Mut, hilft anderen aber dabei, dich besser zu verstehen und eröffnet ihnen die Chance, deine Wünsche und Bedürfnisse zu erfüllen.

- Dich nicht ab-, sondern anderen zuwenden

  Lern zu erkennen, wenn jemand deine Aufmerksamkeit einfordert. Statt die Person zu ignorieren, stell sicher, dass sie sich gehört und wahrgenommen fühlt. Sei dir dessen bewusst, dass so ein Verhalten zu länger andauernden, gesünderen und erfüllenderen Beziehungen zu deinem Lieblingsmenschen, zu Familienmitgliedern, zu Leuten im Büro und im Freundes- und Bekanntenkreis führt.

- Die richtige Rolle

  Achte gut darauf, wann deiner Position und deinem Status entsprechend Zuhören angemessen ist, und wann du damit an der Reihe bist, deine Erfahrungen zu teilen. Je mehr gesellschaftlichen Einfluss du in einer Situation hast, desto mehr solltest du zuhören. Wenn du weniger Macht hast, kannst du die Rolle des Sprechenden einnehmen.

Kapitel 7

Annehmen

Lily Clarkes Element ist das Feuer. Heute fährt sie mit ihrem auf die Bekämpfung von Bränden in der Natur spezialisierten Team im Löschfahrzeug durch das Swan Valley in Montana. Aufregung liegt in der Luft, Nervosität und Vorahnung. Das Funkgerät, das Lily bei sich trägt, knistert, und gelegentlich sind darüber Stimmen zu hören. Schließlich hält der Wagen, als man bereits Rauch aufsteigen sieht, die Gruppe springt heraus und greift sich ihre Ausrüstung. Mit Löschrucksäcken macht sie sich auf den Weg in Richtung Feuer. Es handelt es sich um einen ersten Vorstoß, bei dem sie den Brand eindämmen, Leben retten und sich auf die andere Seite vorarbeiten sollen. Geräte schlagen gegen Felsen und dringen durch trockenes Gebüsch, während Lily ihrem Team Anweisungen zuruft. Noch können Sie nur erahnen, was auf sie zukommt, wissen aber nicht, ob sie für Stunden, Tage oder sogar Wochen hier sein werden.

Im Zentrum eines Waldbrandes spürt man sofort die extreme Hitze, und dicker, giftiger Rauch macht es schwierig, durch die Sonnenbrille etwas zu erkennen. Am Himmel fliegen Twin Commander-Flugzeuge über die Feuerwehrleute hinweg und werfen Zehntausende Liter Wasser ab. Hier unten am Boden ertönt ein schrilles Geräusche, das an ein Pfeifen erinnert und durch den ganzen Wald hallt, wenn ein Baum in Flammen aufgeht. Es handelt

sich um seinen Todesschrei, bei dem sich Lily jedes Mal die Na-
ckenhaare aufstellen.

Lily Clarke ist im ländlichen Montana aufgewachsen. In der Kleinstadt, aus der sie kommt, erfüllt wegen brennender Berghänge regelmäßig Asche und Rauch die Luft. Nachdem sie viele Jahr fort
gewesen war, erlebte sie bei ihrer Rückkehr die Waldbrandsaison
zum ersten Mal als Erwachsene und bemerkte jetzt noch etwas
anderes: Wenn die Berge in Flammen standen, brachte das Feuer
Wut mit sich, die sich unter den Menschen hier ausbreitete und
von den dreihundert Bewohnerinnen und Bewohnern der Stadt Besitz ergriff.

Bei Bürgerversammlungen und im Supermarkt hörte Lily fiese
Kommentare über das Feuerwehrteam. Einigen Anwohnern passte
der Ansatz der Regionalverwaltung bei der Bewirtschaftung des
Landes nicht. Die Feuerwehrleute, die sie hinter vorgehaltener
Hand als »Waldzirkus« bezeichneten, hätten ihrer Meinung nach
mehr tun können. Andere versuchten die Brandbekämpfer zu verteidigen und waren schockiert über diesen Mangel an Dankbarkeit.
»Die tun doch wenigstens was, um unsere Stadt zu retten«, sagten
sie. Statt sich gegen den gemeinsamen Feind, die Waldbrände, zu
verbünden, spalteten sich die Menschen aus der Gegend in zwei
Gruppen, die erbittert aufeinander losgingen.

Doch egal, wie heftig sie während einer Waldbrandsaison auch
im Clinch liegen, nach deren Ende kommen sie in der öden Landschaft voll verbrannter Baumstümpfe und umgestürzter Stämme
wieder zusammen. Auf den ersten Blick sieht es so aus, als würde
es dort nichts mehr geben – ein einst lebendiger Forst ist jetzt
tot, nur noch ein verkohlter Schatten seiner selbst. Wer einen vom

Feuer zerstörten Wald genauer unter die Lupe nimmt, wird aber erkennen, dass er nur so wimmelt vor Leben. Was wie eine Mondlandschaft wirkt, ist tatsächlich sich wandelnde Natur, und das wissen auch die Menschen im Swan Valley.

Auf dem verkohlten Waldboden finden sich Stellen voller Leben, an denen sich winziger grüner Farn kräuselt und sich Moos über den Wurzeln ausbreitet. Ausschau halten allerdings alle nach etwas anderem, nämlich nach der Hohen Morchel. Sie ist eine begehrte Pionierart und der Grund dafür, dass nach einer Zeit der Zerstörung hier die Anwohner zusammenkommen. Der von Köchen hochgeschätzte, köstliche Pilz wächst nach einem Waldbrand überall.

Pilzkundige wissen immer noch nicht genau, warum und wie die Morchel in dieser Situation plötzlich aus dem Boden sprießt. Eine Hypothese besagt, dass ein sterbender Baum beim Kampf ums Überleben seinen letzten Ressourcen eine neue Form verleiht. Einer anderen zufolge fügt das Feuer der chemischen Zusammensetzung des Erdreichs reichhaltige Nährstoffe hinzu, die für Morcheln den perfekten Nährboden bieten. Bei ein paar Dingen sind sich allerdings die meisten Pilzkundler einig: Ohne Waldbrand wächst die Hohe Morchel nicht, und sie ist einer der ersten Hinweise darauf, dass nach einem Feuer das Leben zurückkehrt.

Monate nach dem Brand marschiert Lily zu Beginn der Wachstumsperiode einen verkohlten Hang hinauf und trifft unterwegs Leute aus der Umgebung, die hier ebenfalls unterwegs sind. Sie lächelt ihnen zu, es wird zum Gruß zurückgenickt.

»Das war so eine verrückte Waldbrandsaison«, sagt jemand seufzend zu ihr.

Genau die Person, die mit am lautesten gegen das Waldbrandbekämpfungsteam gewettert hat – was beide wissen. Sie kennen sich schon ein Leben lang.

»Ja, es war hart«, sagt Lily.

Im Swan Valley fällt es den Menschen nicht leicht, über ihre Gefühle zu sprechen, trotzdem weiß Lily, was während dieser Pilzsammeltage in den Leuten vor sich geht. Sie seufzen, weil sie damit etwas ziehen lassen, all den durchlebten Schmerz, die Wut und Angst loslassen. Es ist ein Zeichen der Erleichterung darüber, dass die Waldbrandsaison vorbei ist und sich die Gemüter abgekühlt haben, ein Ausdruck der Hoffnung auf einen Lichtblick nach all der Zerstörung.

Die Waldbrände des Lebens akzeptieren

Selbst wenn du nicht an einem Ort lebst, der von Waldbränden heimgesucht wird, betreffen dich wie uns alle die Saisonschwankungen persönlicher Katastrophen. Die Waldbrände des Lebens scheinen wie aus dem Nichts auszubrechen, wodurch alles außer Kontrolle gerät und wir das Gleichgewicht verlieren: die Krebsdiagnose eines Elternteils, der Tod eines geliebten Menschen, der Umzug in eine neue Stadt, eine Entlassung oder Trennung und Scheidung.

Nach ein paar Waldbränden wissen viele von uns, dass Zerstörung uns neue und unerwartete Wege aufzeigen kann. Aber in dem Moment, in dem man mittendrin steckt, ist die Situation schwierig und destabilisierend, sie bringt Angst, Beklommenheit, Wut, Verwirrung, Trauer und Verzweiflung mit sich. Das macht es schwierig, klar zu denken, und wir sind wegen unserer Ängste oft zu gelähmt, um den Blick nach vorn zu richten und weiterzumachen. Wer es mit einer Trennung oder Entlassung zu tun hat, schützt sich selbst mit Gewissheiten. Angesichts von Angst und Veränderungen klammert sich unser Gehirn, woran es kann, um ein Gefühl von Stabilität und Kontrolle zurückzuerlangen. Deshalb halten wir die

Dinge, die wir empfinden, für wahr. Da wir die Zukunft nicht vorhersagen können, sind sie aber nichts weiter als Geschichten, die wir uns selbst erzählen: *Ich werde nie wieder so eine gute Arbeitsstelle finden! Wahrscheinlich hab ich meinen Mann sowieso nicht richtig geliebt!*

Solche vermeintlichen Gewissheiten übertünchen aber nur die Wahrheit: dass Situationen dieser Art für uns zwar schmerzhaft, aber unvermeidlich sind. Wir können einander noch so oft versichern, dass wir alles tun werden, damit man uns nie wieder entlässt oder uns das Herz bricht. Aber das liegt nun einmal nicht in unserer Hand. Solche schwierigen Momente gehören zum Leben mit dazu. Wenn wir pragmatischer und realistischer sein wollen, müssen wir uns selbst dazu anhalten, uns den problematischen Aspekten des Lebens zu stellen und uns mit ihnen auseinanderzusetzen. Wir müssen sie als das nehmen, was sie sind – sowohl mit ihren guten als auch mit ihren schlechten Seiten. Dafür brauchen wir allerdings emotionale Bandbreite und Belastbarkeit, um uns nicht verloren zu fühlen oder ins Trudeln zu geraten.

Lily hat bei ihrer Arbeit als Feuerwehrfrau gelernt, dass wir keine Angst vor dem Feuer zu haben brauchen, sondern vielmehr lernen sollten, es anzunehmen. Lily hat einen Tagebucheintrag mit mir geteilt, in dem sie geschrieben hat:

»Wenn ich mich dem Feuer nähere und es endlich sehe, bin ich verliebt. Ich bin begeistert und fühle mich vom Feuer getragen. Es gab mal Zeiten, in denen ich Angst hatte und mir deshalb ein Teammitglied ermutigend versichert hat, dass alles in Ordnung ist. Feuer braucht nichts zu sein, vor dem wir Angst haben. Selbst in dem Moment, in dem es wütet, haben wir es nicht nur mit Zerstörung zu tun, sondern auch mit einem Wandel … Daher hat mich die Formulierung ›Das Feuer bekämpfen‹ nie angesprochen, ›das Feuer annehmen‹ aber schon.«

Wenn du im Leben schwierige Phasen durchmachst, kann es schnell passieren, dass du dich vor tiefer Neugier verschließt. Daher ist es so wichtig, dass du dich wappnest und dich solchen Krisen bewusst stellst. Den baldigen Tod einer geliebten Person kannst du verdrängen, indem du sie nicht im Krankenhaus besuchst, weil dir das zu schmerzhaft und überwältigend scheint. Dadurch entgehen dir aber wertvolle Augenblicke mit diesem geliebten Menschen hier auf Erden, eine gemeinsame Zeit, die ihr vielleicht beide braucht oder euch wünscht. Wenn du dich stattdessen auf das Unbehagen einlässt, kannst du dadurch im besten Fall deinen Frieden mit der Situation machen, deine Liebe noch vertiefen und einem Sterbenden Trost spenden, indem du auf seine Bedürfnisse und Wünsche eingehst.

Zeigen sich in deiner Ehe Probleme, mag es einfacher erscheinen, sich auszuklinken und so zu tun, als wäre alles super. Wenn du dich stattdessen mit den Spannungen und Brüchen auseinandersetzt, öffnet das vielleicht Türen zu einer Paartherapie oder zu schwierigen Gesprächen. Sie können Wege aufzeigen, durch die du entweder die Verbindung zwischen euch vertiefen oder eine sauberen Schnitt machen kannst – beide Entscheidungen würden dir zu einem glücklicheren, erfüllteren Leben verhelfen.

Wenn du deinen Job verloren hast, ist es in Ordnung, wütend oder traurig zu sein. Weigerst du dich aber, dich der Situation zu stellen, klammerst du dich an diese Gefühle vielleicht zu lange und bleibst auf Dauer darin verhaftet.

Das kann deine Energie und deine Gemütslage negativ beeinflussen und es noch schwieriger für dich machen, neue Gelegenheiten wahrzunehmen. Indem du dich der Situation aber stellst, kannst du vielleicht ihre positiven Aspekte erkennen: Die Entlassung mag ein guter Anlass für eine Neuorientierung sein, durch die du beruflich eine Richtung einschlagen kannst, die vielleicht besser zu dir passt.

Solche Akzeptanz ist nicht einfach, aber das sind Wandlungsprozesse ja nie. Zum Glück verfügen wir über zwei innere Ressourcen, an denen wir regelmäßig arbeiten und auf die wir angesichts solcher Herausforderungen zurückgreifen können:

- Sich erden: Lern, dich sicher, entspannt und präsent zu fühlen, indem du das Tempo drosselst.
- Mutig sein: Sei dazu bereit, auf Dinge zuzugehen, die dir Angst machen.

In diesem Kapitel stelle ich drei konkrete Übungen vor, die du vor allem in schwierigen Zeiten nutzen kannst, um Annehmen zu praktizieren: die *Treibsandübung*, *Ein Mutgelübde für dich selbst* und *Mutbegleitung*. Während du diesen Muskel trainierst, solltest du dir immer wieder in Erinnerung rufen, dass man die Waldbrände des Lebens weder aufhalten noch kontrollieren kann. Du musst aufhören, Schwierigkeiten oder negative Erfahrungen zu verdrängen, so als würden sie dadurch wie durch Zauberhand verschwinden. Wenn du stattdessen lernst, diese harten Zeiten anzunehmen, schaffst du Raum dafür, in die Tiefe zu gehen, Fragen zu stellen, auf unerwartete Art und Weise Nähe herzustellen und absichtsvoll Veränderungen vorzunehmen.

Rein aus Neugier ...
Wie reagierst du normalerweise auf die Waldbrände des Lebens? Welche Gefühle steigen in dir auf, wenn du dir vorstellst, dich auf solche schweren Zeiten stattdessen voll und ganz einzulassen?

Dich erden

Manchmal vermeiden wir es, uns den harten Zeiten des Leben zu stellen, indem wir uns ablenken. In manchen Fällen ist es einfach ein Sich-Drücken, gelegentlich aber auch notwendig, um in den heftigsten Krisenmomenten einen sicheren Raum zu schaffen und sich selbst zu schützen. Wenn du nach einer Trennung kurz vor dem Nervenzusammenbruch stehst, ist es vielleicht nicht der richtige Moment für das Nachdenken über die aus dieser Beziehung gewonnenen Erkenntnisse und die Frage danach, was für eine Art von Beziehung du dir für die Zukunft wünschst. Deshalb ist es so wichtig, dich zu erden. Dadurch fühlst du dich im Körper verankert und gewinnst mehr geistige Klarheit. Es ist völlig in Ordnung, sich in Extremsituationen zu einem Ball zusammenzurollen und stundenlang üble Fernsehserien zu schauen, um nicht nachdenken zu müssen. Die Herausforderung besteht darin, zu unterscheiden, ob Ablenkung in einer bestimmten Situation hilfreich ist oder das Leiden nur noch verlängert.

Du brauchst Techniken, die dich in einer Waldbrandsaison erden – damit gar nicht erst so große Erschöpfung eintritt, dass nur noch ein Serienmarathon hilft.

Wer nicht mit beiden Beinen fest im Leben steht, der verwandelt sich nämlich in einen Songtext von Katy Perry und weht wie eine Plastiktüte im Wind. Wenn du geerdet bist, fühlst du dich wohler, entspannter und kannst in einer Zeit, in der es dir schwerfällt, Entscheidungen mit Blick auf die Zukunft zu treffen, klarer denken. Das erleichtert enorm den Zugang zu tiefer Neugier. Und es gibt einen Weg, dich selbst zu erden, der immer zu funktionieren scheint: einen Gang runterschalten.

DIE TREIBSANDÜBUNG

Im Jahr 2010 schrieb Daniel Engber, der damals für das Online-Kultur- und Politikmagazin *Slate* arbeitete, eine Kolumne über die Beliebtheit von Treibsand in Filmen.[70] Ein etwas wahlloses Thema für einen Artikel? Ja, schon, aber er machte darin ein paar interessante Beobachtungen:

Als in den 1960er-Jahren die Treibsand-Mode auf ihrem Höhepunkt war, kam das Phänomen in einem von fünfunddreißig Filmen vor. Engber schrieb: »Wenn du neun oder zehn Jahre alt bist und auf die Grundschule P.S. 29 in Brooklyn gehst, hast du eigentlich wichtigere Probleme: Monster, Drachen, riesige Wellen am Strand, die kleine Mädchen von ihrer Mutter wegreißen können.« (Oder, um das ans Jahr 2023 anzupassen: Klimawandel, Pandemien und Amokläufe an Schulen, lauter Probleme, mit denen sich die Kinder heutzutage leider auseinandersetzen müssen.) Aber wie die älteren von uns wissen, erfüllte uns die Allgegenwart von Treibsand in Filmen mit der Angst, dass auch wir eines Tages in welchen geraten, runtergezogen werden und dann ersticken könnten.

Als ich »Wie kann man in Treibsand überleben?« googelte, wurde mir als eines der ersten Ergebnisse ein Video des Biologen und Survivalcoaches Hazen Audel angezeigt.[71] Sein Rat? Erst einmal nicht in Panik geraten! Leichter gesagt als getan, schon klar. Aber wenn man im Treibsand ausflippt und zu zappeln beginnt, wird man nur immer tiefer hinabgezogen.

Als Zweites empfiehlt er, sich auf den Körper, nicht den Kopf, zu konzentrieren. Vielleicht versichern dir die rasenden Gedanken hinter deiner Stirn, dass du gleich komplett verschluckt werden wirst. Durch die Gesetze der Physik ist das allerdings unmöglich (außer, wenn du kopfüber hineinstürzt). Die Dichte von Mineralkörnern, Salz und Wasser in Treibsand ist höher als die des menschlichen Körpers. Hol im Treibsand also einmal tief Luft und beobachte, wie sich deine Brust hebt und senkt. Indem du zur Ruhe kommst und eher auf deinen Körper als auf deinen Verstand achtest, kannst du deine Gefühle besser kontrollieren und dich aus deiner Lage befreien.

Und der letzte Schritt, der nicht intuitiv und eher furchteinflößend klingt: sich zurücklehnen. Der Kopf sollte dabei über der Oberfläche bleiben, während du langsam die Beine vor und zurück bewegst. Damit bringst du auch den Sand in Bewegung, und es entsteht ein Hohlraum, in dem die Beine mehr Platz haben. Durch unseren guten Freund Auftrieb gelangen die Beine irgendwann an die Oberfläche, und du wirst zurück auf festen Boden und in Sicherheit gleiten können.

Vielleicht fragst du dich mittlerweile, warum um alles in der Welt ich hier über Treibsand rede. Obwohl nur sehr wenige Menschen je wirklich auf Treibsand treffen werden, führt eine durch die irrationale Angst davor gestartete Internetsuche zu einer Erkenntnis über Neugier: Wenn wir es mit einer Krise zu tun haben – uns zum Beispiel Stress bei der Arbeit oder die Versorgung unserer Kinder oder eines alternden Elternteils belastet –, haben wir oft das Gefühl, dass wir in der Falle sitzen. Wir bekommen Angst und geben auf *oder* treffen unüberlegte, impulsive Entscheidungen, beginnen zu zappeln, während wir mit dem Gefühl des Überwältigtseins klarzukommen versuchen. Genau wie bei Treibsand machen diese Reaktionen die Dinge nur noch schlimmer, wir geraten noch tiefer in Stress, Lähmung oder Angst.

In Momenten, in denen das Leben dich runterzieht, schaltet dein Körper in den Kampf-oder-Flucht-Modus um. Statt aufzugeben oder wild um dich zu schlagen, solltest du besser durch die Technik, die ich die Treibsandübung nenne, einen Gang runterschalten. Halt einen Moment inne, so als würdest du wirklich in Treibsand feststecken, und konzentriere dich auf deinen Körper. Atme bewusst durch und lass dich treiben. Setz dich dann ganz langsam und bewusst wieder in Bewegung, indem du zum Beispiel einen gemächlichen Spaziergang in der Sonne machst oder mit dem ganzen Körper langsam zu deinem Lieblingslied tanzt. Wofür du dich auch entscheidest, vermeide dabei hastige Bewegungen – sie würden dich nur noch tiefer runterziehen. Geh langsam, bewusst und zielgerichtet vor.

Wenn meiner Freundin Luisa die ganze Verantwortung zu viel wird, die sie als Mutter, pflegende Angehörige, Ehefrau, Freundin, Nachbarin und Start-up-Managerin trägt, dann nutzt sie die Treibsandübung. Als sie an einem Tag mit Meeting um Meeting immer gestresster wurde, nahm sie sich zum Beispiel ein paar Minuten Zeit, um langsam um den Block zu gehen und dabei mit Neugier die Bäume wahrzunehmen, die Sonne, die Wolken am Himmel und die Menschen, denen sie unterwegs begegnete. Ein paar Minuten im Freien gaben ihr wieder Auftrieb – sie ermöglichten ihr, statt im Kopf im Körper präsent zu sein. Ihre Gedanken drehten sich nicht mehr unablässig um die E-Mails in ihrem Posteingang oder um die Veranstaltung, die sie für die Arbeit plante. Dadurch hatte sie nicht länger das Gefühl, in der Falle zu stecken oder unterzugehen, sondern fühlte sich entspannter und ausgeglichener.

Obwohl Bewegung in Therapien und von Coaches so oft empfohlen wird, greifen in Momenten, in denen sie sich gestresst oder überwältigt fühlen, nur wenige von uns darauf zurück. Wir versuchen vielmehr, uns an die Intensität unserer Gefühle anzupassen, indem wir die Hausarbeit schneller erledigen, noch schwerer oder länger schuften oder ein Telefonat nach dem nächsten führen. Die Standardeinstellung unseres Gehirns glaubt, dass wir nur dann wieder die Oberhand gewinnen, wenn wir Feuer mit Feuer bekämpfen. Das kurbelt den Stress allerdings nur noch mehr an und trägt zu Erschöpfung bei. Wir leben in einer Kultur, in der Kämpfen und Dominanz mit Gewinnen gleichgesetzt wird, daher ergibt es Sinn, dass viele von uns solche Tendenzen zeigen. Wollen wir tatsächlich siegreich aus der Situation hervorgehen, dann sollte zu unserer Strategie aber gelegentlich eine Auszeit gehören.

Wenn ich Schach spiele, muss ich manchmal meine Dame zurückziehen, um sie in Sicherheit zu bringen. Nur so kann ich mich neu organisieren und meinen nächsten Zug mit klarem Verstand und ohne drohende Gefahr im Nacken planen. So ähnlich ist es auch, wenn du zum Beispiel einen geliebten Menschen pflegst. Du schaust mit dieser Person zusammen fern oder schläfst neben ihrem Krankenhausbett, vergisst über alldem aber, einfach mal allein ein paar Schritte in der Sonne spazieren zu gehen. Du bringst vielleicht dein Kindergartenkind zum Tanzunterricht, kämst aber nie auf die Idee, selbst zu tanzen. Den Körper zu bewegen, ist in schwierigen Momenten entscheidend, weil es dabei hilft, innerlich auf die Bremse zu treten und sich vom ständigen Stressrauschen im Kopf zu befreien.

Das wird auch durch die Forschung untermauert: Einen Gang runterzuschalten, senkt Stresslevel und Cortisolspiegel, wodurch wir uns auch in Krisenmomenten wohler fühlen.[72] Studien haben ebenfalls gezeigt, dass ein Moment der Ruhe uns dabei hilft, Entscheidungen mit klarerem Kopf zu treffen. Dadurch können wir bestimmten Erfahrungen des Lebens einen neuen Sinn verleihen und auch mehr Nähe zu uns selbst und anderen spüren. Durch bewusstes Verlangsamen vermeiden wir, dass wir tiefer und schneller vom Treibsand der Überwältigung hinuntergezogen werden. Wir stellen fest, dass es in unserer Macht steht, uns auf festen Boden, auf sichereres Terrain zu begeben.

Glaubst du mir immer noch nicht? Dann sieh es als Herausforderung an. Beweis dir selbst, dass nicht alles in die Brüche gehen wird, nur weil du dich dazu entschließt, es statt der ewigen Hetze mal ein bisschen langsamer anzugehen und zu entspannen.

Diesen Rat habe ich bereits Menschen jeden Alters und jeder Couleur gegeben: Studierenden, Führungskräften und vielen anderen, die das Gefühl hatten, in einen Waldbrand geraten zu sein. Natürlich nutze ich diese Technik auch selbst. Wenn wir uns den Herausforderungen des Leben angemessen stellen wollen, sollten wir eine Pause einlegen – selbst wenn unsere Intuition uns etwas anderes sagt. Der Autor Bayo Akomolafe ruft uns in diesem Zusammenhang einen Leitspruch in Erinnerung, mit dem er aufgewachsen ist: *Wenn es eilig ist, mach lieber langsam.*

Rein aus Neugier ...
Welche anderen Möglichkeiten, deinen Körper wieder voll zu spüren und runterzukommen, fallen dir außer langsamem Tanzen, ein paar Schritten an der frischen Luft und bewusstem Atmen noch ein?

Sich mutig zeigen

Die Wissenschaftlerin und Autorin Brené Brown unterstreicht die Tatsache, dass Mut immer etwas mit dem Herzen zu tun hat. Ihrer Meinung nach brauchen wir für Mut innere Stärke und müssen uns auf eine Art und Weise einbringen, die offene, ehrliche Kommunikation über Gutes und Schlechtes ermöglicht. Er verlangt von uns, dass wir Risiken eingehen, ohne zu wissen, wie die Sache enden wird, und uns mit der Ungewissheit, dem Unbehagen und dem Leid auseinandersetzen, die möglicherweise hochkommen. Mut setzt auch Dinge in Bewegung, sodass wir nicht durch Angst oder Beklommenheit auf der Stelle treten. Vielmehr schreiten wir auf einem Pfad zu mehr Nähe und Veränderungen voran.

Gerade in schwierigen Momenten brauchen wir viel Mut, um tiefe Neugier zu zeigen. Tun wir das nicht, wird es uns schwerfallen, im Krankheitsfall gut auf unseren Körper achtzugeben, bei rechtlichen oder finanziellen Problemen die Situation realistisch einzuschätzen oder uns mit der Frage auseinanderzusetzen, was nach dem Verlust unseres Zuhauses durch eine Naturkatastrophe noch alles auf uns wartet.

Wir brauchen Ressourcen, um Mut zu fördern und uns auf das zuzubewegen, was unbekannt ist oder Unbehagen auslöst. Ich habe mich hier von Ehegelübden und der Sterbebegleitung inspirieren lassen. Das Schreiben des Ehegelübdes hilft uns dabei, uns dem anzunähern, was uns nach der Hochzeit erwartet. Es ermöglicht mehr Klarheit, innere Stärke und eine gemeinsame Vision. In der Sterbebegleitung tätige Menschen helfen auf dem Weg zum Tod, indem sie sich auf Mitgefühl konzentrieren, und darauf, das Geschehen zu bezeugen, statt die Dinge ändern zu wollen. Dieser Abschnitt stellt zwei durch die Kraft von Gelübden und die Weisheit der Sterbebegleitung inspirierte Übungen vor. Sie helfen uns dabei, in Hinblick auf schwierige Zeiten an unserem Mut zu arbeiten und Raum für Neugier zu schaffen, die uns in solchen Momenten unterstützt und Heilung bietet.

EIN MUTGELÜBDE FÜR DICH SELBST

Zu den schönsten Dingen des Lebens gehört es für mich, Trauungen zu leiten. Ich hatte das Glück, einige meiner engsten Freundinnen und Freunde im Bund des Lebens vereinen zu dürfen, was für mich eine riesige Ehre war. Teil einer Zeremonie zu sein, durch die zwei Menschen ihre Liebe vor einer Gemeinschaft feiern, ist für mich ein Anlass zu unendlicher Freude. Es ist für das Brautpaar allerdings auch ein Moment voller Aufregung, ganz unabhängig davon, wie stark und tief ihre Bindung zueinander ist. Eine Ehe ist ein weiterer Schritt für die Beziehung, eine neue Art, sich einander zu verpflichten – und ein Moment im Leben, der extreme Veränderungen mit sich bringt. Klar, dass da große Gefühle mit im Spiel sind.

Rituale wie zum Beispiel das Vortragen eines Ehegelübdes dienen dazu, uns in den wichtigen Momenten des Lebens auf eine gemeinsame Vision auszurichten. Das Gelübde ist für das Paar oft der Moment, in dem es aufrichtig bekennt, wie jeder in Zukunft für den anderen, seine Beziehung und seine Liebe einstehen will.

Natürlich sind Hochzeiten nur ein Beispiel für Momente, in denen wir zusammenkommen, um eine Veränderung bei uns selbst und in unserer Beziehung zu anderen zu feiern. Seit Tausenden von Jahren gibt es Rituale rund um Geburten, Einführungen in die Gesellschaft, Ehrungen und sogar den Tod. Bei den Māori wird durch den zeremoniellen Hakatanz das Leben gepriesen, man heißt Gäste willkommen, feiert bestimmte Errungenschaften oder Ereignisse und ehrt Naturphänomene. Dann gibt es Zeremonien, die das Erwachsenwerden in den Mittelpunkt stellen, wie die Bar Mitzwa, durch die im Judentum der dreizehnte Geburtstag von Jungen gefeiert wird, oder die Quinceañera anlässlich des fünfzehnten Geburtstags von Mädchen in vielen lateinamerikanischen Kulturen.

Jüngste Studien konnten zeigen, dass Rituale Ängste abbauen und zu einem Gefühl von größerer Verbundenheit führen können.[73] Vielleicht sind deshalb Einwohner von Paris zusammengekommen, um gemeinsam Lieder anzustimmen, als im Jahr 2019 die Kathedrale Notre-Dame in Flammen stand, oder haben in Italien Nachbarn zu Beginn der Corona-Pandemie ihre Fenster weit aufgemacht und ihren Gesang auf die leeren Straßen hinausgeschickt. Rituale ermöglichen es uns, das Tempo herunterzufahren und zu reflektieren, und sie machen uns auch Mut in Hinblick auf etwas, was gerade passiert oder vor uns liegt.

Im Hinblick auf Hochzeiten habe ich einen Ansatz gefunden, durch den sich die Brautleute mit ihrer Aufregung wegen des großen Tags und der Zeit danach auseinandersetzen können: Ich schlage beiden vor, ein Gelübde zu schreiben, das sie *sich selbst* geben. Es muss nicht unbedingt während der Trauung vorgelesen werden, aber es soll ihnen in Erinnerung rufen, dass es auch den anderen Menschen in ihrem Leben und die Beziehung zu ihm beeinflussen wird, wie sie mit sich selbst umgehen und für sich einstehen. Wenn du ein Gelübde an dich selbst verfasst, gewinnst du dabei hoffentlich Erkenntnisse darüber, wie du dich selbst lieben kannst.

Dieser Prozess beginnt mit Fragen wie: *Wie werde ich mich selbst auf dieser Reise behandeln? Wie kann ich in Bezug auf meine eigenen Wünsche und Bedürfnisse aufmerksam bleiben? Wie gebe und empfange ich gern Liebe? Wie werde ich mich in schwierigen, schmerzhaften Momenten um mich selbst kümmern?* Indem du auf solche Fragen antwortest und durch die Auseinandersetzung damit dein ganz eigenes Gelübde entwickelst, wirst du auch mehr Klarheit darüber gewinnen, wie du auf dem vor euch liegenden Weg für die andere Person da sein willst. Das wirkt beruhigend und macht Mut. Du rufst dir so in Erinnerung, dass du nicht nur davon abhängst, was um dich herum passiert; vielmehr kannst du auch auf innere Ressourcen zurückgreifen, um anstehende schwierige Momente durchzustehen.

Ein Mutgelübde ist nicht bloß im Zusammenhang mit einer Hochzeit interessant. Du kannst in jedem Moment des Lebens eins schreiben, wenn sich Schwierigkeiten zeigen oder eine Veränderung ansteht. Wenn du zum Beispiel eine neue Stelle gefunden hast, könntest du im Vorfeld – in den Tagen oder Wochen vor dem Antritt der neuen Arbeit – ein Gelübde verfassen und für dich selbst festlegen, wie du in diesem neuen Umfeld für dich einstehen willst und welche Grenzen du dabei setzen wirst. Du kannst dir in Ruhe überlegen, wie du dich im neuen Büro präsentieren möchtest.

Der erste Schritt kann schwierig sein und das leere Blatt ist manchmal lähmend. Wenn du nicht weiterkommst, versuch es doch mal mit meinen Anregungen unten, um den Prozess in Gang zu setzen. Dein Gelübde sollte widerspiegeln, welche Bedürfnisse du hast und welche Verpflichtungen du diesbezüglich mit dir selbst eingehst. Also lass dir Zeit, werde kreativ und verleihe der ganzen Sache deinen persönlichen Touch.

Denkanstöße für ein Mutgelübde

- Ich werde mich selbst lieben, indem ich …
- Ich werde meinen eigenen Wünschen und Bedürfnissen Neugier entgegenbringen, indem ich …
- Ich werde für mein Wohlergehen sorgen, indem ich …
- In glücklichen Stunden werde ich …
- In schwierigen Zeiten werde ich …
- In schmerzhaften Momenten werde ich gut auf mich achtgeben, indem ich …
- Ich kann es kaum erwarten, …
- Ich bin offen für neue Erkenntnisse über …

MUTBEGLEITUNG

Alua Arthur war nun wirklich nicht nach Kuba gereist, um dort zu sterben, aber es wäre beinahe so weit gekommen.

In Havanna machte sie gerade einen Schritt vom Bürgersteig, um die Straße zu überqueren, da wäre sie fast von einem Auto überfahren worden. Zwei Tonnen Stahl sausten nur Zentimeter an ihr vorbei und fast wäre innerhalb weniger Sekunden alles vorbei gewesen. Mit klopfendem Herzen hielt Alua einen Moment inne, um sich wieder zu sammeln, bevor sie sich auf den Weg zum Busbahnhof machte.

Als sie dort für ihre Fahrkarte anstand, traf sie in der Schlange auf eine Frau mit einer Tätowierung, die einen Federkiel darstellte. Eine Unterhaltung entspann sich, und da die Frau ein Ticket für denselben Bus gekauft hatte, hielt sie Alua darin einen Platz frei.

»Cooles Tattoo«, sagte Alua mit einer Geste in Richtung Federkiel, und die Frau erklärte: »Ich schreibe gern.«

»Und was bringt Sie nach Kuba?«, erkundigte sich Alua nun, was eigentlich nur eine dieser typischen Fragen sein sollte, mit denen man unterwegs Mitreisende besser kennenzulernen versucht.

»Ich habe Gebärmutterkrebs«, sagte die Frau unvermittelt.

Alua riss die Augen auf. Mit so einer Antwort auf ihre Allerweltsfrage hatte sie nun wirklich nicht gerechnet. Sie fragte die Frau, die Jessica hieß, ob sie gern darüber sprechen wolle.

Es stellte sich heraus, dass Jessica sechs Orte auf der Welt ausgewählt hatte, die sie vor ihrem Tod gern bereisen wollte, und Kuba gehörte dazu. Beide Frauen waren zwischen dreißig und vierzig, Jessica nur zwei Jahre älter als sie selbst, was Alua plötzlich ihre eigene Sterblichkeit schmerzhaft bewusst machte.

Alua hakte nach, wollte mehr über die Erkrankung wissen, über Jessicas Einstellung zum Tod und zu der Tatsache, dass ihr Krebs den Ärzten zufolge nicht heilbar war.

Jessica war begeistert, über ihre Gedanken, Gefühle und Erfahrungen sprechen zu können, weil es bisher niemand gewagt hatte, sie nach alldem zu fragen. Da andere wohl nicht mit dem eigenen Unbehagen angesichts ihrer Diagnose umgehen konnten, bekam sie normalerweise abgedroschene Phrasen zu hören: »Du wirst wieder gesund, schließlich bist du noch jung« oder »Keine Sorge, es wird alles gut werden«.

Aber Alua war die Sache anders angegangen. Sie hatte Jessicas Wirklichkeit akzeptiert, obwohl es auch für sie ein unbequemes Thema was, das ihr Angst machte. Aber Jessica war nicht nur dem Tod geweiht, sie sehnte sich auch verzweifelt danach, *gehört zu werden*.

Während der nächsten vierzehn Stunden tauschten sich Alua und Jessica über den Krebs, über Reisen, Familie, das Leben und den Tod aus. Auch Alua sprach dabei über ihre Erfahrungen und Schwierigkeiten. Es handelte sich um so eine fantastische Unterhaltung, dass die beiden Frauen beschlossen, noch mehr Zeit miteinander zu verbringen.

An diesem Abend machte Jessica ihrer neuen Freundin auch ein schockierendes Geständnis.

»Alua, ich hoffe, du findest das jetzt nicht seltsam, aber erinnerst du dich daran, dass dich beinahe ein Auto angefahren hätte?«, sagte sie. »In diesem Auto hab ich gesessen.«

Die Busfahrt stellte sich als wichtiger Wendepunkt in Aluas Leben heraus, weil ihr klar wurde, dass vielen Menschen wie Jessica ein passender Rahmen dafür fehlte, über den Tod zu reden. Unbehagen und fehlender Mut auf Seiten der Angehörigen machten es für sie schwer, darüber zu sprechen, aber auch ein sterbender Mensch ist weiterhin ein Mensch. Er will als sein wahres Ich gesehen und gehört werden und als eine Person mit der ihr innewohnenden Würde behandelt werden – noch ist er nämlich am Leben.

Nach dieser Kubareise gab Alua ihre Arbeit als Anwältin auf und widmete sich ihrer neuen Berufung als *death doula*, als Sterbebegleiterin. Als das Gegenstück zu einer Doula, die als Geburtsbegleiterin tätig ist, ist eine *death doula* für Menschen am Ende ihres Lebens da, unterstützt und hilft den Sterbenden und ihren Angehörigen und begleitet sie bei dieser Erfahrung. Dabei kann sie sich auch um ganz praktische Fragen kümmern, zum Beispiel beim Verfassen von Patientenverfügungen und Testamenten helfen. Wie Alua betont, besteht ihre wichtigste Funktion allerdings darin, zu begleiten und Zeugin zu sein, indem sie den Sterbenden zuhört und mit eigenen Worten wiederholt, was sie gehört hat.

Die begleitende Person dient also quasi als Spiegel – und als Antriebsmotor für Neugier und Gespräche. Anders als bei ärztlichem oder Pflegepersonal im Hospiz besteht ihr Ziel nicht in der Behandlung oder darin, für körperliches Wohlbefinden zu sorgen – es geht vielmehr darum, Menschen am Ende ihres Lebens Gesellschaft zu leisten. In dieser Situation ist es für die Sterbenden wichtig, eine Ansprechperson zu haben, die sie so sieht, wie sie wirklich sind. An diesem Punkt im Leben ist nämlich nichts mehr übrig, wohinter man sich verstecken könnte. Es gibt keinen Grund mehr, sich zu verstellen oder so zu tun, als sei man jemand anders.

Manche Menschen klammern sich weiterhin an das Bild der Person, die sie ihrer Meinung nach sein sollten. Alua erklärte mir aber, dass die meisten in dieser Situation die von außen vorgegebenen Erwartungen über Bord werfen.

»Wenn Menschen im Sterben liegen, kommt in ihnen das Beste und das Schlimmste zum Vorschein«, erzählt sie. »Meistens finden sie in diesen Momenten aber mehr zu sich selbst.«

Die Prinzipien ihrer Arbeit als Sterbebegleiterin können meiner Ansicht nach auch uns in schwierigen Momenten, wenn wir um Mut ringen, nützlich sein. Ob wir gerade am Ende einer Beziehung stehen, mit Problemen in einer Freundschaft kämpfen, das Gefühl haben, beruflich auf der Stelle zu treten, um unsere Identität oder mit dem Umzug in eine andere Stadt ringen – statt uns bei dem Gedanken daran von Angst und Unsicherheit erfassen zu lassen, können wir die Herausforderung vom Standpunkt der tiefen Neugier aus annehmen.

Ich spreche in diesem Zusammenhang gern davon, eine »Mutdoula« zu sein, oder auch von »Mutbegleitung«. Bei diesem Prozess sind zwei Elemente ganz entscheidend:

1. Wir sollten ihn voller Mitgefühl antreten und akzeptieren, dass schwierige Momente ein natürlicher Teil des Lebens sind.
2. Es geht vor allem darum, zuzuhören und zu bezeugen, nicht darum, etwas zu beheben oder in Ordnung zu bringen.

Dies ist also ein Ansatz, bei dem wir voller Mitgefühl sind, statt zu urteilen. Das gelingt, wenn wir uns bewusst machen, dass hier zwar etwas Schmerzhaftes passiert, dies aber ein natürlicher Teil des Lebens ist. In solchen Momenten müssen wir besonders freundlich zu uns selbst sein.[74] Das habe ich zum Beispiel von Kristin Neff gelernt, die für ihre Forschung zu Selbstmitgefühl bekannt ist. Selbstmitgefühl ist eine gesündere Reaktion als die typischen impulsiven Vorwürfe, die wir uns gerade in Stressmomenten oft selbst machen. Uns einzugestehen, dass wir unter einer Situation leiden, stärkt unsere innere Belastbarkeit in Hinblick auf noch anstehende Herausforderungen – es ist ein Akt der Stärke, durch den wir in schwierigen Zeiten an Mut gewinnen.

Zweitens müssen wir uns darin üben, zuzuhören und die Situation zu bezeugen, statt Probleme beheben und Dinge in Ordnung bringen zu wollen. Es ist ganz natürlich, sich während der Waldbrände des Lebens ablenken oder die Wirklichkeit ignorieren zu wollen. Dadurch verdrängen wir aber die negativen Gefühle, die wir während schwieriger Zeiten empfinden.

Wenn wir uns nur auf das Gute konzentrieren und das beiseiteschieben, was schlecht, aber real ist, haben wir es mit toxischer Positivität zu tun. Ein Mensch zu sein, bedeutet nicht, auszuwählen und nur bestimmte Dinge an sich heranzulassen. Im Gegenteil, es ist wichtig, auch die »Schattenseiten« unseres Daseins zu erleben und uns darüber auszutauschen. Dadurch brauchen wir diese Last nicht länger allein zu tragen, können uns Unterstützung holen und allmählich zu einer wahrhaftigeren Art zu leben finden.

Das trifft ebenso zu, wenn wir anderen in schweren Zeiten beistehen. Wir sollten nicht versuchen, falsche Hoffnungen zu machen und wie so viele bei der todgeweihten Jessica eine wundersame Heilung versprechen. Manches wird eben nicht besser. Wer es gerade schwer hat, wünscht sich keine hohlen Phrasen, sondern will angehört, will wahrgenommen werden. Für diese Menschen ist es ein schwerer Moment, und das macht die Situation für uns vielleicht unbehaglich, aber darum geht es hier ja gerade.

Zuzuhören und zu bezeugen, ist etwas zutiefst Menschliches. Wir alle sind dazu fähig, wenn wir uns von dem Bedürfnis freimachen, immer alles in Ordnung bringen zu wollen, und anderen einfach nur beistehen, während sie harte Zeiten durchmachen.

Das bringt uns wieder zurück zum Tagebucheintrag von Lily Clarke, in dem sie geschrieben hat, dass sie Feuer weder fürchtet noch bekämpft, sondern stattdessen gelernt hat, es anzunehmen. Indem wir uns auf die Dinge zubewegen, die uns mit Angst und Unbehagen erfüllen, kultivieren wir Mut, was uns bei der Praxis tiefer Neugier nützlich ist.

So wie ein Pilz

Wenn ich hier von Annehmen spreche, will ich damit uns allen in Erinnerung rufen, dass wir uns auf Dinge zubewegen sollen, die uns Angst machen. Das passiert vor allem in Phasen der Veränderung, wenn wir zum Beispiel eine neue Arbeit annehmen oder umziehen, die Familie wächst oder wir um jemanden trauern. Indem wir uns erden und Mut fördern, sind wir trotz Unbehagens, Angst, Beklommenheit oder Schmerz besser darauf vorbereitet, uns mit den schwierigen Momenten des Lebens auseinanderzusetzen. So wie sich Alua dem Tod stellt und Lily dem Feuer, kannst auch du auf innere Ressourcen zurückgreifen, um dich in schwierigen Zeiten und Momenten des Wandels nicht unterkriegen zu lassen.

Dabei können uns Pilze wie die Hohe Morchel als Inspiration dienen. Pilze sind die Abfallverwerter der Natur und machen aus Gift Nährstoffe, die den Boden anreichern. Das fördert ihr eigenes Wachstum und ist gut für das Ökosystem des Waldes um sie herum, wie zum Beispiel für die mit ihnen verbundenen Bäume. Deshalb empfehle ich den Leuten gern, dem Beispiel von Pilzen zu folgen: Nimm die schwierigen Momente des Lebens voll unbehaglicher Gefühle und verwandele sie in etwas Nützliches.

Das gelingt nicht, indem wir negative Emotionen unterdrücken oder so tun, als wäre alles »super, danke der Nachfrage!«. Vielmehr geschieht es, indem wir alles – Gutes und Schlechtes – annehmen und uns für die Möglichkeit öffnen, dass es Veränderungen mit sich bringt. So, wie Lily und ihre Feuerwehrleute bei einem Waldbrand zum Teil tage- oder sogar wochenlang im Einsatz sind, erfordert es ebenfalls Zeit, die Waldbrände des Lebens zu überstehen. Und es kann manchmal wehtun. Annahme hilft uns aber dabei, solche Situationen schneller und auf eine Art und Weise durchzustehen, die zu Wandel führt, nicht zu Stillstand. Vielleicht hast du schon mal den Spruch gehört: Weiter geht's nur mitten durch.

Und ja, was nach einem tragischen Vorfall zurückbleibt, sieht vielleicht nach einem schwarzen, verkohlten Wald aus – aber auch darin steckt viel Leben. Ein Wald wird durch ein Feuer verändert und das Gleiche gilt für dich.

Dinge anzunehmen, bedeutet nicht, das Geschehene ändern zu wollen. Wie dieser dem Psychologen Carl Jung zugeschriebene Satz besagt: »Es ist nicht so, dass jetzt etwas anderes betrachtet wird – man sieht es nur anders.« Etwas anzunehmen, ändert nichts an dem, was dir zugestoßen ist – aber es verändert dich.

Rein aus Neugier ...
Welches Feuer in deinem Leben hat das Potenzial dazu, dich zu verändern? Kannst du diese schwierige Situation als Chance wahrnehmen, statt dich überwältigt zu fühlen oder zu verzweifeln?

Noch tiefer eintauchen

In Teil 2 dieses Buches ging es darum, unsere Fähigkeit zu tiefer Neugier zu erweitern und Übungen und Praktiken kennenzulernen, durch die wir im Leben präsenter sein können. Bevor wir uns Hals über Kopf daranmachen, diese Dinge konkret umzusetzen, sollten wir uns aber noch einmal in Erinnerung rufen, wie man das DIVE-Modell für tiefe Neugier am besten anwendet.

Die vier Elemente von DIVE – Loslassen, absichtsvoll Handeln, Wertschätzen und Annehmen – greifen alle ineinander. Welchen

Muskel du auch trainierst, es wird dich auf jeden Fall deinem größeren Ziel näher bringen. Wenn du dich mit der richtigen Einstellung an die Arbeit machst, kannst du dich auch besser von deinem Trio der Voreingenommenheit lösen – und so weiter. Es ist ein positiver Kreislauf. Je mehr du übst, desto mehr kannst du in die Tiefe gehen.

Finde heraus, was für dich am besten funktioniert. Ich hab dir hier zwar ein paar Übungen vorgestellt, du kannst aber auch eigene Möglichkeiten dafür entwickeln, die Muskeln der Neugier zu trainieren, wenn du inspiriert bist. Oder du bekommst vielleicht neue Anregungen, indem du mit Vertrauten sprichst, die sich ebenfalls Neugier auf die Fahnen geschrieben und ihre eigenen Methoden dafür entwickelt haben. Um die Superkräfte der Neugier anzuzapfen, brauchst du nicht jede einzelne Erkenntnis, jede Übung in dein Leben zu übernehmen. Fang mit ein oder zwei Dingen an, die dir beim ersten Schritt helfen. Und vergiss dabei nie, dass es für die Elemente des DIVE-Modells keine vorgegebene Reihenfolge gibt. Vielleicht machst du schwierige Momente durch und beginnst mit dem Aspekt oder Muskel des Annehmens, weil das für dich gerade relevant ist. Oder du möchtest dich gern darauf konzentrieren, dich in diesen unsicheren Zeiten vom Wunsch nach Gewissheit freizumachen, dann könntest du stattdessen mit dem Loslassen anfangen.

Wenn du das DIVE-Modell in dein Leben einbringst und es draußen in der Welt nutzt, dann werden sich dir wahrscheinlich viele Fragen stellen: *Wann konkret sollte ich Neugier zeigen? Wann ist es in Ordnung, mich lieber zurückzuziehen? Verdienen wirklich alle Menschen in jeder Situation meine Neugier? Wie kann ich meinen eigenen Rhythmus finden, um nichts zu überstürzen?* Lily Clarke nähert sich dem Feuer im passenden Moment, in angemessenem Tempo und mit der Unterstützung ihrer Teammitglieder. Genau so müssen auch wir gut einschätzen, wann der richtige Augenblick für tiefe Neugier gekommen ist (oder eben nicht), damit wir unser Gefühl von Sicherheit steigern und Risiken ausschließen können. Deshalb sprechen wir nun im letzten Teil des Buches über die Grenzen der Neugier.

Wenn du dich mehr und mehr in tiefer Neugier übst, wirst du dich nicht nur zunehmend gekonnt innerhalb ihrer Grenzen bewegen – du wirst auch lernen, andere dazu zu inspirieren, worum es ebenfalls im letzten Teil gehen wird. Es gibt im Leben so viele Rollen. Aber ob du nun Kinder hast, an einer Schule lehrst, einen Managementposten bekleidest, eine führende Position in einer Gemeinschaft einnimmst, Freund oder Ehefrau bist – es gibt um dich herum Menschen, die ebenfalls vom DIVE-Modell profitieren könnten. Deswegen solltest du dich unbedingt damit auseinandersetzen, wie du andere zu tiefer Neugier inspirieren kannst.

Das erfordert keine anstrengende Ausbildung oder noch mehr von deiner Zeit. Neugier ist ansteckend, daher kannst du allein dadurch ein Motor des Wandels werden, dass du in aller Öffentlichkeit die Prinzipien des DIVE-Modells in die Tat umsetzt.

Annehmen – Zusammenfassung

- Die Treibsandübung
  Fahr durch bewusstes Atmen und wohlüberlegte Bewegungen das Tempo herunter, um in deinem Körper präsenter zu sein. Diese Technik erdet, verhilft zu mehr Bodenhaftung und Wohlbefinden, vermittelt ein Gefühl von Beständigkeit und verankert dich in der Gegenwart.
- Ein Mutgelübde für dich selbst
  Verpflichte dich dir selbst gegenüber, wodurch du an Klarheit und Mut für anstehende schwierige Momente des Le-

bens gewinnst. Dieses Versprechen an dich selbst kann dir dabei helfen, Selbstliebe zu entwickeln und auszudrücken, die dich durch Herausforderungen und Momente des Wandels tragen wird.

- Mutbegleitung
Geh an Momente des Verlustes dem Konzept der *death doula* entsprechend voller Mitgefühl heran und bezeuge die Situation, statt sie in Ordnung bringen zu wollen. Das wird dir dabei helfen, dich den schwierigsten Augenblicken des Lebens voller Mut zu stellen.

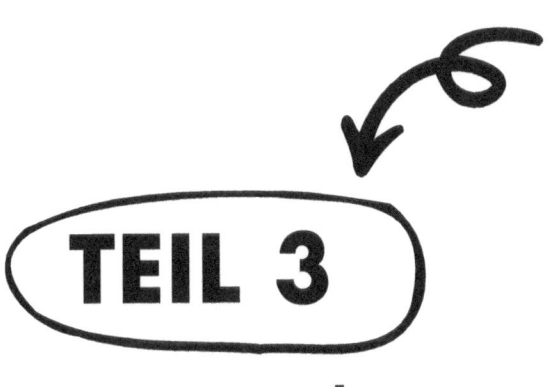

TEIL 3

Leben mit tiefer Neugier

Kapitel 8

Die Grenzen der Neugier

Ich bin als Teenager zum ersten Mal von einer hohen Klippe ins Meer gesprungen. In Hawaii gibt es dafür zahllose Stellen und wie so viele andere Jugendliche wollte ich auch cool rüberkommen. Natürlich vor allem, weil ich damit einen Jungen aus meiner Highschool beeindrucken wollte, für den ich schwärmte. An einem trägen Samstag machte sich eine Gruppe von uns auf den Weg zur Nordseite der Insel, wo ein riesiger Fels übers Meer hinausragt. Wenn die Flut hoch genug ist, kann man sich dort abstoßen und hat unter sich sechs Meter bis zur Wasseroberfläche.

Handtücher, Schuhe, Sonnenbrille, Tasche und Anstellerei ließen wir unten am Strand zurück und begannen, den Felsen hinaufzuklettern. Ich kam direkt hinter meinem Freund Erik und wir arbeiteten uns barfuß Stück für Stück voran.

Als wir oben anlangten, trafen wir dort auf eine andere Gruppe von Highschooljungen. Ich schob mich zwischen ihnen hindurch, sagte hier und da Hallo und erreichte schließlich den Rand des Felsens, wo sich etliche Leute zusammengefunden hatten, um beim Spektakel zuzusehen. Ich spähte über den Rand.

Oh verdammt!, dachte ich. Es war wesentlich höher, als ich gedacht hatte. Von unten sah es nicht nach viel aus, aber hier oben packte mich die Angst – in dem Moment, in dem sich die Vorstellung an der Realität messen musste.

Neugierig, vor allem aber ehrfürchtig, beobachtete ich, wie einer nach dem anderen von der Kante des Felsens sprang. Manche machten dabei eine spektakuläre Rolle vorwärts oder rückwärts, aber die meisten ließen sich einfach in aufrechter Haltung fallen und erreichten die Wasseroberfläche mit den Füßen zuerst.

Dann war ich dran.

»Achte vor allem darauf, dich vernünftig abzustoßen, damit du auf dem Weg nach unten nicht gegen den Felsen prallst«, sagte Erik.

Ich schob die Zehen behutsam bis an den Rand und schaute zu den Wellen hinunter, die in der Tiefe am Kliff brachen. Die Schwimmer dort unten sahen aus wie verschwommene kleine Punkte – sie wirkten unendlich weit entfernt. Ein paar der Typen hinter mir begannen mich anzufeuern.

»Du packst das, Alter!«, sagte einer. »Mach's einfach.«

Ich schloss die Augen und dachte an alles, was ich bisher gelernt hatte: Stoß dich weit genug vom Felsen ab und komm bloß nicht mit dem Bauch oder dem Rücken auf. Widersteh der Versuchung, mit irgendeiner Figur angeben zu wollen, sondern lass dich lieber kerzengerade nach unten fallen. Vergiss nicht, für einen klaren Kopf kurz vor dem Eintauchen noch einmal tief Luft zu holen.

All diese Strategien hatte ich verinnerlicht und wusste daher genau, was zu tun war. Jetzt musste ich es nur noch in die Tat umsetzen.

Woher ich den Mut genommen habe, tatsächlich zu springen? Wenn mich damals jemand gefragt hätte, hätte ich wohl in typischer Teenagermanier nur mit den Schultern gezuckt. Rückblickend ist es mir aber klarer.

Ich hatte bereits Erfahrung durch Sprungbretter in Schwimm-
bädern und war als Kind schon von kleineren Klippen gesprungen.
Sie waren alle nicht so hoch gewesen – hatten vielleicht ein bis
zwei Meter über der Wasseroberfläche herausgeragt –, aber dadurch
wusste mein Körper, wie sich das anfühlt. Dass mein Gedächtnis
und mein Körper all diese Informationen gespeichert hatten, ver-
lieh mir den nötigen Mut für einen Sprung auch aus dieser Höhe.

Mal abgesehen davon war ich mit Meer und Felsen aufgewachsen, solch ein Kliff war für mich also kein Neuland. Innerlich nag-
ten zwar Aufregung und Angst an mir, die Vertrautheit mit der Umgebung beruhigte mich aber.

Zusätzlich versicherte mir mein Freund Erik, dass ich mich je-
derzeit umentscheiden könne, wenn ich mir die Sache doch nicht
zutraute. Sein gesunder Respekt für die Grenzen anderer gab mir
das Gefühl, dass ich ruhig »Vielleicht ein andermal« sagen und
wieder nach unten klettern könnte.

Es gab riskante, technisch komplizierte Sprünge – wie eine
Rolle oder ein Rückwärtssalto –, aber ich hatte mich für die einfache Version mit den Füßen zuerst entschieden.

Ohne es zu wissen, hatte ich damals meine Entscheidung ge-
troffen, nachdem ich diese drei entscheidenden Fragen positiv beantwortet hatte:

Bin ich die richtige Person, um das zu tun?

Ist es der richtige Zeitpunkt?

*Bin ich mir dessen bewusst, wann ich besser aufhören oder es
langsamer angehen sollte?*

Die Auseinandersetzung mit diesen drei Fragen führte zu einer
Klarheit, durch die ich mich in dieser Situation wohl genug fühlte,
um zu springen, mutig und sicher genug. Ich war die richtige Person.
Es war der richtige Zeitpunkt. Ich war mir dessen bewusst, unter welchen Umständen ich besser aufgehört oder langsamer gemacht hätte.

Bevor du den Sprung wagst

Im Laufe dieses Buches habe ich dir Forschungsergebnisse, Erkenntnisse und Übungen vorgestellt, die dir dabei helfen können, eine neugierigere Version deiner selbst zu werden. Du weißt nun auch um den Nutzen von tiefer Neugier, dass sie zu einem besserem Verständnis deiner selbst und anderen führen, mehr Nähe herstellen und zu einem glücklicheren, erfüllteren Leben beitragen kann. Tiefe Neugier kann uns als Einstieg dafür dienen, es langsamer angehen zu lassen und präsenter zu sein, und sie wird uns auch in schwierigen Momenten helfen. Das gilt alles weiterhin … Tiefe Neugier ist *aber nur dann* effektiv, wenn du deine Grenzen und Einschränkungen kennst.

Mit *Einschränkungen* meine ich, dass du dir dessen bewusst bist, was innerhalb deiner Möglichkeiten liegt, wodurch Risiken und Schäden vermindert werden. *Grenzen* sind Dinge, durch die du dich sicher und wohl fühlst. Du solltest dir beider bewusst sein, sonst könnte dich deine Reise der tiefen Neugier in Situationen bringen, in denen du unsicher bist und den Überblick verlierst, sodass du dich überwältigt fühlst oder in Panik gerätst. Zum Beispiel wäre es vielleicht keine so gute Idee, nach langer Funkstille deine Eltern anzurufen und sie gleich im ersten Gespräch wegen all der Dinge zur Rede zu stellen, mit denen sie dir wehgetan haben. Außerdem solltest du auch nicht so ein rasantes Tempo vorlegen, dass du Menschen von dir wegstößt, statt sie anzuziehen. In diesem Kapitel möchte ich dir Techniken vorstellen, durch die du deine Grenzen und Einschränkungen identifizierst und dich stärkst, damit du sicher den Sprung wagen kannst.

Um deine Grenzen und Einschränkungen zu identifizieren, ist es nützlich, dir die folgenden drei Fragen zu stellen, bevor du tiefe Neugier praktizierst. Das ist so ein bisschen wie mit dem »Handy,

Schlüssel, Portemonnaie«-Check, bevor man aus dem Haus geht.

Die drei Fragen
1. Bin ich die richtige Person?
2. Ist es der richtige Zeitpunkt?
3. Bin ich mir dessen bewusst, wann ich besser aufhören oder es langsamer angehen lassen sollte?

Bei der Beschäftigung mit diesen drei Fragen können sich unterschiedliche Kombinationen von Antworten ergeben. Vielleicht ist der Zeitpunkt passend, aber du bist nicht die richtige Person. Vielleicht bist du die richtige Person zur richtigen Zeit, aber du musst an einem Punkt plötzlich aufhören. Das Ziel besteht darin, dir deine Grenzen und Einschränkungen deutlich bewusst zu machen, damit du dich bei deiner Reise der Neugier sicherer fühlst.

Je klarer für dich die Antworten auf diese Fragen sind, desto mehr kannst du damit das Risiko senken, dass du oder jemand anders verletzt wird. Neugier steht im Dienste des Guten, doch sie kann auch Schaden anrichten, wenn sie uns in eine Lage bringt, mit der wir nicht umzugehen wissen.

Rein aus Neugier ...
Kommt dir eine Situation in den Sinn, in der du aufgrund von Neugier deine Grenzen und Einschränkungen ignoriert hast? Was ist da passiert? Wie hast du dich dabei gefühlt?

Frage Nr. 1: Bin ich die richtige Person?

Alua, die Sterbebegleiterin aus dem vorherigen Kapitel, hat mir mal erzählt, dass einer ihrer potenziellen Kunden ein extremer Rassist war. Da Alua schwarz ist, wäre die Arbeit mit ihm vermutlich problematisch geworden, was weder in Aluas Interesse gewesen wäre noch für den Kunden am Ende seines Lebens eine gute Erfahrung ermöglicht hätte. Alua meinte dazu zu mir, dass zwar jeder Mensch Unterstützung und einen würdevollen Tod verdient habe, sie aber einfach nicht die richtige Person für diese Aufgabe gewesen sei, wie viel Wertschätzung sie diesem Mann auch entgegengebracht hätte. Daher hatte sie höflich abgelehnt.

Es wird für uns alle ähnliche Augenblicke geben, in denen wir erkennen, dass wir für eine bestimmte Neugiermission nicht die passende Person sind. Vermutlich ist eine Situation für dich eher kontraproduktiv, wenn du dabei diskriminiert wirst oder man dich in anderer Hinsicht deiner sozialen Macht berauben will. Und bei einer Begegnung mit Menschen, die dir das Recht zu existieren absprechen oder mit Gewalt drohen, könnte es – sowohl körperlich als auch psychisch – gefährlich werden, mit Neugier zu reagieren.

Selbst wenn diese Art von Grenze vorher noch nicht angesprochen wurde: Manchmal ist man auch deshalb nicht die richtige Person, weil man sich von außerhalb in eine Beziehung einmischen würde. Sagen wir mal, es wühlt den geliebten Menschen an deiner Seite manchmal auf, wie er bei der Arbeit von jemand Bestimmtem behandelt wird. Wenn du ihn dann zur Weihnachtsfeier im Büro begleitest und dort der für diese Probleme verantwortlichen Person begegnest, dann ist es nicht deine Aufgabe, etwas dazu zu sagen – obwohl du vielleicht neugierig darauf bist, warum sich jemand eigentlich so verhält, und du gern für deinen Liebsten einstehen möchtest. Aber das liegt nicht in deiner Verantwortlichkeit. Trotz der besten Absichten könnte dein Eingreifen hier zu Spannungen und noch mehr Stress führen.

Es ist ebenfalls wichtig, die von anderen gesetzten Grenzen zu respektieren. Bringt jemand zum Ausdruck, dass er nicht zum Objekt deiner Neugier werden will, dann hat er damit deutlich eine Grenze gezogen. Zustimmung ist entscheidend und du solltest solche Grenzen niemals überschreiten.

Nehmen wir mal die Situation, dass eine Freundin von dir eine Fehlgeburt hatte und du klarmachst, dass du in dieser schwierigen Zeit ein offenes Ohr für sie hast. Vielleicht zielt deine Neugier auf Gefühle ab, über die die betreffende Freundin lieber nur innerhalb ihrer Beziehung, mit ihrer Mutter oder im Rahmen einer Therapie sprechen möchte. Respektier diese Grenze und mach dir bewusst, dass du in diesem konkreten Fall einfach nicht die richtige Person bist.

Auch ist es wichtig, sicherzugehen, dass deine Neugier nicht im Dienste kultureller Aneignung steht – die ein Missbrauch deiner sozialen Macht wäre – und dass sie situationsangemessen ist. Tatsächlich haben wir nämlich alle gewisse Formen von Neugier geerbt, die bei Tageslicht betrachtet ziemlich beunruhigend sind. Das habe ich von Perry Zurn gelernt, einem Neugierforscher und dem Verfasser von *Curiosity and Power: The Politics of Inquiry*.

Er hält uns zu einer Auseinandersetzung mit der kolonialen Gepflogenheit an, Andersartiges zu fetischisieren. Wenn zum Beispiel jemand an deinem Arbeitsplatz ungewöhnlich aussieht, bist du vielleicht neugierig darauf, woher seine Familie stammt. Aber das heißt nicht, dass du tatsächlich danach fragen solltest.

Zurn erzählte mir eine Geschichte über den neunjährigen Sohn von Freunden, der von Mädchen mit Beinprothese besessen war. Er wollte unbedingt so ein Mädchen kennenlernen und ihr Bein anfassen. Diese Neugier, so erklärte mir Zurn, entsprang einer auf

Ableismus beruhenden Weltsicht, derzufolge er Behinderungen als etwas wahrnahm, was *ihm* zum Erkunden und zur Freude zur Verfügung stand.

Es ist ja auch nachvollziehbar, dass zum Beispiel jemand Interesse an indigener Kultur entwickelt. Aber es ist eine Sache, eine Veranstaltung der Truth and Reconciliation Commission zu besuchen und sich die Erfahrungen indigener Menschen anzuhören, und eine ganz andere, sich eine heilige Kopfbedeckung aufzusetzen und zu versuchen, die Bewegungen spiritueller indigener Tänze nachzuahmen. Sowohl auf individueller als auch auf kultureller Ebene ist Zustimmung entscheidend, und Ablehnung muss respektiert werden. Wir müssen auch dann Verantwortung für schlechte Praktiken übernehmen, wenn wir sie geerbt haben oder sie in unserer Kultur verankert sind. Stellen wir sicher, dass wir die Privatsphäre eines anderen Menschen nicht missachten oder ihn seiner Würde berauben, nur um unsere eigene Neugier zu befriedigen!

Ob du nun die passende Person bist oder nicht: Du solltest dir immer vor Augen halten, dass deine Neugier nicht bedeutet, eine bestimmte Überzeugung gutzuheißen. Das gilt vor allem, wenn du den Kontakt zu jemandem suchst, dessen Ideologie anderen oder sogar dir selbst Schaden zufügen will. Dich so jemandem gegenüber neugierig zu zeigen, heißt nicht, dass du ihn ermunterst, verteidigst oder seine Einstellung befürwortest. Darüber hinaus befreit deine Neugier ihn nicht von der Verpflichtung, für seine Überzeugungen und den daraus entstehenden Schaden Verantwortung zu übernehmen. Im Wesentlichen geht es bei Neugier um den Versuch, einen Menschen und seinen Background zu verstehen. Gleichzeitig sollte er dadurch aber – implizit oder explizit – dazu angeregt werden, seine Ansichten selbst zu hinterfragen.

Wir alle haben Neugier verdient, selbst diejenigen von uns, die großes Leid verursacht haben. Aber das bedeutet nicht, dass diese

Neugier unbedingt *von dir* kommen muss. Bleib realistisch, was deine Grenzen betrifft, und stürz dich nicht Hals über Kopf hinein. Wenn tiefe Neugier uns dienen soll, müssen wir sie in dem Maße nutzen, in dem wir auch damit umgehen können. Dass du als Erstes am Ort eines Autounfalls ankommst, bedeutet ja auch nicht, dass du dafür geeignet bist, mit Wiederbelebungsmaßnahmen zu beginnen. (Bist du dafür ausgebildet? Hat die verletzte Person ihre Zustimmung gegeben? Ist es wirklich das, was sie braucht?) Deine Rolle besteht vermutlich eher darin, den Notruf zu wählen, statt die Dinge zu überstürzen, und ähnlich ist es auch bei Neugier!

Neugier in einer Form auszuüben, die nicht nur extrem, sondern nuanciert ist, gelingt nur ganz besonderen Menschen – wie zum Beispiel Daryl Davis, einem Schwarzen, der Freundschaften mit Mitgliedern des Ku Klux Klans geschlossen hat. Seine Bemühungen, sich weißen Rassisten gegenüber neugierig zu zeigen und im Gegenzug auch sie auf ihn neugierig zu machen, hat Hunderte zum Ablegen der weißen Kutte und zum Verlassen der von Hass motivierten Gruppe bewegt.

Niobe Way ist eine Wissenschaftlerin an der New York University, die die Kindheit von Jungen und ihre Schwierigkeiten mit freundschaftlichen Bindungen untersucht. Sie hat sich die schmerzhafte Aufgabe auferlegt, nach Amokläufen an Schulen die Abschiedsbriefe der Täter zu analysieren, um nach Lösungen für die Ursachen zu suchen und so dazu beizutragen, dass solche Gräueltaten zukünftig vermieden werden.

Nicht jeder kann oder soll ein Daryl Davis oder eine Niobe Way werden. Um Neugier auf so eine Art und Weise zu praktizieren, braucht man eine extrem hohe Risikotoleranz und ein hohes Niveau an Neugier und sozialer Kompetenz.

Die gute Nachricht ist aber, dass das völlig in Ordnung ist. Die meisten von uns brauchen diese Art von tiefer Neugier nicht. Wir können auch mehr Nähe und Wandel in unser Leben bringen, wenn wir tiefe Neugier auf weitaus weniger riskante Art und Weise nutzen.

Denkanstöße: Bin ich die richtige Person?

Werde ich von dem Menschen, auf den ich neugierig bin, bedroht oder verletzt?

Verbindet mich mit ihm eine Beziehung, in der ich meine Neugier effektiv einsetzen kann?

Würde ich gegen Gesetze oder meine eigene Ethik verstoßen, wenn ich mich in dieser Situation neugierig zeige?

Hat die andere Person mich dazu aufgefordert oder mir ihre Zustimmung dazu gegeben, mich neugierig zu zeigen?

Habe ich es mit einem Extremfall zu tun, in dem ein höheres Maß an Neugier nötig wäre? Wäre ich dazu bereit, sie zu zeigen?

Wenn ich hier nicht die richtige Person bin, um Neugier zu zeigen, wer dann? Wie könnte dieser andere Mensch helfen?

Frage Nr. 2: Ist es der richtige Zeitpunkt?

Mit Mitte zwanzig habe ich für einen Kunden Workshops geleitet. Bei der Auftaktveranstaltung zu einem ein Jahr lang dauernden Fellowship-Programm wollte ich mit einer Übung anfangen, die das Entstehen von Beziehungen zueinander beschleunigt. Zu diesem Zeitpunkt hatte ich bereits ein paar Retreats organisiert und gelernt, wie man solche Aktivitäten leitete. Allerdings hatte ich noch nicht die Feinheiten in Bezug darauf erfasst, wann man gewisse Übungen am besten durchführt. Mir war nicht klar, dass Verletzlichkeit im beruflichen Umfeld zwar die Dinge beschleunigen kann, dafür aber zunächst eine Grundlage aus Vertrauen und Bereitwilligkeit nötig ist.

In diesem Workshop gab es diese Basis noch nicht, und ich hatte auch keine Grundregeln festgelegt, durch die sich alle in einem sicheren Rahmen hätten einbringen können. Ich nutzte für das Gespräch einen Aufhänger, der sich in anderen Gruppen als sehr produktiv erwiesen hatte, und fragte nach schwierigen, aufwühlenden Momenten im Leben. Von diesem Augenblick an ging alles den Bach runter. Einige der Teilnehmenden erzählten von Problemen, die sie nicht bereits verarbeitet hatten, sondern in denen sie noch mittendrin steckten, wodurch sie und auch die anderen sich emotional nicht mehr sicher fühlten. Um es mit den Worten der evangelischen Pastorin und Autorin Nadia Bolz-Weber auszudrücken: Ich hatte die Klarstellung versäumt, dass es hier um »Narben, nicht offene Wunden« gehen sollte.

Bei unseren »Narben« geht es um Erfahrungen, in die wir bereits einiges an Zeit und Energie investiert haben, um sie zu verstehen und zu verarbeiten. Es muss nicht bedeuten, dass diese Dinge für uns nicht mehr schmerzlich sind oder dass wegen ihnen nicht hier und da die Gefühle wieder hochkochen. Aber wenn wir über unsere Narben sprechen, dann haben wir vermutlich bereits Mittel und Wege gefunden, um damit umzugehen, und haben uns diesbezüglich auch ein Netzwerk aus Unterstützern geschaffen.

Eine »offene Wunde« ist hingegen etwas, auf dessen Verarbeitung wir noch nicht viel Zeit und Energie verwendet haben. Sie schmerzt weiterhin furchtbar. Wenn wir ohne psychologischen Beistand über offene Wunden sprechen, dann riskieren wir, uns damit zu retraumatisieren und dadurch zu schaden, oder durch eine übertragene Traumatisierung sogar auch andere. Nehmen wir mal an, dass du nach einer langjährigen Partnerschaft vor Kurzem betrogen wurdest. Dann meldet sich ein enger Freund (der von deiner Situation nichts weiß) bei dir und vertraut dir an, dass er fremdgegangen ist. Obwohl er sich deshalb furchtbar fühlt, ertappst du dich dabei, dass du ihn wegen deines eigenen Schmerzes verurteilst und aggressiv zu reagieren drohst. Dann ist es völlig okay, wenn du sagst: »Ich möchte gern, dass du in dieser Situation Unterstützung bekommst. Für mich aber ist es gerade nicht der passende Zeitpunkt für ein Gespräch über dieses Thema.«

Der zweite Aspekt, den ich während dieses ersten Treffens nicht in Betracht gezogen hatte, war das Machtgefälle. Die Gruppe bestand aus Menschen in Führungspositionen und ihren Teams, wodurch es für beide Seiten zu Unbehagen führte, dass sie sich gleich zu Anfang so verletzlich zeigen sollten. Am Ende der Veranstaltung kam eine der leitenden Angestellten zu mir und riss eine neue Wunde auf. Sie sagte zu mir, dass es sich um einen der schlechtesten Workshops handelte, auf dem sie je gewesen sei, und dass ich alle in eine unangenehme Lage gebracht hätte.

Ich hätte möglicherweise die richtige Person dafür *sein können*, so eine Übung anzuleiten, aber ich hatte dafür nicht den *passenden Zeitpunkt* abgewartet. Vielleicht wäre die Aktivität zu einem späteren Zeitpunkt des Programms passender gewesen, wenn sich bereits eine vertrauensvolle Atmosphäre entwickelt hätte, auf der man hätte aufbauen können. Die Übung hätte auch in kleinen Gruppen durchgeführt werden können, in denen niemand mit seinen eigenen Vorgesetzten hätte zusammenarbeiten müssen.

Das Ganze kann man ein bisschen mit Autofahren vergleichen: Manchmal ist es nicht der passende Zeitpunkt, um sich hinters Steuer zu setzen. Selbst wenn du einen Führerschein hast, solltest du unter Alkoholeinfluss oder mit leerem Tank nicht losfahren. Das trifft auch auf tiefe Neugier zu: Wenn du so viel getrunken hast, dass du dadurch weniger überlegt handelst und kein Blatt vor den Mund nimmst, dann sind deine Vorstöße vielleicht eher schädlich als nützlich.

Oder vielleicht möchte jemand aus dem Freundeskreis mit dir über ein Problem sprechen, du verfügst aber gerade nicht über die nötige emotionale Bandbreite, weil du einen wirklich anstrengenden Tag hinter dir hast. Dann zeigst du dich womöglich ungehalten oder versuchst, die Unterhaltung schnell hinter dich zu bringen. In so einem Fall ist es in Ordnung, eine Grenze zu ziehen und zu sagen: »Ich würde gern für dich da sein, kann es aber in diesem Moment nicht.«

Vielleicht könntest du jemandem von der Arbeit bei Problemen mit eurem Projekt helfen. Wenn du am Wochenende nicht arbeitest, ist ein Samstag für dich aber einfach nicht der richtige Zeitpunkt, um auf eine Textnachricht mit Fragen dazu zu antworten. Selbst an einem Werktag hast du manchmal keinen klaren Kopf, weil du daran denken musst, dass heute dein Kind krank ist, oder weil du einfach so viel zu tun hast. Damit bist du möglicherweise nicht darauf eingestellt, den Menschen an deinem Arbeitsplatz mit Offenheit zu begegnen. Unter all diesen Umständen ist es in Ordnung, die tiefe Neugier auf einen späteren Zeitpunkt zu verschieben, sie sich für andere Personen aufzusparen – oder einfach mal eine Runde auszusetzen.

Manchmal gibt es hingegen Momente, in denen Neugier trotz eines ungünstigen Zeitpunkts deine moralische Pflicht ist: Wenn du dir beispielsweise gerade einen Kaffee holen wolltest und Hilferufe hörst, oder wenn an einem öffentlichen Ort ein verloren wirkendes Kind allein herumsteht. Selbstmordgedanken sind das offensichtlichste Beispiel. Wenn du von jemandem Sätze wie »Die Welt würde ohne mich besser aussehen« hörst oder die Person in anderer Hinsicht Hoffnungslosigkeit oder einen Todeswunsch zum

Ausdruck bringt, dann handelt es sich um eine augenblickliche Neugier erfordernde Notsituation.

Um die andere Person zu schützen, empfehlen die meisten Experten zur Suizidprävention direkte, klare Fragen, die ein Eingreifen ermöglichen: »Hast du schon einmal darüber nachgedacht, dich umzubringen?« oder »Hast du dir überlegt, wie du das machen würdest?«. Wenn du befürchtest, dass sich jemand in unmittelbarer Gefahr befindet, solltest du professionelle Hilfe hinzuziehen, indem du den Notruf wählst. Du kannst auch Hilfe bei einem Selbstmord-Krisentelefon suchen oder der entsprechenden Person raten, das zu tun.

Denkanstöße: Ist es der richtige Zeitpunkt?

Wie sieht meine emotionale Bandbreite aus?

Hab ich gerade genug Energie?

Gibt es momentan wichtigere Dinge, für die ich meine Zeit und Neugier aufbringen sollte?

Bin ich dazu in der Lage, präsent zu sein und mich geduldig zu zeigen?

Gäbe es vielleicht einen besseren Augenblick, um darüber zu sprechen?

Ist die Beziehung durch genug Vertrauen geprägt, um das Gespräch in diese Richtung zu lenken?

Frage Nr. 3: Weiß ich, wann ich lieber aufhören oder einen Gang runterschalten sollte?

Selbst wenn Person und Zeitpunkt stimmen, ist es entscheidend, ein angemessenes Tempo zu wählen. Um die passenden Momente fürs Innehalten oder Verlangsamen zu erkennen, greife ich auf ein Ampelsystem als Hilfsmittel zurück, das manchmal auch im schulischen oder therapeutischen Umfeld genutzt wird.

Damit auch du weißt, wann stoppen oder verlangsamen empfehlenswert ist, sollte dir vor dem Ausüben von Neugier klar sein, was eine gelbe und eine rote Ampel bedeutet.

Rote Ampel: Tritt auf die Bremse

Die meisten Leute würden beim Thema tiefe Neugier gern ein rasantes Tempo vorlegen, weil sie schnell erleben wollen, wie Neugier Wandel und mehr Nähe und Verbundenheit herbeiführt. Aber du solltest besser erkennen, wann es an der Zeit ist, innezuhalten. Solche Momente bezeichne ich als »rote Ampel«, weil sie dir signalisieren, dass du beim Thema Neugier auf die Bremse treten solltest. Wenn du dir nicht ehrlich eingestehst, wann du lieber eine Pause einlegen solltest, kann das zu Burn-out, Selbstopferung, Koabhängigkeit und anderen Problemen führen, die negative Konsequenzen für dein Wohlbefinden und deine Beziehungen haben. Um herauszufinden, was für dich eine rote Ampel darstellen kann, frag dich selbst: *In welchen Situationen könnte es negative Auswirkungen haben, meiner Neugier weiter zu folgen?*

Zum Beispiel hat bei jenem Konzert der Avett Brothers meine Neugier meinen Partner und mich ganz vorn an die Bühne gebracht, und wir hatten große Lust, die Typen besser kennenzulernen, die uns dorthin eingeladen hatten. Sobald sie aber aggressiv wurden und uns bedroht haben, haben wir das als rote Ampel wahrgenommen und sind zu unseren ursprünglichen Plätzen zurückgekehrt. Es ist entscheidend, dass du auf die Bremse trittst, wenn eine zunächst positive Situation so eine dramatische Wendung nimmt. Dann ist es okay, zu sagen: »Solche Bedrohungen toleriere ich nicht«, oder sich sogar komplett zurückzuziehen.

Das gilt auch für Dinge, die dir emotionalen Schmerz zufügen. Nehmen wir mal an, du sitzt zusammen mit der Verwandtschaft am Esstisch und genießt das Gespräch. Nach etwa einer Stunde beginnt allerdings jemand damit, schmutzige Wäsche zu waschen – dunkle Familiengeheimnisse zu enthüllen, von denen du nichts wissen willst. Auch bei ursprünglichem Interesse an einer mehr Nähe fördernden Unterhaltung ist es angemessen, zu sagen: »Das möchte ich heute nicht hören«. Wenn dein Einwand ignoriert wird, hast du jedes Recht, dich zu entschuldigen, aufzustehen und zu gehen.

Auch wenn es weniger offensichtlich ist, solltest du es ebenfalls als rote Ampel wahrnehmen, wenn du nach einer langen Zeit voller Neugier von deiner Seite her keine Verbesserung in einer Beziehung bemerkst, vor allem dann, wenn das auf Kosten deines Wohlbefindens geht. Sprechen wir mal über eine Freundin von mir, die eine schwierige Beziehung zu ihrer (ein Leben lang mit psychischen Problemen kämpfenden) Mutter hatte. Jahrelang hat sie versucht, ihrer Mutter Neugier und Mitgefühl entgegenzubringen, um die Beziehung zu ihr zu retten. Sie hat ihre Mom besucht, Fragen gestellt, zugehört und sich mitfühlend gezeigt, hat ihr Bestes gegeben, um ihre Mutter bei ihrer Reise zu begleiten. Aber wie sehr sie sich auch anstrengte, es wurde mit der Zeit nur schlimmer. Sie wurde ständig angekeift und fühlte sich immer schlechter. Damit hatte sie eine rote Ampel erreicht.

Es gibt eben Momente im Leben, in denen du eine Beziehung beenden musst. Vielleicht hast du dein Bestes gegeben, um neugierig zu bleiben, aber es funktioniert einfach nicht. Dir das einzugestehen, ist traurig und schwierig, aber es kann leider nicht jede Beziehung gerettet werden. Einen Schlussstrich zu ziehen, ist manchmal nicht nur das Beste für dich selbst, sondern trägt möglicherweise auch zur Heilung des anderen Menschen bei.

Es kann schmerzhaft sein, eine Person aus deinem Leben auszuschließen, die dir wichtig ist. Aber sei dir dessen bewusst, dass sich dadurch auch neue Türen öffnen können. Die Freundin von mir, die die Beziehung zu ihrer Mutter abgebrochen hat, hat seitdem endlich die Muße dafür, ihrem eigenen Schmerz Neugier entgegenzubringen und so vielleicht den Frieden zu finden, den es für sie im Leben bisher nicht gab. Sie ist nun auch dazu in der Lage, sich besser auf ihren Partner und die Kinder einzulassen und ihnen mehr Neugier entgegenzubringen, da sie einfach mehr Zeit und Energie hat. Auf rote Ampeln zu achten, bedeutet nicht, sich komplett von Neugier zu verabschieden – vielmehr solltest du Ja zu den Menschen und Dingen sagen, die dir am wichtigsten sind.

Rein aus Neugier ...
Was stellt für dich persönlich eine rote Ampel dar, die du besser beachten solltest, wenn du tiefe Neugier anwendest?

Gelbe Ampel: Langsamer werden und die Situation neu einschätzen

Eine gelbe Ampel signalisiert uns, dass wir langsamer werden und neu überdenken sollten, wie wir Neugier in diesem Moment nutzen. Du kennst bereits die wichtigste gelbe Ampel: berechnende Neugier. Vielleicht lief am Anfang der Unterhaltung noch alles gut. Wenn du dich irgendwann aber dabei ertappst, dass du andere überzeugen oder ihre Meinung ändern willst, dann ist es wohl an der Zeit für eine Pause und dafür, die nächsten Schritte sorgfältig zu überdenken. Neugier sollte immer dem wahrhaftig empfundenen Wunsch entspringen, etwas über andere zu erfahren und zu verstehen, wie sie so geworden sind. Wir sollten dadurch nicht versuchen, sie auf unsere Seite zu ziehen.

Wenn ich Leute kennenlerne, die ganz andere Ansichten haben als ich – möglicherweise den rechtlichen Schutz von Menschen aus der LQBTQ+-Community nicht unterstützen –, dann versuche ich zum Beispiel zu verstehen, warum wir ihrer Meinung nach nicht dieselbe Sicherheit verdient haben wie sie. Wenn ich besser nachvollziehen kann, wie sie die Dinge sehen und wie sie zu diesen Überzeugungen gekommen sind, dann entwickeln sie möglicherweise auch Interesse an meiner Meinung und wie ich sie mir gebildet habe. Vielleicht drängt sich mir aber irgendwann der Eindruck auf, dass ich sie nur von meinen Ansichten überzeugen will, dass ich ihnen eigentlich gar nicht richtig zuhöre, wodurch sie sich manipuliert fühlen können – und dann bekommt die Beziehung einen Knacks.

Wenn ich eine gelbe Ampel bemerke, denke ich über die nächsten Fragen, die ich stellen möchte, gründlicher nach und suche nach neuen Wegen, meine Erfahrungen und Geschichten zu vermitteln. Dann konzentriere ich mich wieder auf meine Absicht, nicht zu überzeugen, sondern zu verstehen. Ich frage mich, ob ich wirklich dafür empfänglich bin, was die andere Person von sich preisgibt. Auch die Treibsandübung aus Kapitel 7 ist für mich in dieser Situation hilfreich. Generell versuchte ich herauszufinden, ob ich die Dinge anders angehen kann, indem ich mich zum Beispiel auf die

Ansichten meines Gegenübers konzentriere statt auf meine eigenen, und mache dann vorsichtig weiter.

Weitere gelbe Ampeln sind die Bremsschwellen, über die wir in Kapitel 3 gesprochen haben. Frag dich zum Beispiel, ob du Panik hast, weil dich eine Situation in Gefahr bringen kann, oder ob es eher Aufregung angesichts von etwas Schwierigem oder Herausforderndem ist, durch das du als Person wachsen kannst.

Zwei Beispiele für Angst, die sich eher in der Mutzone bewegt, wären mein Coming-out und meine Rückkehr nach Joshua Tree nach meinen akustischen Halluzinationen. Mir war dabei zwar mulmig zumute, ich fühlte mich aber nicht so voller Angst, dass mein Wohlbefinden in Gefahr gewesen wäre. Meine Gefühle waren keine rote Ampel, die einen sofortigen Abbruch hervorgerufen hätte. Daher machte ich weiter, allerdings so achtsam und vorsichtig wie möglich. Es ist wichtig, die eigenen Ängste zu analysieren – nicht, um sich bestimmte Erfahrungen komplett zu versagen, sondern um sich in Erinnerungen zu rufen, dass man es langsam angehen und nicht waghalsig handeln sollte. Vor meinem Sprung von der Klippe habe ich eine gelbe Ampel wahrgenommen und dadurch meine Ängste analysiert, habe einmal tief durchgeatmet und bin in Gedanken die einzelnen Schritte bis zu meinem Sprung durchgegangen.

Zusätzlich zur gelben und roten Ampel gibt es natürlich noch die grüne Ampel, die signalisiert, dass du weitermachen kannst. Wie bei einer tatsächlichen Autofahrt hast du aber nicht immer nur Grünphasen. Außerdem musst du ja irgendwann auch mal Pause machen, tanken, die Reifen wechseln oder das Elektroauto laden – auch, wenn du an diese Dinge zunächst nicht denkst, weil ja alles wie geschmiert läuft. Ein gut organisiertes System der Fürsorge für dich selbst sollte bei tiefer Neugier immer dazugehören, wenn du sie dein Leben lang ausüben willst. Und das bringt mich zu einem wichtigen letzten Tipp: Falls du nie irgendwelche gelben oder roten Ampeln bemerkst, oder dir schon länger keine mehr aufgefallen sind, könnte es sein, dass du einfach daran vorbeirast, ohne darauf zu achten.

Das 80/20-Prinzip

Jedes Mal, wenn du eine grüne Ampel zum Anlass dafür nimmst, deiner Neugier zu folgen, musst du dafür auf etwas verzichten. Zu etwas Ja zu sagen, bedeutet automatisch, zu anderen Dingen Nein zu sagen, weil uns im Leben nur eine gewisse Menge an Zeit und Energie zur Verfügung steht. Wir können uns nicht allem gegenüber neugierig zeigen – das würde schnell zu Überlastung führen. Aufgrund unserer eigenen Neugier wären wir so überwältigt und erschöpft, dass unser Wohlbefinden darunter leiden würde.

So wäre es wohl einerseits keine gute Idee, deine inneren Ressourcen komplett in deine Arbeit und einen problematischen Chef zu investieren, sodass für deine Partnerschaft, für deine Kinder, Eltern oder Geschwister kaum etwas übrig bleibt. Andererseits solltest du deine inneren Ressourcen aber auch nicht für eine kleine Gruppe reservieren und dadurch die Chance verpassen, mehr Nähe zu Menschen von der Arbeit, aus der Nachbarschaft, dem Freundeskreis und deinem persönlichen Umfeld, sogar zu Fremden herzustellen, mit denen du im Laufe des Tages zu tun hast.

Um dir bei diesem Balanceakt zu helfen, schlage ich vor, das 80/20-Prinzip anzuwenden: Nutz achtzig Prozent deiner Zeit, um Neugier dir selbst und dir nahe stehenden, geliebten Menschen entgegenzubringen, und zwanzig Prozent für Menschen, die dieser Gruppe nicht angehören.

Die Bedeutsamkeit von Selbstmitgefühl und Großzügigkeit

So gut unsere Absichten auch gewesen sein mögen, manchmal führt unsere Neugier nirgendwohin – zumindest vorerst nicht. Neugier löst zutiefst menschliche Prozesse aus, die manchmal eben chaotisch und unvollkommen sind. Wir machen unterwegs Fehler und mogeln uns irgendwie durch. Deshalb sollten wir nicht nur uns selbst Empathie entgegenbringen, sondern uns auch den anderen gegenüber mitfühlend zeigen. Natürlich träumen wir von einem Szenario, bei dem aus *jeder* Unterhaltung alle mit einem besseren Verständnis voneinander und mehr Verbundenheit zueinander hervorgehen, aber das wird eben nicht immer der Fall sein. Denk an Paare, die zusammen zur Therapie gehen. Im Idealfall bringen beide Offenheit mit ein und hoffen auf die besten sechzig oder neunzig Minuten aller Zeiten – vielleicht können gewisse Konflikte aber nicht gelöst werden und gelegentlich wird es den beiden nach der Sitzung sogar noch schlechter gehen. Wir können eben nicht erwarten, dass bei einer Paartherapie jedes einzelne Treffen super läuft.

Manchmal passiert es auch, dass wir eine gelbe Ampel – wie Angst oder eine Vorahnung – wahrnehmen, darauf basierend aber eine falsche Entscheidung treffen. Oder wir glauben, dass wir einfach nur gesunden Respekt vor einer Situation empfinden, durch die wir wachsen werden, um später feststellen zu müssen, dass sie uns tatsächlich in eine Panikzone geführt hat. Vielleicht machen wir uns dann selbst fertig, weil wir es nicht früher erkannt haben, wodurch wir uns nur noch mehr Schmerz und Scham aufbürden.

Wenn ich es vergeigt habe, nutze ich Übungen von einem meiner Vorbilder in Sachen Selbstmitgefühl, wie zum Beispiel der schon erwähnten Kristin Neff, die uns zu »Selbstgefühlpausen«

rät. In einer solchen Pause sollen wir uns vergegenwärtigen, dass wir einen Moment voller Leid durchmachen und dass Leid zum Leben nun einmal dazugehört. Wir sollen gut zu uns selbst sein, um diesen schwierigen Moment durchzustehen. Je öfter wir uns in Mitgefühl für uns selbst üben, desto besser können wir uns um uns selbst kümmern, wenn wir es mal verbockt haben.

Selbstmitgefühl kann auch unseren Mut dafür stärken, durch Neugier größere Risiken einzugehen. Fang mit deinen besten Freundinnen und Freunden an und lern, wie du dir selbst Mitgefühl entgegenbringen kannst, wenn du im Umgang mit ihnen Fehler gemacht hast. Das kann es dir erleichtern, auch Leuten aus deiner Nachbarschaft oder dir unbekannten Menschen mit mehr Neugier entgegenzutreten. Selbstmitgefühl im Umgang mit engen Vertrauten zu üben, kann dir dabei helfen, Enttäuschungen in der Begegnung mit Menschen abzufedern, die du nicht so gut kennst.

Zusätzlich zum Selbstmitgefühl sollten wir, wenn wir auf tiefe Weise neugierig sein wollen, auch unseren Mitmenschen gegenüber Empathie zeigen. Manchmal sind andere nicht offen für unsere Fragen oder unseren Wunsch, die Dinge besser verstehen zu wollen. Das habe ich selbst oft erlebt, vor allem bei meinen schwierigen Versuchen, über eine soziale oder politische Kluft hinweg eine Verbindung aufzubauen. In solchen Momenten gebe ich alles, um mich offen und neugierig zu zeigen, aber mir wird nicht im gleichen Maße Interesse zuteil. Dann muss ich mir in Erinnerung rufen, dass wir zwar alle Neugier verdient haben, aber niemand dazu verpflichtet ist, mir in jeder Situation Neugier entgegenzubringen. Wenn eine bestimmte Person dir nicht mit ihrer eigenen Neugier auf halbem Wege entgegenkommt, dann denk daran, dass andere es durchaus tun werden.

Mach dich für den Sprung in tiefe Neugier bereit, indem du dir mit den »drei Fragen« deine Grenzen und Einschränkungen vergegenwärtigst, um danach dieses Instrument des Wandels auf nuanciertere, differenziertere Art und Weise zu nutzen. Mit zunehmender Erfahrung wirst du auch weiter in die Zukunft blicken können. Statt bei einer plötzlich auftauchenden roten Ampel in die Bremsen treten zu müssen, wirst du schon aus der Ferne ein warnendes gelbes Licht erkennen.

Du wirst ein intuitives Gefühl für die Grenzen und Einschränkungen anderer entwickeln, aber es ist trotzdem wichtig, diese Ahnungen in der Praxis zu testen, damit sie sich nicht zu waschechten Annahmen verfestigen. Sobald du sowohl das DIVE-Modell beherrschst als auch deine eigenen Grenzen und Einschränkungen erkennst, wirst du dazu bereit sein, andere mit an Bord zu holen. Wenn etwas unser Leben zum Guten hin verändert hat, dann wollen wir es natürlich mit anderen teilen, vor allem mit jenen Menschen in unserem Umfeld, die uns wichtig sind und die wir lieben. Wir alle haben Neugier verdient und es auch verdient, Neugier zum Teil unseres Lebens zu machen.

Rein aus Neugier ...
Auf welche Weise könntest du dir regelmäßig mit Selbstmitgefühl begegnen?
Und wie kannst du auch anderen Empathie entgegenbringen?

Kapitel 9

Neugier ist ansteckend

In den Medien hörte es sich so an, als würde es niemals klappen. Aber als Präsident John F. Kennedy am 12. September 1962 auf dem Campus der Rice University die Bühne betrat, wusste er, dass den USA die Reise zum Mond gelingen würde.

Kennedy erklärte seiner Zuhörerschaft, dass die Rakete dafür etwa hundert Meter lang sein würde, so wie das American Football-Feld, auf dem sie saßen, und dass sie mit einer Geschwindigkeit von mehr als 40 000 km/h von Houston in Texas aus 400 000 Kilometer weit fliegen würde – was zu diesem Zeitpunkt alles noch unvorstellbar war.[75] Weiterhin erklärte er, dass das Raumfahrzeug nach seiner Reise zum Mond beim Wiedereintritt in die Erdatmosphäre zwar halb so heiß wie die Sonne werden, es dieser Belastung aber durch die Verwendung von Metalllegierungen standhalten würde, die zum Teil noch nicht einmal entwickelt worden seien.

»All das wird noch vor dem Ende dieses Jahrzehnts passieren«, versprach der Präsident.

Kennedy war weder Wissenschaftler noch Ingenieur. Er war einfach ein Mann, der im Angesicht der Angst ein ganzes Land dazu einlud, seiner Vorstellungskraft freien Lauf zu lassen und an das Unmögliche zu glauben. Manche waren fest davon überzeugt, dass die Reise niemals in die Tat umgesetzt werden könnte. Was dafür innerhalb von acht Jahren noch alles geschafft werden müsste, schien unmöglich, ein viel zu hoch gestecktes Ziel. Aber Kennedy wusste, dass das Gegenteil von Angst nicht Hoffnung ist – sondern Neugier.

»Wir haben beschlossen, auf dem Mond zu landen«, sagte Kennedy zu der Menschenmenge in Rice. »Wir haben entschieden, innerhalb dieses Jahrzehntes zum Mond zu reisen und noch so einige andere Dinge zu tun. Nicht deshalb, weil sie einfach sind, sondern gerade deshalb, weil sie schwierig sind, weil wir durch dieses Ziel unsere Energie und unsere Fähigkeiten bündeln und messen können. Wir werden uns diesen Herausforderungen stellen, statt sie vor uns herzuschieben, und dabei am Ende Erfolg haben.«

Kennedy sollte recht behalten. Am 20. Juli 1969, nur ein paar Monate vor dem Ende des Jahrzehnts, setzten die US-Astronauten Neil Armstrong und Edwin »Buzz« Aldrin als erste Menschen einen Fuß auf den Mond. (Unterstützt wurden sie dabei von Michael Collins, der als drittes Mitglied der Apollo 11-Mission in der Kommandokapsel blieb).

Ja, da hatte jemand – beinahe wortwörtlich – nach den Sternen gegriffen. Damit hatte er aber auch bewiesen, was für eine Wirkung es haben kann, sich *gerade* die schwierigen Projekte vorzunehmen.

Heutzutage kommt es uns so vor, als würde die Welt von Krise zu Krise taumeln: Hass und Gewalt, tiefe Risse durch die Gesellschaft, politische Polarisierung und die Schwächung der Demokratie, um nur ein paar zu nennen. Manchmal fühlt es sich so an, als wäre es ein unmöglicher Griff nach den Sternen, eine Welt mit weniger Ablehnung und Brüchen, mit mehr Toleranz und Nähe zu erschaffen. Aber jeder große Sprung für die Menschheit beginnt auf individueller Ebene, weshalb ich mich hier bisher darauf konzentriert habe, wie wir mehr Neugier in unseren Alltag einbringen können.

Aber wirklich Großes erreichen wir nie ganz allein. Kennedy brauchte viele unterschiedliche Leute, um den Mond zu erreichen. Um für seine gewagte Unternehmung Unterstützung zu bekommen, versuchte er jeden einzelnen Menschen im Land dazu zu inspirieren, nach etwas völlig Neuem zu streben, darüber zu sprechen und dieses Unterfangen zu unterstützen. Ähnliche Initiativen werden für das Thema Neugier nötig sein und auch dafür werden wir alle gebraucht.

Neugier verbreiten – die Wissenschaft dahinter

Unser Leben lang schauen wir uns Ausdrucksweisen, Ticks, Sätze, Witze, Gesten, Gedanken und Verhaltensweisen von anderen ab und ahmen sie nach. Vielleicht benutzt jemand aus deinem Freundeskreis Ausdrücke, von denen du eigentlich gedacht hättest, dass sie zu dir überhaupt nicht passen. Aber ehe du dich versiehst, textet du plötzlich: *Digga, das war gestern Abend echt cringe, oder?*

Die Psychologin Tanya Chartrand und ihr Kollege John Bargh nennen das den *Chamäleoneffekt*.[76] Natürlich können Menschen nicht wie Chamäleons die Hautfarbe ändern, um sich an ihre Umgebung anzupassen. Aber wir haben eine ähnliche Möglichkeit gefunden: Die Menschen und Dinge, mit denen wir uns umgeben, beeinflussen unsere Denkweise und unser Verhalten.

Der Chamäleoneffekt wird durch die *Spiegelneuronen* in unserem Gehirn verstärkt, die unsere motorische Aktivität auf dem basierend steuern, was wir bei anderen sehen.[77] Es gibt dafür auch einen sozialpsychologischen Grund: Wer sich am besten anzupassen weiß, wird von den Imitierten in positiverem Licht gesehen.

Wenn du nur Zeit mit zynischen Menschen verbringst, dann wunder dich nicht, wenn du selbst zynisch wirst. Ein ähnlicher Effekt ergibt sich aber bei Menschen, die in alle Richtungen neugierig sind – nach innen, nach außen und darüber hinaus. Wenn du dich mit ihnen umgibst, wirst du das vermutlich auch bald tun. Dem Chamäleoneffekt zufolge scheint es empfehlenswert zu sein, sich vor allem um solche Situationen und Menschen zu bemühen, die dein Leben und das der Menschen um dich herum bereichern.

Das heißt aber nicht, dass du nur die Gesellschaft von Gleichgesinnten suchen sollst – unterschiedliche Perspektiven sind wichtig; ohne sie tappst du womöglich in Fallen wie die Bestätigungstendenz. Pfleg auch Freundschaften zu Leuten, die dich zum Nachdenken bringen, durch die du die Wahrnehmung deiner selbst erweiterst und achtsamer wirst. Vielleicht begegnest du dadurch morgen einer Person, die dich zum Verlassen des bekannten Terrains und zum Aufbruch zu einer Reise ins Unbekannte animiert, durch die du etwas Neues entdecken kannst. Das wird dir dabei helfen, dich größeren, furchteinflößenderen Dingen zu stellen als je zuvor.

Einer Studie des Neugierforschers Goren Gordon zufolge können wir unsere Neugier auch durch digitalen Kontakt mit anderen Menschen – oder sogar Robotern – stärken. In seiner Studie bekamen die teilnehmenden Kinder ein Tablet mit einer pädagogischen App, um mit einem Altersgenossen virtuell zu spielen – allerdings befanden sich auf der anderen Seite gar keine menschlichen Wesen, sondern auf Neugier programmierte »soziale Roboter«. Manche davon zeigten sich beim Thema Lernen und Ausprobieren begeistert, stellten Entscheidungen des teilnehmenden Kindes infrage und schlugen bei Spielen neue Strategien vor. Wer von den jungen Testpersonen zusammen mit so einem neugierigen Roboter spielte, zeigte daraufhin auch mehr Neugier, vor allem in den zwei Kategorien »freies Erkunden« und »Suche nach Ungewissem«.[78] Spielte ein Kind hingegen mit einem nicht auf Neugier programmierten Roboter – der nicht den Wunsch ausdrückte, etwas Neues zu lernen –, dann nahm seine Neugier überhaupt nicht zu.

Für uns bedeutet das: Wenn wir mehr Neugier an den Tag legen, werden andere unserem Vorbild folgen. Und je mehr wir uns mit neugierigen Menschen umgeben, desto wahrscheinlicher ist es, dass wir selbst neugieriger werden und somit einen positiven Kreislauf in Gang setzen.

Kurz gesagt: Neugier ist ansteckend.

Rein aus Neugier ...
Kommt dir eine Situation in den Sinn, in der jemand anders neugierig war und dich damit angesteckt hat?

Fang klein und in deiner Umgebung an

Sobald deine Neugier geweckt wurde, wirst du in deinem Leben und in Beziehungen zu anderen positive Entwicklungen bemerken. Es ist verständlich, dass du auch andere daran teilhaben lassen möchtest und diesen neuen Reichtum teilen willst. Wenn du unterrichtest oder Kinder hast, möchtest du das Phänomen der Neugier vielleicht gern an die nächste Generation weitergeben, damit die jungen Menschen in deiner Obhut mehr lernen, Mitgefühl entwickeln und neue Interessen entdecken können. Als Führungskraft möchtest du mit Sicherheit Neugier unter deinen Teammitgliedern fördern, weil sie zu mehr Kreativität und Innovation führt. Vielleicht wünschst du dir eine gerechtere Welt mit gleichen Chancen für alle oder engagierst dich sozial. Dabei könnte Neugier entscheidend dazu beitragen, dass sich Menschen ihres Einflusses bewusster werden, mehr zuhören und teilen und ihre Differenzen akzeptieren, statt Unterschiede glattzubügeln.

Aber wo sollst du anfangen?

Statt dich in das riesige Projekt zu stürzen, einen ganzen Verein oder eine Nachbarschaft umkrempeln zu wollen, bring zunächst einmal deinen Kindern, deinem Lieblingsmenschen oder den Leuten auf der Arbeit mehr Neugier entgegen. Wenn du in ihrer Gegenwart neugierig bist, werden sie vermutlich auf ganz natürliche Art und Weise dein Verhalten nachahmen.

Genau wie beim Etablieren anderer Gewohnheiten geht es auch hier vor allem um ständige Wiederholung. In den Menschen um dich herum wird durch das DIVE-Modell deine Neugier auf natürliche Weise geweckt, weil sie eben ansteckend ist.

Willst du den Prozess aber beschleunigen, dann kannst du drei bewusste Handlungen durchführen:

1. Nenn Neugier ganz offen als für dich wichtigen Wert
2. Mach Neugier zu einem Teil deiner Persönlichkeit
3. Bring Neugier in Bereiche ein, die bereits zu deinem Leben dazugehören

Wie schon bei der 80/20-Regel angesprochen, solltest du dich um mehr Neugier zunächst in deinem direkten Umfeld bemühen, vielleicht im Umgang mit einer engen Freundin, deinen Eltern oder dem Teammitglied, mit dem du meistens zusammenarbeitest. Wenn du unter den Menschen in deiner Umgebung mehr Neugier zu bemerken beginnst, dann bist du so weit, das aus dieser Erfahrung Gelernte in größere Gruppen einzubringen. Nun kannst du zum Beispiel versuchen, das Thema Neugier für eine ganze Organisation, eine Schule oder Sportmannschaft zur Priorität zu machen.* Nur weil man besser klein anfängt, muss man sich nicht für immer auf diesen Rahmen beschränken. Der Anthropologin Margaret Mead wird der Satz zugeschrieben: »Zweifelt nie daran, dass eine kleine Gruppe umsichtiger, engagierter Bürger die Welt verändern kann. Tatsächlich hat sie sich bisher immer nur auf diese Art und Weise verändert.«

Neugier ganz offen als wichtigen Wert nennen

Ein erster Schritt in deinem engeren Umfeld besteht darin, bei der Arbeit, in der Familie, im Freundeskreis und gegenüber allen anderen Menschen, die du gern zu mehr Neugier inspirieren möchtest, Neugier als wichtigen Wert zu nennen. Allerdings wäre es noch besser, an einen Punkt zu gelangen, in der Neugier als *gemeinsamer Wert* wahrgenommen wird und alle zusammen ihre Einfluss anerkennen (selbst wenn sie noch nicht regelmäßig oder bewusst ausgeübt wird).

Dein Leben nach Neugier auszurichten, bedeutet allerdings mehr, als das nur in Unterhaltungen zu verkünden oder sie für dich persönlich als eins deiner Grundprinzipien gewählt zu haben – so, wie auch der Spruch *Leben, lieben, lachen!* an deiner Wohnzimmerwand nicht unbedingt alle auf diese Vibes einstimmt. Werte sollten wahrnehmbar gelebt werden. Sie sollten gezeigt und erkannt werden.

Wer eine Firma leitet, kann nicht im Namen von Kreativität und Innovation von seinen Mitarbeitenden Neugier einfordern, ohne sie selbst aktiv zu praktizieren. Deshalb sollten Menschen in Füh-

---

* An dieser Stelle ein bisschen schamlose Eigenwerbung: Wenn du an diesem Punkt angelangt bist und in einem Verein, einer Schule oder Firma eine leitende Stellung innehast, kannst du mich ruhig kontaktieren! Ich würde dir bei diesem Projekt gern unter die Arme greifen.

rungspositionen viele Fragen stellen, Unwissenheit zugeben, klaren Absichten entsprechend handeln und ihre Angestellten nicht entmenschlichen (was leider viel zu oft vorkommt, vor allem in Firmen, in denen Geld oder Zeit knapp ist).

Ähnlich verhält es sich im familiären Umfeld. Es reicht nicht, wenn ein Elternteil zu den Kindern sagt: »In dieser Familie wird Neugier großgeschrieben«, und dann erwartet, damit bereits eine Grundlage geschaffen zu haben. Wenn du dir wünschst, dass dein Nachwuchs nicht den ganzen Tag aufs Display starrt, sondern der Welt mit Neugier begegnet – dann leg auch du das Handy weg. Damit haben deine Kinder bei dir nicht länger ein unerwünschtes Verhalten vor Augen, das sie nachahmen können. Und dadurch fällt bei ihnen auch das Gefühl weg, ungerecht behandelt zu werden, das zu Fragen wie »Warum darfst du eigentlich bei den Mahlzeiten aufs Handy gucken und ich nicht?« führt.

Eine konkrete Übung für mehr Neugier in der Familie besteht darin, sich an einem Abend in der Woche beim Essen Fragen zu stellen, durch die etwas mit den anderen geteilt werden kann – das können (je nach Stimmung und Energielevel) ganz einfache oder auch bedeutsamere Fragen sein, zu denen sich alle äußern dürfen. Ein paar Anregungen dafür:

- *Nenn etwas, wofür du dankbar bist.*
- *Was hast du heute gelernt?*
- *Was macht dich neugierig?*
- *Was war diese Woche schwierig?*
- *Was hat dir diese Woche Freude gemacht?*
- *Was ist deine Superkraft, die dir selbst und anderen hilft?*
- *Erzähl von einem Traum oder Wunsch, den du dir gern erfüllen würdest.*

Du kannst die Neugier bei den Menschen aus deinem Umfeld auch auf experimentellere Weise fördern. Sich zu Spielen wie *Dungeons and Dragons* zu verabreden oder ohne konkrete Pläne eine Stadt zu erkunden, sind tolle Möglichkeiten, sich gut gelaunt der Neugier hinzugeben. Bei einer eher kreativ veranlagten Truppe könntest du Stifte und Journale besorgen, in denen alle die Fragen notieren, die sie beschäftigen, um dann der eigenen künstlerischen Ader freien Lauf zu lassen und rund herum zu malen.

Wollt ihr etwas weniger in die Tiefe gehen, dann könnt ihr darüber sprechen, was für Hobbys ihr interessant findet, und sie mal ausprobieren – indem ihr euch einen Tag oder Nachmittag lang mit Meditation, Schnitzen, Keramik, Astronomie oder anderen erwähnten Tätigkeiten beschäftigt.

Neugier zum Ausdruck zu bringen, ist auch im Rahmen von Institutionen möglich. Ich denke da an die beliebte Initiative *No One Eats Alone*, die die Organisation Beyond Differences durchgeführt hat. Tausende von Schulen haben daran teilgenommen und ihre Schülerinnen und Schüler dazu ermuntert, soziale Isolation zu beenden, indem sie sich für ihre Altersgenossen interessieren, die beim Mittagessen allein in der Cafeteria hocken. Durch dieses Programm haben die Kinder und Jugendlichen ihre Fähigkeiten in Bezug auf Neugier und Mitgefühl gestärkt und gelernt, diejenigen miteinzubeziehen, die sich ausgeschlossen gefühlt haben.

Aber warum sollte man mit Initiativen dieser Art nach der Highschool aufhören? Wie würde es wohl aussehen, wenn solche Programme auch an Universitäten oder am Arbeitsplatz eingeführt würden? Mit Ausgrenzung ist nicht automatisch nach dem achtzehnten Geburtstag Schluss. Neugier in Institutionen einzubringen, um zwischen Menschen jeden Alters Nähe zu fördern, ist daher ganz entscheidend.

Tu das, was dich neugierig macht
Wie wäre es, wenn wir einem neuen Mantra folgen würden?
Statt »Tu, was dich glücklich macht«, könnten wir uns »Tu, was
dich neugierig macht« auf die Fahnen schreiben, statt »Streb
nach dem, was sich gut anfühlt« eher »Streb nach dem, was
deine Neugier fördert«.

Neugier als Teil deiner Persönlichkeit

Nachdem ich mich als queer geoutet hatte, entwickelte ich mehr
Neugier in Bezug auf meine sexuelle Orientierung (und später im
Leben auch auf meine Genderidentität). Deshalb machte ich mich
auf die Suche nach Menschen, die diesen Weg bereits zurückgelegt
hatten, um von ihren Erfahrungen zu lernen. Ich las Bücher und
ging zu Veranstaltungen, tauchte richtig in das Thema LGBTQ+-
Identitäten und die ganze Kultur dieser Gemeinschaft ein.

Das Coming-out ist für die LGBTQ+-Bewegung zu einem
wichtigen Element geworden, hat unterschiedliche Identitäten nor-
malisiert und zu einer raschen Zunahme kultureller Akzeptanz und
Würdigung in vielen Ländern der Welt geführt. Mittlerweile ist
es nicht mehr nur so, dass man schon mal von Fremden oder ent-
fernten Bekannten gehört hat, die queer oder trans sind. Vielmehr
haben wir alle solche Menschen im Team bei der Arbeit oder im
Freundeskreis, in der Nachbarschaft und Schulklasse oder in der
Verwandtschaft, unter Onkeln und Tanten, Geschwistern, Nichten
und Neffen.

Ein Aspekt der Zugehörigkeit zur LGBTQ+-Community besteht darin, dass sie über alle anderen Identitätsmerkmale hinausgeht, wie zum Beispiel Hautfarbe, soziale Klasse, Alter, körper-

liche Fähigkeiten oder den Glauben – über Dinge, die Menschen normalerweise voneinander trennen. Jemand, der sich als queer identifiziert, kann aus einer reichen oder armen Familie stammen, ein nichtbinärer Mensch kann schwarz oder weiß sein, eine Transperson alt oder jung. Deshalb kennen mittlerweile fast alle Menschen, die sich als nichtbinär, queer oder trans identifizieren. Und wenn wir jemanden kennen, ist es viel einfacher, seine Perspektive zu verstehen und sich für seine Rechte einzusetzen.

Ähnlich sieht es mit Neugier aus: Neugierig können wir alle sein. Dafür ist kein materieller Reichtum erforderlich, wir entwickeln sie nicht erst mit zunehmendem Alter und sie hängt auch nicht von Hautfarbe, Geschlecht, körperlichen Fähigkeiten oder anderen Aspekten der Identität ab. Neugier »gehört« niemandem und ist allumfassend, sie geht über die Grenzen von sozialen Gruppen hinaus. Damit hat Neugier in jedem Teil der Gesellschaft einen Platz. Eigentlich müssten wir uns auch als neugierige Person »outen«. Dadurch würden vielleicht so einige Menschen innehalten und überlegen, ob sie sich eigentlich *auch so* bezeichnen würden.

»Coming-out« bedeutet wörtlich »Herauskommen«, aber wo kommt man da heraus? Durch Neugier befreien wir uns aus der gedanklichen Falle, immer alles *wissen zu müssen*. Dieser Grundsatz unserer Gesellschaft ist wie ein dunkler Kerker, aus dem wir nicht entkommen können. Viel zu wissen, verbinden wir innerlich mit Dingen wie Beförderungen, dem Treffen von Entscheidungen und weiteren Aspekten unseres Lebens. *Nichtwissen* erachten wir hingegen als Zeichen von Schwäche und Unterlegenheit. Ich möchte dazu anregen, dass wir diese Überzeugung bei jeder Gelegenheit infrage stellen und andere daran erinnern, dass Bescheidenheit von Stärke zeugt und gefeiert werden sollte. Wenn wir zugeben, dass wir etwas nicht wissen, zeigen wir damit keine Schwäche – wir zeigen Integrität. Es sollte eine Verschiebung stattfinden, vom großen Ego hin zu großer Neugier. Ich finde es wichtig, dass wir die Karten auf den Tisch legen, zum Beispiel so: »Über dieses Thema weiß ich nicht so viel, So-und-so aber schon, daher würde ich gern ihre Ansichten dazu hören« oder »Tatsächlich bin ich mir nicht sicher, wie wir damit umgehen sollen. Ich bin neugierig darauf, wie ihr das machen würdet.«

Ob im Rathaus, beim wöchentlichen Teammeeting auf der Arbeit oder bei einem Elternabend – dich als neugierige Person zu outen, kann zu mehr kultureller Akzeptanz und Würdigung führen und sich auf andere auswirken. Forschende von der Princeton University und UC Berkeley haben zwei Experimente durchgeführt und herausgefunden, dass Leute sich eher neugierig zeigen, wenn sie von außen Hinweise darauf bekommen, dass Neugier für die Menschen in ihrem Umfeld normal ist.[79] Wenn also jemand wahrnimmt, dass die Personen um ihn herum neugierig sind (und Neugier als wichtigen Wert anerkennen), ist die Wahrscheinlichkeit größer, dass er oder sie selbst auch neugieriger wird.

Es ist wichtig, dass wir anderen dabei helfen, ihre Identität diesbezüglich *zu erweitern*. Denn es reicht nicht, wenn sich ein Teil einer Gemeinschaft zur Neugier bekennt – wir sollten alle mit an Bord holen. Und damit das klappt, müssen sich mehr und mehr Menschen in jeglichen Bereichen der Gesellschaft zu ihrer Neugieridentität bekennen. So können sie andere erkennen, mit denen sie diese Mission teilen, mehr (ähm!) Bücher zum Thema lesen und bei Veranstaltungen ihre Fähigkeiten in Bezug auf Neugier üben.

Bring Neugier in Bereiche ein, die bereits Teil deines Lebens sind

Neue Initiativen in Gang zu setzen, erfordert eine Menge Mittel und Energie. Die meisten von uns haben eher Erfolg damit, Neugier dort zu stärken, wo sie sich sowieso aufhalten. Dort Neugier zu praktizieren und andere dazu zu inspirieren, erfordert nicht so große Anstrengungen. Wir können am Arbeitsplatz, zu Hause, in der Schule oder in unserer Nachbarschaft unseren Beitrag dazu leisten, ganz unterschiedlichen Personen Neugier nahezubringen. Wer Neugier in die Tat umsetzen will, denkt vielleicht an solche Orte, vergisst dabei aber einen anderen, an dem wir ebenfalls viel Zeit verbringen: das Internet.

Soziale Medien bieten eine Bühne, auf der Menschen sich oft in einer bestimmten Weise präsentieren und in Pose werfen. Man postet etwas über eine kürzlich unternommene Reise und prahlt mit seinen Errungenschaften – mit Hochzeit oder Hauskauf. Andere sprechen darüber, was sie wissen – teilen einen von ihnen verfassten Artikel oder werben für einen Kurs, den sie zu einem bestimmten Thema geben. Die sozialen Medien können aber auch als Plattform für Neugier genutzt werden.

Statt zu protzen oder uns in Pose zu werfen, könnten wir uns online viel realer präsentieren. Wir könnten zugeben, wenn wir etwas nicht wissen, und andere dazu auffordern, unsere Neugier zu schüren. Follower brauchen keine *reinen Zuschauer* zu bleiben, sondern können miteinbezogen werden. Eine Möglichkeit bestünde darin, für uns wichtige Fragen zu posten und um Antworten per Direktnachricht zu bitten. Unsere Follower könnten auf diese Weise *aktiv* an unserer Reise des Lernens teilnehmen und uns über Themen oder Menschen informieren, über die wir gern mehr wissen möchten. So können wir Kontakt mit Personen herstellen, die vielleicht unsere Perspektive verändern. Das Schwarmwissen des Internets ist nicht zu unterschätzen. Wenn wir damit richtig umgehen, können wir dadurch etwas über uns selbst, andere Menschen und fremde Kulturen lernen, und auch über Dinge, die über uns als Menschen hinausgehen.

Zurück zu den tatsächlichen Orten des Lebens, an denen Neugieraktivitäten durchgeführt werden können. Als Lehrkraft könntest du zum Beispiel am ersten Schultag alle bitten, sich vor die Klasse zu stellen und etwas zu nennen, worüber sie nichts wissen, aber gern mehr wissen würden. Geh dabei selbst mit gutem Beispiel voran. Etwas Ähnliches könnte man auch bei der Arbeit beim wöchentlichen Teammeeting ausprobieren. Die leitende Person könnte sagen, was sie über das aktuelle Projekt nicht weiß, und dann alle dazu auffordern, Fragen dazu zu stellen, die sie vielleicht beschäftigen.

Lehrende und Führungskräfte sind manchmal versucht, ein Verhalten wie in den sozialen Medien an den Tag zu legen und sich in einer Weise zu präsentieren oder in Pose zu werfen, die ihre Autorität oder Kompetenz zu untermauern scheint. Dadurch wollen sie beweisen, dass sie wissen, was sie tun, und auf alles eine Antwort haben. Aber gerade als Führungskraft und Respektsperson mit Vorbildfunktion müssen auch sie daran denken, die Muskeln ihrer Neugier regelmäßig zu trainieren.

Die Orte, an denen wir uns bereits üblicherweise aufhalten – vor allem solche, an denen wir Menschen mit ganz unterschiedlichem Beruf, Hautfarbe, Alter und Background begegnen –, werden immer politischer. Deshalb gestaltet es sich auch schwieriger, in einer beiläufigen Unterhaltung tiefe Neugier zu zeigen. In Scranton in Pennsylvania kam es beispielsweise zu einem Streit darüber, ob im Fitnessstudio des Christlichen Vereins Junger Menschen auf den Fernsehern Nachrichten von CNN oder Fox laufen sollten. Statt für ihre Zwecke nutzen zu wollen, dass in Fitnesskursen und beim Stemmen von Gewichten Menschen ungeachtet ihrer Unterschiede zusammenkommen, hätten die Vertreter des Vereins Zeit, Geld und Energie darauf verwenden können, Übungen und Kurse zur Konfliktlösung anzubieten.

Deshalb bringen manche Leute zusätzlich Energie auf, um *neue* Räume zu entwerfen und zu erschaffen, durch die tiefe Neugier gefördert wird. Dort können Menschen unterschiedlichster Art zusammenkommen und aus dieser Begegnung mit mehr Verständnis füreinander und einen stärkeren Verbundenheitsgefühl hervorgehen. Ich denke dabei beispielsweise an Casper ter Kuile, einen Autor und spirituellen Suchenden, der die Initiative The Nearness ins Leben gerufen hat. In deren Rahmen kommen kleine Gruppen unter der Leitung von Experten zu wöchentlichen Treffen zusammen, um all die großen Fragen zu diskutieren, die Menschen über Spiritualität haben. Eingeladen werden dazu Führungsfiguren, die Weisheit zum Beispiel aus der Perspektive der Dichtkunst oder des Aktivismus einbringen. Damit hat The Nearness das Interesse vieler junger Leute geweckt, vor allem solcher, die sich bei den traditionellen Religionen nicht gut aufgehoben fühlen.

Es gibt heutzutage auch mehrtägige Erfahrungen – wie Camp Reset und Camp Grounded –, bei denen die Teilnehmenden sich für einige Zeit von ihren Geräten verabschieden, um zu sich selbst und anderen auf neugierigere und spielerischere Art Nähe herzustellen. Los geht es damit, dass ihnen beim Einchecken für das digitale Detox Menschen im Schutzanzug in einer witzigen Inszenierung die Handys wegnehmen.

Des Weiteren gibt es Initiativen wie die Portale von Shared Studios. Es handelt sich dabei um golden gestrichene Schiffscontainer, die in verschiedenen Ländern aufgestellt werden. In jedem befindet sich ein lebensgroßer Bildschirm, über den man per Videochat mit einer Person in einem anderen Teil der Welt sprechen kann.

Es gibt so viele Möglichkeiten, neue Räume zu entwickeln und einzurichten: Schulen, die auf innovative Weise Neugier in den Alltag einbauen, digitale Plattformen, die Neugier nutzbar machen, statt einen Nährboden für Trolle und Streitlust zu fördern, oder öffentliche Kunstinstallationen, durch die Menschen in ihrem Alltagstrott innehalten und neugierig werden. Ich persönlich kann es kaum erwarten, zu sehen, was sich die Leute noch alles einfallen lassen werden!

Auf meiner Website habe ich eine noch längere Liste mit Orten, die Neugier wecken sollen. Ich aktualisiere sie regelmäßig, also schau sie dir mal unter www.scottshigeoka.com/seek an, wenn du neugierig geworden bist.

Pro-forma-Neugier

Als »Armutsporno« wird das Phänomen bezeichnet, wenn jemand eine arme Gemeinschaft besucht und dort Interviews führt, um damit auf Plattformen wie TikTok Likes zu sammeln und sich die Bewunderung anderer zu sichern. Man könnte es einerseits so sehen, dass eine Kultur der Freundlichkeit gefördert wird, wenn man solche Begegnungen aufnimmt und sie ins Netz stellt. Andererseits könnte man aber auch sagen, dass dort jemand verletzliche Menschen für den persönlichen Profit ausnutzt, sie manchmal ohne Zustimmung filmt und eher etwas vorspielt, als seine wahren Absichten zu zeigen.

Mit Pro-forma-Neugier ist es ähnlich. Wenn du mit deiner Neugier prahlst, sie aber nicht authentisch ist und von Herzen kommt, kann sie eher schädlich sein. So, wie sich deine Mitmenschen durch den Chamäleoneffekt nicht täuschen lassen, wenn er künstlich herbeigeführt wird, werden sie es auch spüren, wenn Neugier nicht dem tief verankerten Wunsch nach mehr Verständnis entspringt. Stell dir mal vor, eine Person, mit der du auf Kriegsfuß stehst, erkundigt sich nach deiner kürzlichen Trennung – dann ist sie doch bestimmt nur auf pikante Details scharf, die sie brühwarm weitererzählen kann!

> Deshalb ist es so wichtig, in dich zu gehen und dich zu fragen: *Zeigst du dich bloß neugierig, um dein Image zu verbessern oder irgendeinen anderen Nutzen daraus zu ziehen? Oder hörst du wirklich gut zu, bezeugst, was du hörst, und versuchst, dich in die Lage deinen Gegenübers zu versetzen?*

Ein neues Zeitalter der Neugier

Meine Vision ist eine strahlende Zukunft, in der Neugier großgeschrieben wird und in der Menschen dazu in der Lage sind, in schwierigen Momenten ihre Last zu teilen. Ich sehe genau vor mir, wie dabei über die Kluft von Differenzen hinweg mehr Nähe entsteht. Natürlich ist Neugier kein Allheilmittel, das über Nacht alle sozialen Probleme lösen kann. Aber sie ist ein Grundstein für eine gerechtere und nachhaltigere Gesellschaft. In meiner Vision fördert das Bildungssystem vom Kindergarten bis hin zum Schulabschluss und sogar im universitären Rahmen sowohl unter Lehrenden als auch Lernenden Neugier, und Firmen stellen Neugier als eine Kernkompetenz des einundzwanzigsten Jahrhunderts in den Mittelpunkt. In diesem Rahmen erkennt jede Führungskraft Neugier als Wert an, lebt sie bewusst und bringt sie auch den Menschen entgegen, mit denen sie zusammenarbeitet. Eltern fördern Neugier in der Familie, im Freundeskreis hält man sich gegenseitig dazu an, Neugier als Wert nie aus den Augen zu verlieren, und Paare finden durch sie mehr Glück und Erfüllung in ihrer Beziehung.

Wenn wir in der Lage sind, Neugier auf jeder Ebene und in alle drei Richtungen zu praktizieren, werden uns viele schöne Dinge dabei helfen,

- unsere Annahmen und Vorurteile zu hinterfragen
- besser mit Angst und Sorgen umzugehen
- Ungewissheit mutiger zu begegnen
- in einer Zeit von sozialer Isolation und Ausgrenzung mehr Nähe herzustellen
- einfühlsamer und achtsamer zu werden
- unsere Kreativität und Teamfähigkeit zu fördern
- Gemeinsamkeiten mit Menschen zu finden, die anders sind als wir oder nicht unsere Ansichten teilen
- schwierige Momente im Leben durchzustehen
- mehr Selbsterkenntnis zu entwickeln und uns selbst besser zu behandeln

Eins meiner Lieblingszitate über die Vision einer Zukunft mit mehr Neugier stammt von dem französischen Philosophen Michel Foucault. Er hat mal gesagt:

»[Das Wort Neugierde] suggeriert mir etwas anderes: Es evoziert die ›Sorge‹; es evoziert, daß man sich um das, was existiert und was existieren könnte, bemüht; ein geschärfter Sinn fürs Wirkliche, der aber niemals vor ihm zur Ruhe kommt; eine Bereitschaft, das, was uns umgibt, fremd und einzigartig zu finden; eine gewisse Versessenheit, uns von dem uns Vertrauten zu lösen und die gleichen Dinge anders zu betrachten; eine Leidenschaft, das, was kommt und geht, zu ergreifen; eine Ungezwungenheit hinsichtlich der traditionellen Hierarchien von Wichtig und Wesentlich. Ich träume von einem neuen Zeitalter der Wißbegierde.«[80]

Eine neue Ära der Neugier mag unmöglich erscheinen, und du fragst dich vielleicht, warum wir uns angesichts all der komplexen und oft überwältigenden Probleme der heutigen Zeit überhaupt darum bemühen sollten. Es wäre sicher einfacher, diese Vision als nicht umsetzbaren Traum zu akzeptieren, schließlich sind wir unglaublich entzweit und entfremdet, was andere Menschen und sogar uns selbst betrifft.

Wenn mir solche entmutigenden Gedanken kommen, lausche ich gern Kennedys Rede in Rice und gucke die Aufnahmen von der Apollo 11-Mondlandung an. Ich denke daran, dass durch unsere kleinen Schritte in Richtung Neugier vielleicht ein riesiger Sprung für die Menschheit gelingen kann. Ja, womöglich ist es ein Griff nach den Sternen. Aber wenn wir uns in allen Teilen der Gesellschaft nur ein kleines bisschen mehr auf Neugier einlassen würden, dann könnten wir vielleicht eine neugierigere Welt erschaffen – idealerweise noch vor dem Ende dieses Jahrzehnts.

Fazit

Durch tiefe Neugier habe ich angefangen, Leute zu daten, und mich zum ersten Mal verliebt. Ihretwegen habe ich eine Therapie begonnen, die mir dabei geholfen hat, mich mit dem Schmerz meiner Vergangenheit auseinanderzusetzen und ihn zu verstehen. Neugier hat mich auch auf eine ein Jahr dauernde Reise quer durchs Land geschickt, bei der ich Menschen begegnet bin, die ganz anders sind als ich. Sie hat mein kreatives Denken angekurbelt und meiner Karriere nicht nur mehr Sinn verliehen, sondern sie auch erfolgreicher gemacht. Sie stärkt weiterhin meine Beziehungen zu Menschen aus Familie, Freundeskreis, Nachbarschaft und beruflichem Umfeld, sogar zu Fremden. Obendrein hat sie mir dabei geholfen, dieses Buch zu schreiben.

Während des Verfassens von *Sei neugierig!* war tiefe Neugier in so vielen Momenten meine Rettung, wenn ich zum Beispiel wegen des Drucks dieser völlig neuen und schwierigen Aufgabe überwältigt war und Panikattacken hatte. Oder wenn ich unter dem Impostorsyndrom gelitten habe, meine Geschichte nicht mehr für wichtig oder mich selbst für einen schlechten Autor gehalten habe. Jedes Mal, wenn sich ein Teil von mir nicht wertvoll oder nicht gut genug gefühlt hat oder Angst hatte, habe ich ihm Aufmerksamkeit geschenkt – und bin ihm mit tiefer Neugier begegnet.

Dadurch wurde mir klar, dass ich mich selbst unter Druck gesetzt hatte – und dass ich Annahmen *loslassen* musste, die sich mir während des Schreibprozesses aufgedrängt hatten. Wenn ich mich überwältigt gefühlt habe, habe ich die Treibsandübung genutzt, um einen Gang runterzuschalten und im Körper präsent zu sein statt nur im Kopf. Wie ein Schnellkochtopf habe ich nach und nach ein bisschen Dampf abgelassen, wodurch ich an Auftrieb gewonnen habe. Wenn ich penetrante negative Gedanken über den Schreibprozess einfach nicht abschütteln konnte, habe ich mich auf meine eigene *Wertschätzung* konzentriert und wieder in den Mittelpunkt gestellt, welche Gründe mich überhaupt zum Schreiben dieses Buches motiviert haben. Ich habe auch all die Personen mit ins Boot geholt, die mir wichtig sind – Leidensgenossen und so viele Menschen aus Verwandtschaft und Freundeskreis haben mich dazu angespornt, weiterzumachen. Statt mich durch Befürchtungen und Angst ins Bockshorn jagen zu lassen, habe ich verdammt nochmal meine eigenen Ratschläge befolgt und beschlossen, auf diese Gefühle einzugehen. Ich bin einen Schritt zurückgetreten, habe klare Absichten formuliert, mir selbst und anderen Wertschätzung entgegengebracht und die schwierigen Momente akzeptiert. Daraus hervorgegangen ist eine völlig neue Version von mir selbst, ganz zu schweigen von einem Buch, auf das ich sehr stolz bin.

Beim Heranwachsen war ich oft auf berechnende Weise neugierig. Das war für mich ein Überlebensmechanismus, der mir dabei half, mir selbst nicht zu nahe zu kommen. Dahinter steckte wohl der Gedanke: *Wenn ich Neugier zeige und viele Fragen stelle, werden die anderen nicht mitbekommen, wie sehr ich selbst zu kämpfen habe.* Es war für mich eine Strategie, um mich abzulenken und die Auseinandersetzung mit ein paar unbequemen Wahrheiten zu meiden. Aber seit dem Augenblick, von dem an ich tiefe Neugier bewusster genutzt habe, haben in meinem Leben mehr Verletzlichkeit und die damit einhergehende Kraft Einzug gehalten. Dadurch begannen sich in allen Aspekten meines Lebens Dinge zu verschieben, meine Beziehungen, die Art und Weise, wie ich mit mir selbst umgehe, meine Karriere, meine Spiritualität und meine Wahrnehmung von anderen und der Welt. Mir fiel auf, dass ich mehr zuhörte und andere besser verstand, selbst diejenigen, die ganz anders als ich zu sein schienen. Und ich empfand mehr Nähe zu mir selbst, ging liebevoller mit mir um.

Die Neugier war stets an meiner Seite. Sie hat mich als Freundin überallhin begleitet.

Ich freue mich für dich, weil auch du jetzt durch Neugier mehr Nähe und Verbundenheit herstellen kannst. Denn das Leben ist nun einmal voll ätzender Momente, von denen du genauso wenig verschont bleiben wirst wie ich. Veränderungen und Ungewissheit sind leider unausweichlich. *Sei neugierig!* will dich ein ums andere Mal dazu ermuntern, am Ball zu bleiben, was tiefe Neugier angeht. Ich weiß jedenfalls, dass ich in Zukunft immer wieder darauf zurückgreifen werde, und ich hoffe, dass es bei dir genauso sein wird. Nutz diese Seiten, um dir in Erinnerung zu rufen, dass es besser ist, sich hin-, als sich abzuwenden; dass du auf deine inneren Stimmen hören solltest, statt sie zu verdrängen; dass du deine Annahmen besser hinterfragst und dass du in harten Zeiten ein Gelübde an dich selbst schreiben und dem Vorbild von Pilzen folgen kannst.

Für viele von uns wurden die Schwierigkeiten des Lebens noch durch Covid-19 und die damit einhergehende politische und gesellschaftliche Spaltung verstärkt. Globale Probleme wie die Klimakrise und anhaltende Kriege bringen weitere Ungewissheit mit sich. Vor allem auf dem Höhepunkt der Pandemie hatten in meinem Freundeskreis viele den gleichen Impuls wie ich – sie wollten sich am liebsten zurückziehen, wollten von den Nachrichten nichts wissen, sich von anderen abwenden und sich in dauerhafte Quarantäne begeben. Das hat uns nicht nur von uns selbst und anderen entfremdet, sondern uns auch extrem aufs Gemüt geschlagen. Bei den seltenen Gelegenheiten, wenn sich mal jemand bei mir meldete oder meine Anrufe entgegengenommen hat, hat er oder sie ausgesprochen, was ich selbst einmal gedacht habe: »Ich gebe auf, weil ich echt am Ende bin und mittlerweile nur noch im Bett liegen bleiben möchte. Ich will mich doch bloß sicher fühlen. Ich wünschte, ich könnte auf den Pausenknopf drücken und erst wieder wach werden, nachdem alles gelaufen ist. Wenn sich nicht bald etwas ändert, dann sterbe ich hier.«

Bei uns allen hat die Reise ein bisschen anders ausgesehen, aber wer Neugier angewendet hat, ist – mit der Unterstützung des Faktors Zeit – langsam wieder vorangekommen. Irgendwann hat er oder sie die Abwärtsspirale überwunden, nach vorne geschaut und sich wieder Ziele gesteckt, was mich an einen Satz erinnert, den der Therapeut Kevin Becker mal zu mir gesagt hat: »Neugier ist ein Barometer für Heilung.«

In Zukunft werden noch viele weitere Stolperfallen auf uns warten und die Gesellschaft wird mit Krise um Krise zu kämpfen haben. Diese Dinge können wir nicht kontrollieren, aber wir können die Macht der Neugier für uns nutzen, um damit besser klarzukommen. Sie hat nämlich nicht nur das Potenzial, unser Leben zu verändern – sondern die ganze Welt. Wenn dir das Leben das nächste Mal ein Bein zu stellen scheint, dann verkriech dich nicht. Stattdessen zieh los und sei neugierig.

Dank

Mom, du hast mich auf diese Welt gebracht und jetzt kann ich dir einen Teil davon zeigen. Es war eine echte Mammutaufgabe, dieses Buch zu schreiben, und ich hoffe, dass es Positives bewirken und dich stolz machen wird! Ich danke dir dafür, dass du meine Neugier stets gefördert und mir ein sicheres, erfolgreiches Leben ermöglicht hast. Dad, ich weiß, dass du aus dem Jenseits zu mir herunterlächelst. Deine Energie, die Lektionen, die ich von dir gelernt habe, und wie du mir den Weg gewiesen hast – all das wird mich immer begleiten. Grandma und Grandpa, ihr habt mir gezeigt, wie ein Leben voller Zielstrebigkeit, Bescheidenheit und Güte aussieht. Diese drei Eigenschaften haben mir beim Verfassen von *Sei neugierig!* geholfen. Meine Vorfahren, euer Erbe ist ein zentraler Teil meines Wesens, und ich weiß, dass ihr mich immer begleitet. Kim, dir danke ich dafür, dass du die beste große Schwester warst und bist, und darüber hinaus mein größter Fan – danke für deine Zuneigung und Unterstützung. Ich danke meiner ganzen Familie: Ohne euch wäre ich heute nicht der, der ich bin. Ihr habt mich alle mit großgezogen: Russell, Debbie, Eddie, Suki, Ryan, Sherry, Carol, Glenn und all die anderen Shigeokas, Muratas, Moriokas und noch viele mehr – wenn ihr gemeint seid, werdet ihr euch schon angesprochen fühlen! Ich hab euch alle lieb!

Außerdem widme ich dieses Buch der nächsten Generation: Zachary, Chloe, Colten, Peyton, Aria, Ana, George, Thara, Hiro, Lyra, Lóa, Amara, Elowyn und den vielen anderen Kindern, die mir immer in Erinnerung rufen, dass ich neugierig bleibe und außerdem für eine gesündere Erde und Gesellschaft kämpfen muss, weil ihr sie einst erben werdet.

Größte Dankbarkeit bringe ich auch dem Land entgegen, vor allem Hawaii und seinem Āina, das mich auf bedeutsame Weise geformt hat – vor allem Aiea! Die Weisheit der Insel und ihrer Menschen ist in dieses Buch mit eingeflossen. Ganz besonders am Herzen liegt mir auch die Hochwüste von Kalifornien, in der ich *Sei neugierig!* geschrieben habe. Ihre Landschaft und Tiere haben mir als Inspiration gedient, und ihre karge Weite hat mir zu mehr Klarheit verholfen, hatte einen heilenden Effekt und hat mir eine leere Leinwand geboten, auf die ich meine Ideen projizieren konnte.

Ich danke allen im Buch erwähnten Menschen aus tiefster Seele dafür, dass sie sich verletzlich gezeigt und mutig ihre Erfahrungen mit mir geteilt haben, Naiona, Jacob, Matt, Sarah, Adam, Chip, John J., Ry Alua, John p., Lily und all den anderen, die sich auf diesen Seiten wiederfinden. Ebenso weiß ich auch all die Forschenden zu schätzen, deren wichtige Arbeit in diesem Buch erwähnt wird, und jeden einzelnen Menschen, dem ich bei meinem Roadtrip begegnet bin.

Jackie, du bist eine super Agentin! Durch dich habe ich das nötige Selbstbewusstsein gewonnen, um an mich selbst und dieses Buch zu glauben. »Es wird das Leben vieler Menschen verändern«, hast du mir versichert. »Unter anderem auch dein eigenes.« Wie recht du damit hattest! Du hast mir Türen geöffnet, durch die *Sei neugierig!* entstehen konnte. Ich bin so dankbar für deinen unverdrossenen Einsatz und deine Freundschaft. Gina, danke, dass du den Kontakt hergestellt hast!

Hannah, du bist die Verlegerin meiner Träume. Ohne deine Erfahrung und deine tolle Unterstützung wäre dieses Buch nicht das, was es ist. Du hast *Sei neugierig!* durch tiefe Neugier und deinen scharfen Blick mitgestaltet und mir dabei geholfen, ein besserer Autor zu werden. Abgesehen davon bist du in jeder Hinsicht ein fantastischer Mensch. Dass ich dich meine Verlegerin nennen darf, empfinde ich als absoluten Segen. Ich danke auch dem kompletten Team bei Hachette und GCP für seine unermüdliche Unterstützung beim Entstehen von *Sei neugierig!*. Elizabeth, danke für dein tolles Lektorat – du hast nicht nur unglaubliches Talent, sondern auch Fingerspitzengefühl. Kim, Alexandra, Matthew, Nana, Natalie, Jim und Carolyn, Mark, Jess, Carah von Fortier PR und alle anderen aus dem *Sei neugierig!*-Team: Danke, danke, danke!

Lauren und Aaron, dank euch habe ich mich nie allein gefühlt. Ihr seid beide nicht nur als Schreibcoaches unglaublich begabt, sondern auch selbst als Autoren, und habt sowohl *Sei neugierig!* als auch mich als Person stark beeinflusst. Viel von seiner Stimmigkeit und Aussagekraft, von seinem Funkeln, verdankt das Buch euch! Ich verstehe gut, warum sich aus der schreibenden Zunft so viele für Splash Literary entscheiden. Und die Zusammenarbeit mit euch hat dabei auch noch Riesenspaß gemacht! Das spielerische Feilen am Text mit euch war super, und ich weiß ganz genau, dass ich ohne euch nicht so weit gekommen wäre.

Jason, danke für deinen Glauben an meine Fähigkeit, Forschungsergebnisse, persönliche Geschichten und praktische Übungen zusammenzuführen. Indem du den Kontakt zum Greater Good Science Center hergestellt hast, hast du einen Grundstein für dieses Buch gelegt, ja sogar dafür, wie ich denke und schreibe. Im Laufe der letzten Jahre war es für mich nicht nur eine große Ehre, dass ich mit dir zusammenarbeiten durfte, sondern generell, dass du Teil meines Lebens bist. Und ich bewundere deine Führungsqualitäten!

Ich möchte auch Menschen danken, die in der Vergangenheit in unterschiedlichen Momenten meine Leidenschaft für Neugier,

Kreativität und das Erzählen von Geschichten gefördert haben, darunter viele Lehrkräfte meiner Schulzeit, wie zum Beispiel Ben Shors und Tracey Idica, Coaches wie Terauchi und Joanne, Mentorfiguren wie Holley, Marci und Jason R. und viele Menschen aus den Bereichen Heilung und Therapie, wie David, die mich zu mehr Selbstmitgefühl angehalten haben.

Iylla, ich danke dir für das tolle Design des Buchcovers! Du sprühst nur so vor Talent, und in unserer Hochwüstenfreundschaft ist die Anziehungskraft deutlich spürbar, wenn wir zusammen sind. Ebenfalls danke ich dem PR-Team von Fortier – vor allem Mark und Jess – für die tolle Unterstützung beim Thema Publicity.

Tiefste Zuneigung und Respekt bringe ich auch den vielen schriftstellerisch tätigen Menschen entgegen, die mich ermutigt und angefeuert und mich ganz konkret unterstützt haben. Ich danke Smiley, Kat, Casper, Carla, Liz, Alua, Alex, Carmiel, Jess, Joana, Perry, Todd, Marc, Trent, Jenn, Nas, Simone, Orenda, Yousef, Dacher, Jud, Gretchen, Seth, Ethan, Kristin, Bonnie und noch vielen anderen. Allein kommt man eben nicht weit! Gray und Kate, danke, dass ihr es mir ermöglicht habt, an der UT Austin zu unterrichten und die Wirksamkeit von Neugier unseren fantastischen Studierenden zu vermitteln. Ich bringe allen, die zu unterschiedlichen Zeitpunkten bei der Entstehung dieses Buches mitgeholfen haben – wie Lilian, Emily, Elisa und Rose –, die größte Wertschätzung entgegen. Danke für eure Zuneigung und euren Beistand.

So viele Menschen zeigen mir jeden Tag, wie echte, einfühlsame Freundschaft aussieht, und haben mir bei meiner Reise tatkräftig zur Seite gestanden: die Scuttlers (Wop, wop, wop!), das Team Sparkle, Saga (*Ég elska ykkur!*) und meine Wahlfamilie in der Hochwüste und rund um San Francisco (Ihr werdet euch schon angesprochen fühlen!). Luisa und George, danke für eure Liebe und für den Startschuss für meinen Roadtrip – hab euch lieb! Dankbar erwähnen möchte ich noch so einige Menschen, die von Anfang an an mich geglaubt haben und mich deshalb gecoacht, unterstützt, gestärkt und manchmal auch getröstet haben: Robyn, Anjali, Em, Pat, Darlene, Wes, Jess, Phil, Megan, Kris, Sara, Cosmo, Seena, Daniela, Smita, Allie, Sephora, Myk, Anise, Alex, Clint, Ivan, Jess R., Brendan, Alexi, Allison, Adrienne, Jade, Christine, Gray, Emily, Aneri, René, Lemke, Hrefna, Hera, Rachel, Evan, Romain, Anna Jane, Julia, Mark, Adam, Jenny – und noch viele andere!

Justin, dir danke ich dafür, dass du dich jeden Tag aufs Neue für mich entscheidest. Du bist mein Fels in der Brandung, bist nicht nur mein Weggefährte bei allen Abenteuern, sondern auch mein Zuhause. Ich liebe dich und das, was wir uns zusammen aufbauen. Auch meine früheren Partner möchte ich hier erwähnen, vor allem Shanon. Ich bin dankbar dafür, wie wir gemeinsam gewachsen sind, zu mehr Nähe und Tiefe gefunden haben – auch all das hat sich entscheidend auf dieses Buch ausgewirkt.

Zum Schluss will ich noch meinen eigenen Rat befolgen und mir selbst Wertschätzung entgegenbringen: Deshalb möchte ich allen Versionen meiner selbst danken, die am Entstehen dieses Buches beteiligt waren: Impostorsyndrom-Scott, dem Zwei-Wochen-vor-dem-Abgabedatum-mit-den-Nerven-am-Ende-Scott, dem leidenschaftlichen Scott und dem hart arbeitenden Scott. Wir haben es geschafft! Ich werde mich nicht länger vor Teilen von mir verstecken und sie stattdessen alle akzeptieren.

Ein Buch wird nie von einem einzelnen Menschen allein geschrieben. Möge diese riesige, geliebte Gemeinschaft immer neugierig bleiben und dabei in die Tiefe gehen. Ich liebe euch alle!

Über den Autor

Scott Shigeoka ist ein international bekannter Neugierexperte und Sprecher. Im Mittelpunkt seiner Arbeit steht die Bestrebung, basierend auf Forschungsergebnissen positive, konkrete Strategien zu entwickeln, durch die wir unser Wohlbefinden fördern und Beziehungen zu Menschen auf der ganzen Welt knüpfen können.

Vorgestellt hat er seine Ideen zum Beispiel am Greater Good Science Center, das zur University of California in Berkley gehört, oder in seinen beliebten Kursen an der University of Texas in Austin.

Er hat im Dienste der Neugier mit Politikern in Washington zusammengearbeitet, mit Fortune-500-Unternehmen sowie auch kleinen Firmen, mit Hollywoodpersönlichkeiten, Lehrkräften und Medienorganisationen.

Scott stammt ursprünglich aus Hawaii, lebt mittlerweile aber in Kalifornien.

www.scottshigeoka.com

Anmerkungen

1 Daniel A. Cox, *The State of American Friendship: Change, Challenges, and Loss*, Survey Center on American Life, zuletzt geändert am 08.06.2021, https://www.americansurveycenter.org/research/the-state-of-american-friendship-change-challenges-and-loss

2 Todd B. Kashdan und Paul J. Silvia, Curiosity and Interest: *The Benefits of Thriving on Novelty and Challenge*, in: *Oxford Handbook of Positive Psychology*, Hrsg. Shane J. Lopez und C. R. Snyder (New York: Oxford University Press, 2009), S. 367 – 74

3 Polynesian Voyaging Society, *Worldwide Voyage Overview*, YouTube-Video vom 15.11.2016, https://www.youtube.com/watch?v=9yjNUbJquKI

4 Johann Hari, *Your Attention Didn't Collapse. It Was Stolen*, in: *The Guardian*, 02.01.2022, https://www.theguardian.com/science/2022/jan/02/attention-span-focus-screens-apps-smartphones-social-media

5 *How Curiosity Changes the Brain to Enhance Learning*, ScienceDaily, zuletzt geändert am 02.10.2014, https://www.sciencedaily.com/releases/2014/10/141002123631.htm

6 Lieke L. F. van Lieshout et al., *Induction and Relief of Curiosity Elicit Parietal and Frontal Activity*, in: *Journal of Neuroscience*, Nr. 10/38 (März 2018), S. 2579 – 88, https://doi.org/10.1523/JNEUROSCI.2816-17.2018

7 Matthias J. Gruber et al., *States of curiosity modulate hippocampus-dependent learning via the dopaminergic circuit*, in: *Neuron*, Nr. 2/84 (2014), S. 486 – 496, DOI: 10.1016/j.neuron.2014.08.060

8 Steven Friedman, Alice N. Nagy und Genevieve C. Carpenter, Newborn Attention: *Differential Response Decrement to Visual Stimuli*, in: *Journal of Experimental Child Psychology*, Nr. 1/10 (August 1970), S. 44 – 51, https://doi.org/10.1016/0022-0965(70)90042-1

9 Katherine E. Twomey und Gert Westermann, *Curiosity-Based Learning in Infants: A Neurocomputational Approach*, in: *Developmental Science*, Nr. 4/21 (October 2017), https://doi.org/10.1111/desc.12629

10   Adriana Weisleder und Anne Fernald, *Talking to Children Matters: Early Language Experience Strengthens Processing and Builds Vocabulary*, in: *Psychological Science*, Nr. 11/24 (September 2013), S. 2143 – 52, https://doi.org/10.1177/0956797613488145

11   Sonja Heintz und Willibald Ruch, *Cross-Sectional Age Differences in 24 Character Strengths: Five Meta-Analyses from Early Adolescence to Late Adulthood*, in: *Journal of Positive Psychology*, Nr. 3/17 (Februar 2021), S. 356 – 74, https://doi.org/10.1080/17439760.2021.1871938

12   Li Chu, Jeanne L. Tsai und Helene H. Fung, *Association Between Age and Intellectual Curiosity: The Mediating Roles of Future Time Perspective and Importance of Curiosity*, in: *European Journal of Ageing*, Nr. 18 (April 2020), S. 45 – 53, https://doi.org/10.1007/s10433-020-00567-6

13   Žiga Peljko et al., *An Empirical Study of the Relationship Between Entrepreneurial Curiosity and Innovativeness*, in: *Organizacija*, Nr. 3/49 (September 2016), S. 172 – 82, https://doi.org/10.1515/orga-2016-0016

14   Madeleine E. Gross et al., *Is Perception the Missing Link Between Creativity, Curiosity and Schizotypy? Evidence from Spontaneous Eye-Movements and Responses to Auditory Oddball Stimuli*, in: *NeuroImage*, Nr. 202 (November 2019), https://doi.org/10.1016/j.neuroimage.2019.116125

15   Spencer H. Harrison und Karyn Dossinger, *Pliable Guidance: A Multilevel Model of Curiosity, Feedback Seeking, and Feedback Giving in Creative Work*, in: *Academy of Management Journal*, Nr. 6/60 (Februar 2018), S. 2051 – 72, https://doi.org/10.5465/amj.2015.0247

16   Christopher H. van Dyck et al., *Age-Related Decline in Dopamine Transporters: Analysis of Striatal Subregions, Nonlinear Effects, and Hemispheric Asymmetries*, in: *American Journal of Geriatric Psychiatry*, Nr. 1/10 (Januar 2022): S. 36 – 43, https://doi.org/10.1097/00019442-200201000-00005

17   Todd B. Kashdan et al., *When Curiosity Breeds Intimacy: Taking Advantage of Intimacy Opportunities and Transforming Boring Conversations*, in: *Journal of Personality*, Nr. 6/79 (Dezember 2011), S. 1369 – 1402, https://doi.org/10.1111/j.1467-6494.2010.00697.x

18   Bloomberg Originals, *The One Question Oprah Winfrey Says Every Guest Asked*, YouTube-Video vom 01.03.2017, https://www.youtube.com/watch?v=343kpgulUXU

19   Rainer Maria Rilke, *Briefe an einen jungen Dichter*, Insel Verlag, Leipzig, 1929, S. 23

20   David Broockman und Joshua Kalla, *Durably Reducing Transphobia: A Field Experiment on Door-to-Door Canvassing*, in: *Science*, Nr. 6282/352 (April 2016), S. 220 – 24, https://doi.org/10.1126/science.aad9713

21 Joshua L. Kalla und David E. Broockman, *Reducing Exclusionary Attitudes through Interpersonal Conversation: Evidence from Three Field Experiments*, in: *American Political Science Review,* Nr. 2/114 (Mai 2020), S. 410 – 25, https://doi.org/10.1017/S0003055419000923

22 David Gal und Derek D. Rucker, *When in Doubt, Shout!: Paradoxical Influences of Doubt on Proselytizing*, in: *Psychological Science*, Nr. 11/21 (Oktober 2010), S. 1701 – 07, https://doi.org/10.1177/0956797610385953

23 Beau Sievers et al., *How Consensus-Building Conversation Changes Our Minds and Aligns Our Brains*, *PsyArXiv Preprints*, zuletzt geändert am 20.08.2022, https://psyarxiv.com/562z7

24 Gary E. Swan und Dorit Carmelli, *Curiosity and Mortality in Aging Adults: A 5-Year Follow-Up of the Western Collaborative Group Study*, in: *Psychology and Aging*, Nr. 3/11 (1996), S. 449 – 53, https://doi.org/10.1037/0882-7974.11.3.449

25 Dan W. Grupe und Jack B. Nitschke, Uncertainty and Anticipation in Anxiety: *An Integrated Neurobiological and Psychological Perspective*, in: *Nature Reviews Neuroscience,* Nr. 14 (Juli 2013), S. 488 – 501, https://doi.org/10.1038/nrn3524

26 Andrea Zaccaro et al., *How Breath-Control Can Change Your Life: A Systematic Review on Psycho-Physiological Correlates of Slow Breathing*, in: *Frontiers in Human Neuroscience,* Nr. 12 (September 2018), https://doi.org/10.3389/fnhum.2018.00353

27 Eun Joo Kim, Blake Pellman und Jeansok J. Kim, *Stress Effects on the Hippocampus: A Critical Review*, in: Learning Memory, Nr. 9/22 (September 2015), S. 411 – 16, http://www.learnmem.org/cgi/doi/10.1101/lm.037291.114

28 *Housing for the 55+ Market: Trends and Insights on Boomers and Beyond*, MetLife Mature Market Institute, Westport, 2009

29 Peter Uhlenberg und Jenny de Jong Gierveld, *Age-Segregation in Later Life: An Examination of Personal Networks*, in: *Ageing and Society*, Nr. 1/24 (Januar 2004), S. 5 – 28, https://doi.org/10.1017/S0144686X0300151X

30 Tracy Hadden Loh, Christopher Coes und Becca Buthe, *The Great Real Estate Reset: Separate and Unequal: Persistent Residential Segregation Is Sustaining Racial and Economic Injustice in the U.S.*, Brookings Institution, 16.12.2020, https://www.brookings.edu/articles/trend-1-separate-and-unequal-neighborhoods-are-sustaining-racial-and-economic-injustice-in-the-us/

31 Black Urban Institute, *Racial Residential Segregation and Neighborhood Disparities*, darauf zugegriffen am 16.10.2022, http://www.urban.org/sites/default/files/publication/92961/racial-residential-segregation-and-neighborhood-disparities.pdf

32 Erick Berrelleza, S.J., Mary L. Gauthier und Mark M. Gray, *Population Trends Among Religious Institutes of Women*, Center for Applied Research in the Apostolate, Herbst 2014, https://static1.squarespace.com/static/629c7 d00b33f845b6435b6ab/t/629fd8e7cc07671a94f1b066/1654642922991/Women_Religious_Fall2014_FINAL.pdf

33 Neil G. MacLaren et al., *Testing the Babble Hypothesis: Speaking Time Predicts Leader Emergence in Small Groups*, in: Leadership Quarterly, Nr. 5/31 (Oktober 2020), https://doi.org/10.1016/j.leaqua.2020.101409

34 Isaiah Berlin, *Joseph de Maistre and the Origins of Fascism: III*, in: *New York Review*, 25.10.1990, https://www.nybooks.com/articles/1990/10/25/joseph-de-maistre-and-the-origins-of-fascism-iii/

35 Robin Dunbar, Anna Marriott und Neill Duncan, *Human Conversational Behavior*, in: *Human Nature*, Nr. 3/8 (September 1997): S. 231 – 46, https://doi.org/10.1007/BF02912493

36 Samantha Moore-Berg et al., *Exaggerated Meta-Perceptions Predict Intergroup Hostility Between American Political Partisans*, in: *Proceedings of the National Academy of Sciences*, Nr. 26/117 (Juni 2020), S. 14864 – 72, https://doi.org/10.1073/pnas.2001263117

37 Ebd.

38 Andrew R. Flores, *Social Acceptance of LGBTI People in 175 Countries and Locations, 1981 to 2020*, Williams Institute, UCLA School of Law, Los Angeles, November 2021, https://williamsinstitute.law.ucla.edu/wp-content/uploads/Global-Acceptance-Index-LGBTI-Nov-2021.pdf

39 Human Rights Campaign, *An Epidemic of Violence: Fatal Violence Against Transgender and Gender Non-Conforming People in the United States in 2021*, darauf zugegriffen am 18.11.2022, https://reports.hrc.org/an-epidemic-of-violence-fatal-violence-against-transgender-and-gender-non-confirming-people-in-the-united-states-in-2021

40 Sarah Kaplan, *Scientists Show How We Start Stereotyping the Moment We See a Face*, in: *Washington Post*, zuletzt am 02.05.2016 aktualisiert, https://www.washingtonpost.com/news/speaking-of-science/wp/2016/05/02/scientists-show-how-we-start-stereotyping-the-moment-we-see-a-face

41 Florian Arendt und Temple Northup, *Effects of Long-Term Exposure to News Stereotypes on Implicit and Explicit Attitudes*, in: *International Journal of Communication*, Nr. 9 (Januar 2015), S. 2370 – 90, https://ijoc.org/index.php/ijoc/article/viewFile/2691/1325

42 Adam Lueke und Bryan Gibson, *Mindfulness Meditation Reduces Implicit Age and Race Bias: The Role of Reduced Automaticity of Responding*, in:

Social Psychological and Personality Science, Nr. 3/6 (2015), S. 284 – 91, https://doi.org/10.1177/1948550614559651

43 Mary E. Wheeler und Susan T. Fiske, *Controlling Racial Prejudice: Social-Cognitive Goals Affect Amygdala and Stereotype Activation,* in: *Psychological Science,* Nr. 1/16 (2005), S. 56 – 63, https://doi.org/10.1111/j.0956-7976.2005.00780.x

44 Jason A. Nier et al., *Changing Interracial Evaluations and Behavior: The Effects of a Common Group Identity,* in: *Group Processes & Intergroup Relations,* Nr. 4/4 (Oktober 2001), S. 299 – 316, https://doi.org/10.1177/1368430201004004001

45 Mark Levine et al., *Identity and Emergency Intervention: How Social Group Membership and Inclusiveness of Group Boundaries Shape Helping Behavior,* in: *Personality and Social Psychology Bulletin,* Nr. 4/31 (April 2005), S. 443 – 53, https://doi.org/10.1177/0146167204271651

46 Friedrich Nietzsche, *Also sprach Zarathustra,* Verlag E. Schmeitzner, Chemnitz, 1883, S. 15

47 Diane K. Osbon (Hrsg.), *Reflections on the Art of Living: A Joseph Campbell Companion* HarperCollins, New York, 1991, S. 8

48 Elizabeth Krumrei-Mancuso und Malika Rice Begin, *Cultivating Intellectual Humility in Leaders: Potential Benefits, Risks, and Practical Tools,* in: *American Journal of Health and Promotion,* Nr. 8/36 (November 2022), S. 1404 – 11, https://doi.org/10.1177/08901171221125326c

49 Mark R. Leary et al., *Cognitive and Interpersonal Features of Intellectual Humility,* in: *Social Psychological and Personality Science,* Nr. 6/43 (Juni 2017), S. 793 – 813, https://doi.org/10.1177/0146167217697695

50 Adam K. Fetterman et al., *On the Willingness to Admit Wrongness: Validation of a New Measure and an Exploration of Its Correlates,* in: *Personality and Individual Differences,* Nr. 138 (Februar 2019), S. 193 – 202, https://doi.org/10.1016/j.paid.2018.10.002

51 Neal Krause et al., *Humility, Stressful Life Events, and Psychological Well-Being: Findings from the Landmark Spirituality and Health Survey,* in: *Journal of Positive Psychology,* Nr. 5/11 (2016), S. 499 – 510, https://doi.org/10.1080/17439760.2015.1127991

52 Karina Schumann und Carol S. Dweck, *Who Accepts Responsibility for Their Transgressions?,* in: *Personality and Social Psychology Bulletin,* Nr. 12/40 (Dezember 2014), S. 1598 – 1610, https://doi.org/10.1177/0146167214552789

53 *We Are Predisposed to Forgive, New Research Suggests,* in: *Science-Daily,* zuletzt am 17.09.2018 aktualisiert, https://www.sciencedaily.com/releases/2018/09/180917111605.htm

54 Ido Hartogsohn, Set and Setting, Psychedelics and the Placebo Response: *An Extra-Pharmacological Perspective on Psychopharmacology*, in: *Journal of Psychopharmacology*, Nr. 12/30 (Dezember 2016), S. 1259 – 67, https://doi.org/10.1177/0269881116677852

55 Ann Williamson und Anne-Marie Feyer, *Moderate Sleep Deprivation Produces Impairments in Cognitive and Motor Performance Equivalent to Legally Prescribed Levels of Alcohol Intoxication*, in: *Journal of Occupational and Environmental Medicine*, Nr. 10/57 (Oktober 2000), S. 649 – 55, https://doi.org/10.1136/oem.57.10.649

56 Benjamin L. Walter und Aasef G. Shaikh, *Midbrain*, in: *Encyclopedia of the Neurological Sciences*, 2. Ausg., Herausg. Michael J. Aminoff und Robert B. Daroff, Elsevier, London, Januar 2014, S. 28 – 33, https://doi.org/10.1016/B978-0-12-385157-4.01161-1

57 Christopher N. Cascio et al., *Self-Affirmation Activates Brain Systems Associated with Self-Related Processing and Reward and Is Reinforced by Future Orientation*, in: *Social Cognitive and Affective Neuroscience*, Nr. 4/11 (April 2016), S. 621 – 29, https://doi.org/10.1093/scan/nsv136

58 Sarah Milne, Sheina Orbell und Paschal Sheeran, *Combining Motivational and Volitional Interventions to Promote Exercise Participation: Protection Motivation Theory and Implementation Intentions*, in: *British Journal of Health Psychology*, Nr. 2/7 (Mai 2002), S. 163 – 84, https://doi.org/10.1348/135910702169420

59 Francesca Gino, *The Business Case for Curiosity*, in: *Harvard Business Review*, September – Oktober 2018, https://hbr.org/2018/09/the-business-case-for-curiosity#the-business-case-for-curiosity

60 Alan Richardson, *Mental Practice: A Review and Discussion Part I*, in: *Research Quarterly. American Association for Health, Physical Education and Recreation*, Nr. 1/38 (März 1967), S. 263 – 273, https://doi.org/10.1080/10671188.1967.10614808

61 Adam Toth et al., *Does mental practice still enhance performance? A 24 Year follow-up and meta-analytic replication and extension*, in: *Psychology of Sport and Exercise*, Nr. 48 (2020), S. 1 – 13, https://doi.org/10.1016/j.psychsport.2020.101672

62 Alexei J. Dawes et al., *A Cognitive Profile of Multi-Sensory Imagery, Memory and Dreaming in Aphantasia*, in: *Scientific Reports*, Nr. 1/10 (Juni 2020), https://doi.org/10.1038/s41598-020-65705-7.

63 Jonathan Chang, Meghna Chakrabarti und Tim Skoog, *Stories From Canada's Indigenous Residential School Survivors*, in: *WBUR On Point*, zu-

letzt am 28.07.2021 aktualisiert, https://www.wbur.org/onpoint/2021/07/28/stories-from-survivors-of-canadas-indigenous-residential-schools

64 Erin Hanson, Daniel P. Gamez und Alexa Manuel, *The Residential School System, Indigenous Foundations*, darauf zugegriffen am 03.10.2022, https://indigenousfoundations.arts.ubc.ca/the_residential_school_system

65 Andrea Smith, *Indigenous Peoples and Boarding Schools: A Comparative Study*, Ständiges Forum für indigene Angelegenheiten, New York, 18-29.05. 2009, https://www.un.org/esa/socdev/unpfii/documents/IPS_Boarding_Schools.pdf

66 Lasana T. Harris und Susan T. Fiske, *Dehumanizing the Lowest of the Low: Neuroimaging Responses to Extreme Out-Groups*, in: *Psychological Science*, Nr. 10/17 (Oktober 2006), S. 847 – 53, https://doi.org/10.1111/j.1467-9280.2006.01793.x

67 Lasana T. Harris and Susan T. Fiske, *Dehumanized Perception: A Psychological Means to Facilitate Atrocities, Torture, and Genocide*, in: Zeitschrift für Psychologie/Journal of Psychology, Nr. 3/219 (Januar 2011), S. 175 – 181, https://doi.org/10.1027/2151-2604/a000065

68 Susan Scott, *Fierce Conversations (Revised and Updated): Achieving Success at Work and in Life One Conversation at a Time,* Penguin Publishing Group, New York, 2004

69 Jeneen Interlandi, *The Brain's Empathy Gap*, in: *New York Time Magazine*, 19.03.2015, https://www.nytimes.com/2015/03/22/magazine/the-brains-empathy-gap.html

70 Daniel Engber, *Terra Infirma: The Rise and Fall of Quicksand*, in: *Slate*, 23.08.2010, https://www.slate.com/articles/health_and_science/science/2010/08/terra_infirma.html

71 Hazen Audel Official, *Surviving Quick-sand/Primal Survivor*, YouTube-Video vom 04.03.2022, https://www.youtube.com/watch?v=BJTuDeEgV9I

72 Emma M. Seppälä et al., *Promoting Mental Health and Psychological Thriving in University Students: A Randomized Controlled Trial of Three Well-Being Interventions*, in: *Front Psychiatry*, Nr. 11 (Juli 2020), https://doi.org/10.3389/fpsyt.2020.00590

73 Martin Lang, Jan Krátky und Dimitris Xygalatas, The Role of Ritual Behaviour in Anxiety Reduction: *An Investigation of Marathi Religious Practices in Mauritius,* in: *Philosophical Transactions of the Royal Society Biological Sciences*, Nr. 1805/375 (August 2020), https://doi.org/10.1098/rstb.2019.0431

74 *Self-Compassion Break, Greater Good in Action, Greater Good Science Center*, darauf zugegriffen am 13.07.2022, https://ggia.berkeley.edu/practice/self_compassion_break

75 *Address at Rice University on the Nation's Space Effort*, JFK Library, darauf zugegriffen am 23.10.2022, https://www.jfklibrary.org/learn/about-jfk/historic-speeches/address-at-rice-university-on-the-nations-space-effort

76 Tanya L. Chartrand und John A. Bargh, *The Chameleon Effect: The Perception-Behavior Link and Social Interaction*, in: *Journal of Personality and Social Psychology*, Nr. 6/76 (Juni 1999), S. 893 – 910, https://doi.org/10.1037/0022-3514.76.6.893

77 James M. Kilner und Roger N. Lemon, *What We Know Currently About Mirror Neurons*, in: *Current Biology*, Nr. 23/23 (Dezember 2013), S. R1057 – 62, http://dx.doi.org/10.1016/j.cub.2013.10.051

78 Goren Gordon, Cynthia Breazeal und Susan Engel, *Can Children Catch Curiosity from a Social Robot?*, in: *Proceedings of the Tenth Annual ACM/IEEE International Conference on Human-Robot Interaction (HRI)* (März 2015), S. 91 – 98, https://doi.org/10.1145/2696454.2696469

79 Rachit Dubey, Hermish Mehta und Tania Lombrozo, *Curiosity Is Contagious: A Social Influence Intervention to Induce Curiosity*, in: *Cognitive Science A Multidisciplinary Journal*, Nr. 2/45 (Februar 2021), https://doi.org/10.1111/cogs.12937

80 *Der maskierte Philosoph*, in: *Short Cuts – Michel Foucault*, Verlag Zweitausendeins, Frankfurt am Main, 2001, S. 15